Heidrun Friese
Grenzen der Gastfreundschaft

Kultur und soziale Praxis

Heidrun Friese ist Professor für Interkulturelle Kommunikation an der TU Chemnitz. Ihre Forschungsschwerpunkte umfassen u.a. (kulturelle) Identitäten, Erinnerungskulturen, postkoloniale Perspektiven, transnationale Praktiken, digitale Anthropologie und Mittelmeerforschung.

Heidrun Friese

Grenzen der Gastfreundschaft

Die Bootsflüchtlinge von Lampedusa und die europäische Frage

[transcript]

Das Projekt und die Drucklegung wurden
durch die Deutsche Forschungsgemeinschaft gefördert

Bibliografische Information der Deutschen Nationalbibliothek
Die Deutsche Nationalbibliothek verzeichnet diese Publikation in der Deutschen Nationalbibliografie; detaillierte bibliografische Daten sind im Internet über http://dnb.d-nb.de abrufbar.

Umschlagkonzept: Kordula Röckenhaus, Bielefeld
Umschlagabbildung: Heidrun Friese, 2007
Korrektorat: Martin Rath, www.koelnkorrekt.de
Satz: Heidrun Friese
Druck: Majuskel Medienproduktion GmbH, Wetzlar
Print-ISBN 978-3-8376-2447-2
PDF-ISBN 978-3-8394-2447-6

Gedruckt auf alterungsbeständigem Papier mit chlorfrei gebleichtem Zellstoff.
Besuchen Sie uns im Internet: *http://www.transcript-verlag.de*
Bitte fordern Sie unser Gesamtverzeichnis und andere Broschüren an unter: *info@transcript-verlag.de*

Inhalt

2 Il n'existe pas. Il est l'île.
Seul l'océan existe.
4 L'île fut autrefois le manqué, le trou,
l'oubli.
Un vide comblé avec des pierres,
au milieu des ondes.
La terre est plus haute que la mer
Et plus profonde;
Mais il arrive que l'eau se venge de
son humiliation
17 Il n'a pas dit pourquoi il était parti
ni quand il reviendrait.
Il n'a rien dit
ou presque…
2 Il n'as pas dit pourquoi il a été
contraint de partir.
Inexplicable est restée la cause.
21 Aucune parole ne précède les vrais
départs.
Seule une parole d'avenir
les accompagne.
31 Il avait décidé.
Ses décisions sont toujours
irrévocables.
45 Tombe est, aussi, l'île; vide tombe
où gît qui, un matin ébloui,
fut à peine ébauché.
63 (Il n'y a aura jamais assez heures pour
venir à bout de la mémoire)

EDMOND JABÈS, RÉCIT

Vorwort

In den letzten Jahren habe ich reichlich Dankesschuld für Gastfreundschaft und Unterstützung auf mich geladen. Zunächst bei der *Deutschen Forschungsgemeinschaft* für die Förderung eines Vorhabens, das sich erneut mit Lampedusa beschäftigen durfte, bei Werner Schiffauer und der *Europa-Universität Viadrina*, Frankfurt (O.) für Vertrauen und gewährte Freiheiten. Kollegen des *Zentrums für Mittelmeerforschung* der *Ruhr-Universität Bochum* bin ich für Unterstützung verpflichtet, die u.a. einen Workshop zu Migration and Social Theory im Juni 2011 ermöglicht hat, der von der *Stiftung für Kulturwissenschaften*, Essen gefördert wurde. Besonderen Dank schulde ich dem *European University Institute*, Florenz und dem *Department Social and Political Sciences* für die Gewährung eines *Visiting Fellowship* und eines unübertrefflichen Arbeitskontextes im Herbst 2011. Den inspirierenden Diskussionen der von Rainer Bauböck zusammen mit dem *Robert Schuhman Centre for Advanced Studies* organisierten *Migration Working Group* verdanke ich wertvolle Anregungen.

In Seminaren über ‚Mobilität', ‚Gastfreundschaft' und ‚Illegale, clandestini, sans-papiers' in den Jahren 2008-2011 an der *Europa-Universität Viadrina* und der *Ruhr-Universität Bochum* durfte ich mit Studierenden diskutieren. Auch konnte ich zu unterschiedlichen Anlässen Aspekte der Arbeit infrage stellen und war sehr gerne Gast am *Institut Méditerranéen de Recherches Avancées – ImèRA*, Marseille; dem Centre for Mobilities Research, *University of Lancaster*; der *Scuola di Alta Formazione, Città di Acqui Term, Istituto Italiano per gli Studi Filosofici*, 2010; der *Università degli Studi*, Trento; der *TU Chemnitz* und dem *Graduiertenkolleg Interkulturelle Kommunikation – Interkulturelle Kompetenz, KWI Essen;* der *University of Sussex, Centre for Social and Political Thought and the European*

Journal of Social Theory; dem *XXII Congresso Società Italiana di Scienze Politiche* (SISP), sezione migrazioni e partecipazione, Pavia; dem Eighth Mediterranean Social and Political Research Meeting, ‚Hospitality and Transnational Migration in Europe and the Mediterranean MENA', *European University Institute, Robert Schuhman Centre for Advanced Studies*, Florence – Montecatini Terme.

Einige Abschnitte sind an unterschiedlichen Orten erschienen, binden vorherige Überlegungen zusammen oder rücken sie zurecht: ‚Border Economies. Lampedusa and the Nascent Migration Industry' (A. Mountz/L. Briskman eds), *Shima*: *The International Journal of Research Into Island Cultures*, special issue on Detention Islands, 6, 2:66-84, 2012; special issue (mit S. Mezzadra) *European Journal of Social Theory*, 13, 3, 2010; ‚The Limits of Hospitality.' Extending Hospitality: Giving Space, Taking Time (C. Barnett/N. H. Clark/M. Dikeç eds), special issue *Paragraph* 32, 1:51-68, 2009; ‚Spaces of hospitality', Politics of Place (A. Benjamin/D. Vardoulakis eds), *Angelaki. Journal of the Theoretical Humanities*, 9, 2:67-79, 2004.

Trotz dieser langen Zeit, nie hat man doch genug Zeit, alles genauer durchzudenken und auszuarbeiten. Auch die vorliegenden Bemerkungen werden mit diesem Stoßseufzer, einer Unzufriedenheit, wenn schon nicht abgeschlossen, so doch hier in einen vorläufigen Text gebracht. Trotz des Gefühls steten Ungenügens wage ich die Vorbereitung eines weiteren Bandes, der das thematisiert, was hier am Rande des Textes liegengelassen werden musste: *Aufbrüche. Harragas, digitale kulturelle Ressourcen und die tunesische Revolution*. Erste Bemerkungen und Photos werden in einem eBook erscheinen und ergänzen die Auseinandersetzung mit *Objects Left Behind. Lampedusa – Siculiana 2007/2011*, die als Download erhältlich sind (https://itunes.apple.com/de/book/objects-left-behind/id61673-3600?-mt=11). Photoessays der Feldforschung *partire* (2007), *en route* und *la rue* (2009) sind, wie Hinweise auf Zusammenarbeit mit Künstlern und Medien, auf meiner Website zu finden (www.hfriese.de).

Ohne die Freunde, die mich in jeder Situation gastfreundlich aufgenommen und begleitet haben, hätte ich mich über die letzten Jahre kaum mit Gastfreundschaft beschäftigen können. Ihnen sind, wie Pippo Di Falco, dem Weggefährten über eine lange Zeit, mit dem ich nicht nur Erinnerungen an Lampedusa teile, die folgenden Bemerkungen zugedacht.

Florenz, im März 2014

Schauplätze und Perspektiven

Dans les civilisations sans bateaux les
rêves se tarissent.
MICHEL FOUCAULT/DES ESPACES AUTRES

Y'al babour y'a mon amour
khelejni mel la misère.
113 UND REDA TALIANI/PARTIR LOIN

Lampedusa. Vor gut zwanzig Jahren war ich das erste Mal auf der Insel und habe dort ein Jahr gelebt, um die Besiedlungsgeschichte zu rekonstruieren. Kaum jemand hatte damals von dem winzigen Eiland zwischen Sizilien und Tunesien gehört, auch wenn Lampedusa im April 1986 internationale Medienaufmerksamkeit fand, nachdem Muammar al-Gaddafi (angeblich) zwei *Scud*-Raketen auf die dort stationierte amerikanische LORAN-Basis gerichtet hatte. Obgleich niemand zu Schaden gekommen war, einte sich die Bevölkerung im Protest, hatte die Regierung unter Ronald Reagan als Vergeltung für den Anschlag auf die Berliner Disco *La Belle* doch Tripolis und Bengasi bombardieren lassen. Die Geschichten der ‚Peripherie' Europas sind an andere Orte, geopolitische Interessen und die Weltgeschichte gebunden, ihre Geschicke aber auch mit der globalen Medienberichterstattung verknüpft, die Bilder von Lampedusa in die Welt tragen (einige Norditaliener entdeckten die Insel daraufhin als Ferienziel, Gemeindegrund wurde an Privatleute verkauft, um Ferienhäuser zu bauen und manch einer verdiente nicht schlecht daran).

Mit den 1990er Jahren ist Lampedusa auch zu einer Etappe für Menschen aus den Ländern des Maghreb, den Staaten der Subsahara, des Horns von Afrika auf ihrem Weg nach Europa geworden, verknüpfen sich Wege, die die einstigen Kolonien, das Mittelmeer mit der Wüste und mit anderen Weltregionen verbinden.[1] Obgleich der überwiegende Teil der ‚Papierlosen' ganz unspektakulär mit Touristenvisa in Italien einreist, um nach deren Ablauf dann illegalisiert und als *clandestini* im wahrsten Sinne des Wortes ‚unsichtbar' zu werden,[2] wiederholen die dramatischen Bilder von entkräfteten Menschen, die auf winzigen und hoffnungslos überladenen Booten oft mehr tot als lebendig auf Lampedusa ankommen, die soziale und politische Imagination undokumentierter Mobilität als humanitäre Katastrophe oder als bedrohlichen Ansturm auf den schwindenden Wohlstand Europas, der nicht nur drastische Maßnahmen gegen ‚Menschenhändler', sondern auch den permanenten Ausnahmezustand verlangt.

Im Jahr 2007 kam ich zurück auf die Insel, um eine der Grenzen europäischer Gastfreundschaft auszuloten und die lokalen Veränderungen der letzten Jahre in den Blick zu nehmen. Nicht nur in den Amtszimmern der Gemeinde empfingen die Angestellten mich mit einem leichten Seufzer, weil man wusste, dass für einige Zeit das Büro jetzt wieder mit *la tedesca* geteilt werden würde, die, im Namen von Wissenschaft, neugierigen Einblick in allerhand Unterlagen begehrte, wochenlang verstaubte Register abschreiben und Bürogeheimnisse teilen würde (Gastfreundschaft dann mit Statistiken und dreidimensionalen Tabellen über die sich verändernde soziale Struktur oder die Entwicklung des Fluggastaufkommens erwiderte). Vieles war gleich geblieben. Nicht nur lag klienteläre Macht immer noch im *Ufficio tecnico*, das u.a. Baugenehmigungen erteilt, auch hatte sich das politische Gefüge im Grunde nur wenig verschoben. Einiges hatte sich jedoch auch verändert. Die Familien lebten mittlerweile nicht mehr haupt-

1 Die Zeitschrift *Jeunne Afrique* hat diese mobilen Menschen in postkolonialen Zeiten mit Bezug auf Frantz Fanon „die Verdammten der See" genannt (http://www.jeuneafrique.com/Article/-JA2665p020.xml2/, 2.3.2014).

2 Die Bezeichnung *clandestino* verweist auf das, was „geheim gehalten oder insgeheim getan wird", weil es „verboten ist". Der lat. Stamm *clam* bedeutet „versteckt" (*di nascosto*), abgeleitet von *kal*/*cal* als das, was vor dem Tag (*dies*) verborgen ist, das, „was vor dem Licht, dem Tag versteckt wird oder das Licht scheut", wie das italienische etymologische Lexikon weiß.

sächlich vom Fischfang und dessen Verarbeitung, sondern vom Tourismus, der in den Sommermonaten bis zu 50.000 Urlauber auf die Insel brachte. Gärten waren mit Ferienwohnungen bebaut worden, zahlreiche Sommervillen hatten sich in die karge Landschaft geschoben. Die Bevölkerungszahl war offiziell auf rund 6.000 Einwohner gestiegen, Lampedusa ‚multikulturell' geworden und hatte Familien aus Sri Lanka und Pakistan, Marokko, Tunesien, Rumänien und Bulgarien aufgenommen, die vorwiegend im Dienstleitungsgewerbe und der Altenbetreuung ihr Auskommen fanden. „*Das sind keine Prostituierten*", wie der damalige Bürgermeister sogleich versicherte, „*wer hier arbeiten will, ist willkommen*", fügte er hinzu, band Gastfreundschaft an Arbeit und wollte damit sogleich Rassismusvorwürfe zerstreuen.

Auch gab es auf der Insel mittlerweile ein Aufnahmelager (*Centro di Soccorso e Prima Accoglienza,* CSPA) für die ohne Papiere Angereisten, das 150 Mitarbeitern ein Einkommen sicherte. Mit der Einrichtung waren auch neue ökonomische Interessen entstanden, die alte und neue klienteläre Netzwerke aktivierten. Am Ort kreuzen sich unerwünschte und erwünschte Mobilitäten: Die Insel lebt von mobilen Menschen und der ‚Hospitality Industry'. Folgen wir den Zahlen des italienischen Innenministeriums, so hatten zwischen 2000 und 2009 um die 111.000 Undokumentierte Lampedusa erreicht. Der überwiegende Teil kam aus dem Maghreb oder hatte schon lange Reisen aus den Ländern der Subsahara oder des Horns von Afrika hinter sich. Nicht zuletzt durch das Freundschaftsabkommen mit dem libyschen Diktator aus dem Jahr 2008 versuchte die italienische Politik, den Weg über das Meer zu unterbrechen. Die Zahl derjenigen, denen es danach gelang, italienische Seegrenzen zu überwinden, war dramatisch gesunken. Politik hatte – zumindest kurzzeitig – die Routen verändert, das Forschungsfeld sich verschoben und ich zunächst das Gefühl, meine Fragestellung zu verlieren und neuerlich an einer „historischen Anthropologie" der Insel zu arbeiten (Friese 1996).

Wer mich kannte, empfing mich jetzt mit dem Hinweis: „*In der Bar am Hafen hängt ein Studioso herum, der Dein Buch kennt*", wer mich nicht kannte, mit der misstrauischen Frage: „*Bist Du Journalistin?*", was soviel hieß, wie: „*Willst Du uns Ärger machen?*" Wissenschaftlicher und medialer Diskurs hatten in Beziehungen und Selbstbild eingegriffen: Lampedusa war zu einem *der* Symbole des europäischen Grenzregimes geworden, das auch Grenzen der Gastfreundschaft absteckt.

Tunis. Ich wollte die Orte kennenlernen, von denen die Boote aus Tunesien in See stechen. Tariq und seine Freunde traf ich im Sommer 2009 – zu Zeiten des Diktators Zine el-Abidine Ben Ali – in einer Bar in Tunis. Frauen haben in diesen Männerräumen eigentlich gar nichts zu suchen. Ein sizilianischer Bekannter (er konnte sich noch an mich und meine eine erste Feldforschung in einem sizilianischen Dorf in den 1980ern erinnern, auch wenn er damals noch ein Kind gewesen war) arbeitete mittlerweile in Tunis, kannte jede Bar und jeden Spitzel des Regimes, stellte mich als seine Tante vor, und so wurde ich durch die strengen Zugangskontrollen geschmuggelt. Seine männliche Anwesenheit und mein Alter garantierten ein gewisses Maß an Immunität. Ich gab Zigaretten und Bier aus, wir unterhielten uns – manchmal im Hinterzimmer zwischen den Bierkisten –, bis eine Bar schloss, wir zogen zur nächsten und lernten uns über unsere Geschichten langsam näher kennen. Wie viele seiner Altersgenossen hatten Tariq und seine Freunde keine Arbeit und überlebten von einem Tag zum nächsten. „*Wir sind in der Scheiße*", beendete fast jeden ihrer Sätze. Tariq lebte mit seiner Familie. Sein Vater arbeitete in einer kleinen Fabrik und „*verprasst alles Geld mit anderen Frauen*", wie Tariq respektlos anfügte, um damit zugleich den Autoritätsverlust einer Generation anzudeuten, die andere Vorstellungen vom guten Leben hat. Obgleich er seiner Mutter und seinem zwölfjährigen Bruder sehr nahe stand, verbrachte er die Zeit mit Warten auf eine günstige Gelegenheit zur Flucht aus diesem schlecht gelebten Leben, war hier und zugleich doch schon ganz woanders.

Tariqs älterer Bruder hatte nicht länger warten wollen und war letztes Jahr beim Versuch ertrunken, über das Meer nach Lampedusa und damit nach Europa zu fliehen. Er war sicher, es Dank der „*Hilfe*" einiger Angehöriger der Küstenwache zu schaffen. Er hatte es nicht geschafft und das Meer spülte seine Leiche zurück an die tunesische Küste. Wieder und wieder hat Tariq mir sein Tattoo „*FÜR MEINEN BRUDER*" und seine geritzten Unterarme gezeigt, die sein Ausdruck für Schmerz und seine Trauer um den Bruder waren. Immer wenn er diese Geschichte erzählte, füllten sich seine Augen mit Tränen und er konnte kaum weitersprechen. Ich war jedes Mal hilflos. Zufälligerweise habe ich einen europäischen Pass, war auf der privilegierten Seite des Mittelmeers geboren und brauchte kein Visum zur Einreise nach Tunesien.

Nicht zuletzt durch politischen Druck auf die Länder der ehemaligen Kolonien Europas am Mittelmeer ist die Ausreise ohne Visum aus den

Staaten des Maghreb unter Strafe gestellt und wird in Marokko seit 2003, in Algerien seit 2008 und in Tunesien seit 2004 strafrechtlich geahndet. Was Europäern selbstverständlich zusteht, nämlich Freizügigkeit, wird mit den Schengener Verträgen und den Visaregelungen anderen verwehrt und zwingt viele, ihr Leben auf der Überfahrt zu riskieren. Trotz seiner Trauer und des Wissens um das tödliche Risiko wollten Tariq und seine Freunde, wie viele seiner Altersgenossen in Tunesien, Algerien und Marokko auch, die erste Gelegenheit nutzen, um nach Europa zu fliehen. *Harga*: So heißt dieses brennende Verlangen im Maghreb. *Harga* heißt so viel wie ‚brennen, verbrennen' und die *harragas* sind diejenigen, die ihre Papiere verbrennen, Regeln übertreten und, wie sich das für Männer gehört, das eigene Leben in die Hand nehmen, Ansprüchen auf Würde und Freiheit folgen. Keiner hatte ein geplantes „Migrationsprojekt" oder eine genaue Vorstellung möglichen Fortkommens in Europa.[3] *Harga* ist ein dynamischer Imaginations- und

3 Auch Lydie (2011:49) hat dies bemerkt. Die *harragas* des Maghreb sind überwiegend junge, unverheiratete und arbeitslose Männer mit abgeschlossener oder mittlerer Schulbildung: „Large-scale surveys have found that [...] 25% young Moroccans contemplate emigrating. Perhaps more telling is the growth in the proportion of Tunisians who have considered emigrating; from 22% in 1996 to 45% in 2000, and a dramatic 76% in 2005. Such a high proportion conveys a lot about the extent of dissatisfaction among young Tunisians at a time when revolution was not yet on the agenda" (Fargues 2011:3). Arbeitslosigkeit (in Tunesien lag die Quote bei 14%, die Jugendarbeitslosigkeit bei 30% und 45% der Hochschulabsolventen konnten keine Beschäftigung finden, Schraeder/Redissi, 2011:7), sowie die ohne einflussreiche Beziehungen aussichtslose Arbeitssuche, prekäre Beschäftigungsverhältnisse und Armut, die Heirat und Familiengründung ausschließen, sind sicherlich einflussreiche Faktoren. Zugleich befördert die demographische Entwicklung strukturelle Arbeitslosigkeit (Fargues 2008). Auch algerische *harragas* sind zu 54% zwischen 18 und 28 Jahre alt und 80% ledig. 89% haben eine abgeschlossene oder mittlere Schulausbildung, 2,15% einen Hochschulabschluss. 90,50% sind arbeitslos (Labdelaoui 2009:6). So stellt auch die erste algerische Umfrage aus dem Jahr 2008 fest, dass „die Hälfte aller Algerier zu *harga* bereit wäre", so sich „die Gelegenheit böte", 81% der Befragten gab an, dass es in ihrem näheren Bekanntenkreis „Personen im Standby" gibt, die bereit wären, dafür auch eine „erhebliche Summe" auszugeben (Sondage exclusif de liberté sur l'émigration clandestine 2008), 43,8% kannten

Handlungsraum junger Männer, der nicht auf rein ökonomische Gründe reduziert werden kann. Tariq und die Freunde verließen sich auf Träume und Bilder eines imaginierten Anderswo, das „*unter die Haut geht*", und lebten gleichzeitig in zwei Welten. Bewacht von sozialen Umständen, die so wenig gestatten, dass sie den Aufbruch wahrscheinlich machen, speist sich diese Gegenwart ständig aus den Bildern, der Vorstellung anderen Lebens. Mobilität nimmt ihren Anfang in der Imagination: „Indeed, from the moment that the departure is imagined and the desire enunciated, the subject is transformed into someone that is always-already elsewhere" (Alaoui 2009:7). Hoffnungen auf die Veränderung der Lebensumstände entwickelten sich für Tariq und seine Freunde in einem „endlosen und aussichtslosen Wartezustand" (Boltanski 2011:121), einem Schwebezustand zwischen hier und dort, einer stillgestellten, eingefrorenen Präsenz. Dieses Warten macht nicht nur die „Abhängigkeit von der Entscheidung und der Anerkennung anderer" deutlich, die über den „Zugang zu minimalen Lebensbedingungen" bestimmen (2011:60), Warten entwickelt auch eine besondere Zeitstruktur, denn Zukunft findet dann in der Imagination, an einem anderen Ort statt, und Europa wird zum Hoffnungszeichen, auch wenn diese Zukunft in Europa ebenfalls durch Arbeitslosigkeit, Marginalisierung und Exklusion gekennzeichnet sein wird. In Italien werden aus Tariq und seinen Freunden, den *harragas* dann *clandestini*, eine Bezeichnung, die politische und juridische Praktiken der Illegalisierung kenntlich macht und schon darauf verweist, was das kommende Alltagsleben dann auch ausmachen wird, nämlich ‚unsichtbar' zu werden und nicht aufzufallen.

„*Ich würde niemals für drei Kröten so schuften wie mein Vater*", sagte Tariq und die Freunde stimmten zu. Im alltäglichen, öden Warten auf etwas erwarteten alle etwas anderes und waren sich ganz sicher, es in Europa zu schaffen, dem Anspruch auf Würde und auch Teilhabe an Wohlstand gerecht zu werden und Männlichkeit zu beweisen: einen guten Job, Auto, DVD-Player, Plasmafernseher. Keiner konnte sich vorstellen, dass sie als rechtlose Erntearbeiter für ein paar Euro am Tag auf sizilianischen, kalabri-

„mehrere Personen", die das Land illegal verlassen haben (Safta 2008), für 80,4% beeinflusst auch Strafandrohung die Entscheidung nicht (Djilali 2008). Zur Beschäftigung mit den *harragas*, vgl. u.a. Bel Hadj Zekri (2008); Ben Achour/Ben Jemia (2011); Ben Cheïkh/Chekir (2008); Bendaoud (2009); Chena (2009); Ghediri (2011); Moussa Larbi Fadhel (2004).

schen, apulischen Feldern schuften würden oder als *sans-papiers* in Frankreich sich alltäglich vor der Polizei würden verstecken müssen. Sie versprachen mir, eine CD des Rappers *RimK* und des Raï-Musikers Reda Taliani zu kopieren, auf der *Partir loin*, die Hymne der *harragas* im Maghreb zu hören ist, eine Hymne, die auf YouTube millionenfach verbreitet ist. Das Verlangen nach einem anderen Leben wird nicht länger nur durch europäische Fernsehsender, die Bilder der reichen, transgressiven, freien Gesellschaft übertragen oder durch Rückkehrer bestimmt, die zu Ramadan die materiellen Zeugnisse eines geglückten Migrationsprojekts in die Städte und Dörfer des Maghreb tragen. Die Foren des Internets (Facebook, Twitter, YouTube etc.) haben nicht nur in der politischen Mobilisierung eine Rolle gespielt, Prekarität, die aussichtslose Lebenssituation und das Verlangen nach dem anderen Leben sind mittlerweile zum Teil einer transnationalen Jugendkultur, ihrer Symbole und Semantiken geworden, die auch in populärer Musik wie Raï und Rap kreativ bearbeitet werden, einen Raum der alltäglichen Verständigung über die Situation schaffen und die Imagination mobilisieren. Ich bin nicht sicher, wie Tariq und seine Freunde mein Interesse an ihren Geschichten, an ‚illegalen' Geschäften und an Musik verstanden: Ich hätte ihre Großmutter sein können, entsprach keinem gängigen Rollenbild von Frauen und war auch nicht an *„amour"* interessiert (es kursieren phantastische Geschichten von der reichen europäischen Frau, die ein luxuriöses Leben in sagenhaftem Überfluss ermöglicht). ‚Illegalität', *harga* und der Bruch von Konventionen umrandeten unsere Unterhaltungen.[4] Hoffnungen auf individuelle Freiheit, die Befreiung von familiären Fesseln und den Regeln öffentlicher Moral, polizeiliche Willkür und nicht zuletzt Gruppendruck – oft machen sich Freunde aus einem Dorf, einer Nachbarschaft zusammen auf – beflügeln die kollektive Imagination und leeren die Cafés und Bars, in denen man auf ein anderes Leben wartet.

4 Polizei und Spitzel des alten Regimes überwachten in Tunesien jeden Ort. Da ich im Hafen von Sfax zweimal von der örtlichen Polizei befragt wurde, nachdem ich mich mit Fischern unterhalten hatte, habe ich, um neue Freunde nicht zu gefährden und polizeilichem Verdacht auszusetzen, Gespräche grundsätzlich nie aufgezeichnet – auch wenn Gesprächspartner zugestimmt hatten. Mein (verschlüsseltes) Feldtagebuch habe ich jeden Tag von wechselnden Internetcafés auf eine virtuelle Festplatte gespielt.

„Lieber sterben als hier bleiben“: Es hat sich eine regelrechte Fluchtkultur etabliert.[5]

Tunis 2012. Im Zuge dessen, was man mittlerweile *multi-sited* Feldforschung nennt, war ich wieder in Tunesien und nahm auch an den Demonstrationen zur Feier des ersten Jahrestages der Revolution am 14. Januar in Tunis teil. „Tunesien ist frei“ (*Tounis hurra*), „das Volk will […]“ (*al'sha'b yureed*) waren Slogans und Graffiti, die das ausdrückten, was wir, etwas aseptisch, die öffentliche Sphäre nennen. Die Fischer, sie hatten während der turbulenten Tage der Revolution ihre Häfen, ihre Boote vor *„Unruhestiftern von außerhalb“* beschützt, begrüßten die Absetzung von *„ZABA“* (Ben Alì) und *„der Friseuse“*, wie seine Gattin gemeinhin verächtlich genannt wurde. Nach wie vor warteten viele *harragas* auf die erstbeste Gelegenheit zur Flucht aus den Umständen, suchten nach Möglichkeiten, für 1.000 Euro *„Visagebühr“* über das Meer nach Europa zu gelangen.

Lampedusa 2011. Die Bilder sind um die Welt gegangen. Kurz nach der tunesischen Revolution für Freiheit und Würde (*thawrat al hurriyyah wa al-karamah*) und dem Fall des libyschen Regimes waren auf der Insel mehr als 60.000 *harragas* angekommen, die sich – gegen bestehende bilaterale Abkommen und Gesetze – Würde, Freiheit und damit auch ihr Recht auf Mobilität nahmen. Die Ereignisse hatten das Forschungsfeld abermals verändert und waren zu einem Teil dieser dynamischen Konstellationen geworden. *„Sind Sie aus Lampedusa? Bitte so bleiben, alles soll ganz natürlich aussehen“*, so eine australische *freelance* Photographin eher an mich, denn an die Gruppe junger Tunesier gewandt, mit denen wir im März in einer Bar zusammensaßen. Die Insel glich einem Open-Air-Fernsehstudio. Hotels waren von Journalisten und Kamerateams aus aller Welt belegt, die dramatische Bilder vom Ausnahmezustand auf der Insel verbreiteten und um den Globus schickten, während das Alltagsleben doch seinen gewohn-

5 Diese Fluchtkultur wird im Maghreb seit Jahrzehnten tradiert. Ein marokkanischer Migrant berichtet in den 1970er Jahren: „France gets under your skin. Once you've got that into your head, it's all over; you can't work in the fields any more, you have no desire to do anything else: leaving is the only solution you can think of. From that moment on, France is inside you, and it will never go away. It's always before your eyes. It's as though we were possessed […] It's madness“ (Sayad 2004:11-12).

ten Gang nahm. Die *clandestini*, die ‚Unsichtbaren' waren sichtbar und doch zu reinen Statisten eines inszenierten Medienspektakels geworden, zu unfreiwilligen Teilnehmern dessen, was mittlerweile auch als Reality-Show („Auf der Flucht") von unseren öffentlich-rechtlichen Fernsehsendern aufgeführt wird, um das Publikum zu rühren.[6] Auch die Einheimischen wollten nicht länger zum Teil eines Medienspektakels gemacht werden, mit dem das Bild vom Ferienparadies erschüttert wird.

Tatsächlich war die Situation mehr als menschenunwürdig. Der damalige Innenminister Roberto Maroni (*Lega Nord*) hatte, als die ersten tunesischen Boote die Insel erreichten, aus politischem Kalkül dem geschlossenen Aufnahmelager untersagt, den Betrieb wieder aufzunehmen und so mussten Tausende *harragas* auf den Straßen campieren. Einwohner kochten Essen, gaben Telefonkarten aus, Bars spendierten Tee und Kaffee, viele waren aber auch misstrauisch und befürchteten, die jungen Männer aus Tunesien könnten die einheimischen Frauen belästigen und die soziale und moralische Ordnung stören, die nicht nur hier über weibliche Körper verhandelt wird. Als das Aufnahmelager schließlich doch öffnete, wurden die Ankommenden, die dort eigentlich nicht länger als 48 Stunden verbringen sollten, nicht von der Insel gebracht. Als Teil einer politischen Strategie sollten die Bilder von der ‚humanitären Katastrophe' auf Lampedusa auch die EU unter Druck setzen. Die Einrichtung kann maximal 800 Menschen aufnehmen und war, an manchen Tagen kamen bis zu 2.000 *harragas* an, hoffnungslos überbelegt. Um die brisante Situation zu entschärfen, wurde den Ankommenden erstmals erlaubt, sich frei auf der Insel zu bewegen – waren im Februar 2009 die Unterkünfte, das Aufnahmelager sollte zu einem Abschiebelager umgewandelt werden, doch von den Insassen in Brand gesetzt worden und sollten Proteste diesmal unterbunden werden.

Anders als zwei Jahre zuvor, viele fürchteten auch um die Touristensaison, überstieg die Zahl der *harragas* zeitweilig doch die der Einwohnerschaft der Insel, solidarisierte sich die lokale Öffentlichkeit diesmal nicht uneingeschränkt mit den Ankommenden. Manch einer hoffte auch auf die Versprechungen des auf die Insel gereisten Ministerpräsidenten Silvio Berlusconi, der einen Golfplatz, ein Spielcasino und schöne bunte Fassaden

6 Das Spektakel mit inszenierter Überfahrt von Tunesien nach Lampedusa ist zu sehen unter http://zdf.de/ZDFmediathek#/beitrag/video/1966726/Auf-der-Flucht ---3-Die-Schlepper, 30.3.2014.

wie in Portofino versprach, sich gar zum *Lampedusano* erklärte (dort eilig eine Strandvilla kaufte), ein Steuermoratorium für die Tourismusbranche zusagte und ankündigte, die Ankommenden binnen 60 Stunden von der Insel transportieren zu lassen, um die allzu sichtbar gewordenen *clandestini* wieder unsichtbar zu machen.

Die Situation verschärfte sich jedoch zusehends. Der damalige Außenminister Franco Frattini war zwischenzeitlich nach Tunis geeilt, um mit der provisorischen Regierung ein Abkommen auszuhandeln und erhielt die Zusage zur Abschiebung von täglich 30-100 *harragas*. Während diejenigen, die zwischen Januar und April angekommen waren, per Dekret eine befristete Aufenthaltsgenehmigung und damit ein Schengen-Visum erhielten (was zu Auseinandersetzungen mit Frankreich führte, da viele dann an der nächsten Grenze zwischen Italien und Frankreich festsaßen), erhöhten die Abschiebungen die Spannungen auf Lampedusa. Im September 2011 ging das Lager erneut in Flammen auf und die Insassen forderten, endlich auf das Festland gebracht zu werden. Die Revolte derjenigen, die mit dem Ruf nach Würde und Freiheit gerade die tunesische Revolution erlebt hatten, führte zu handgreiflichen Auseinandersetzungen mit Polizei und empörten Einheimischen. Der damalige Bürgermeister erklärte „wir sind im Krieg" und in aller Eile wurden von den Behörden daraufhin drei Schiffe gechartert, zu „schwimmenden Lagern" umgewandelt und die *harragas* von der Insel gebracht.[7] Im Oktober 2011 wurde offiziell wieder der Ausnahmezustand erklärt, Lampedusa zudem zum unsicheren Hafen deklariert, was – zumindest formal – bedeutete, dass Boote in Seenot eigentlich nicht mehr dorthin geschleppt werden durften.

Tatsächlich änderte sich nichts. Im Oktober 2013 versammelte sich die Weltöffentlichkeit erneut auf Lampedusa, berichteten Medien über eine Flüchtlings*katastophe*, wiederholten sich die Riten des medial-politischen Spektakels und der (digitalen) Event-Kultur. Auf Facebook war Lampedusa

7 ‚Lampedusa: scontri, decine di feriti. Sindaco: siamo in guerra. Il primo cittadino asserragliato con una mazza.' 20.9.2011 (http://www.ansa.it/web/notizie/rubriche/cronaca/2011/09/20/visualizza_new.html_701141301.html, 21.9.2011). Der sizilianische Filmemacher Enrico Montalbano hat diese dokumentiert (http://www.storiemigranti.org/spip.php?article968 und http://for-tresseurope.-blogspot.de/2011/09/cie-galleggianti.html, 4.8.2012).

das im Jahr 2013 meistdiskutierte Thema in Italien:[8] Am 3. des Monats war ein überladenes Boot vor der Insel gesunken und hatte über 300 Passagiere in den Tod gerissen. Sie hatten 1.600 Dollar pro Kopf für die Überfahrt bezahlt, ein Flugticket Tripolis-Rom kostet weniger als die Hälfte. Die zu Hilfe geeilten Fischer konnten 155 Menschen aus den Wogen retten, doch die Öffentlichkeit war erneut zum Zuschauer eines Schiffbruchs geworden und stand an den vom Festland herangeschafften Särgen. Der Innenminister Angelino Alfano (damals noch *Partito Della Libertà,* PDL) eilte auf die Insel, Premier Enrico Letta (*Partito Democratico,* PD) gab sich schockiert, Politiker hielten Reden, die Kirche mahnte, Europa versprach Hilfe und *Frontex* wurde mit der Patrouille an der Seegrenze beauftragt, der Überwachungsmission *Mare Nostrum*. Einwohner protestierten mit Spruchbändern gegen Untätigkeit und anreisende Politiker: „Mit Rücksichtnahme auf die x-te Tragödie, bleibt wo ihr seid, *wir dulden keine Besuche*" („Nel rispetto di questa ennesima tragedia tornatevene indietro, *non accettiamo visite*"). Keine zwei Monate später konnte die Weltöffentlichkeit sehen, wie nackte Insassen des Aufnahmelagers mit Desinfektionsmittel besprüht wurden. Die Bürgermeisterin (PD) zog Vergleiche mit einem Konzentrationslager, die Leitung wurde abgesetzt. Der Ausnahmezustand ist tatsächlich zur Normalität geworden. Lampedusa ist nicht nur symbolisch in den Norden weitergewandert und protestiert, wie in Berlin und Paris, in den Hauptstädten Europas gegen dieses eingespielte Grenzsystem.

Eine Anthropologin als Gast

Noch bevor ich anfing, mich mit Gastfreundschaft, ihrer Grenzen und ihrer Institutionalisierung im nationalstaatlichen Gefüge zu befassen, waren ihre Gesten bereits Teil der Erfahrungen von Gastfreundschaft und ihrer Praktiken, wurde mir deutlich, dass ich bereits Teil dessen geworden war, was als Projekt doch erst vor mir stehen sollte.

Während der Feldforschung auf Sizilien und Lampedusa wurde ich von zahlreichen Freunden gastfreundlich aufgenommen, die mich ihrerseits in die Hände ihrer Freunde übergaben. Im Gegensatz zum „*kalten Norden*", so

8 Aufmerksamkeit fanden daneben die nationalen Wahlen, der Fußballstar Marco Balotelli und das Royal Baby (http://www.facebookstories.com/2013/it/mosttalked-about-local-it, 13.3.2014).

wurde immer wieder versichert, macht „*warme*" Gastfreundschaft das sizilianische Selbstbild aus. Viele Menschen, die ich nie zuvor gesehen hatte, widmeten mir ihre Zeit, fuhren mich herum, riefen Verwandte oder Bekannte an, mit denen ich sprechen sollte, öffneten ihre Tür, stellten mich der Familie vor und luden großzügig zum gemeinsamen Essen ein. Eingeladen an dem teilzuhaben, was den Gastgebern wichtig war, versuchte ich, *di buona compania* und nicht aufdringlich oder taktlos zu sein (Aufgabe des Gastes ist ja gerade, sich eben nicht wie zu Hause zu fühlen), wurde zum Rhythmus des Hauses und teilte seinen Alltag, suchte meinen Gastgebern nicht zur Last zu fallen, ihre Geduld nicht übermäßig zu strapazieren und die Dauer meines Aufenthaltes nicht grenzenlos auszudehnen. Nicht nur das sizilianische Sprichwort weiß, dass der Gast einem Fisch gleicht, der „nach drei Tagen stinkt".[9] Oft waren es Frauen, die mich in den Raum des Alltags und der Familie aufnahmen und ich durfte nach dem ersten zeremoniellen und etwas steifem Gastritus im repräsentativen *salotto*, dann selbstverständlich in das Zentrum des Hauses, die Küche, wechseln (auch wenn es vorkam, dass mich der Ehemann ins Haus brachte und die Frau dann mit dem ungebetenen, unangekündigten Gast umzugehen hatte und unter vielfacher Entschuldigung für die Unangemessenheit des Mahls die Tischrunde kurzerhand um den Gast erweiterte). Oft begleitete mich das

9 Auch das *Deutsche Wörterbuch* von Jacob und Wilhelm Grimm (1854-1961) kennt diese Zeitspanne: Das „sprichwort nennt drei tage als die zeit die einen gast lästig mache: drei tage gast ist eine last. [...] dreitägiger gast ist ein last. [...]; frembder gäst wird man nach dreien tagen überdrüssig. 1368; am dritten tag stinket der gast. 1369, was sich aus folg. erklärt; nach dreien tagen gilt nicht vil ein fisch und ein gast, post tres saepe dies vilescit piscis et hospes (var. uxor) [...]; ein guter gast und ein guter fisch halten sich drei tage [...] den lat. vers gab man sogar gästen zu lesen, z.b. in klöstern: nachfolg. carmina, die ich ainest zu Ochsenhausen im gastgemach gefunden an der stubenthür: post tres dies (so) vilescit piscis et hospes..., vergl. [...] von dem abte, der adlichen gästen, die zu lange blieben, zu gemüte führt, wie der herr wolweislich nur drei tage im paradies sich verweilt hätte (bei der höllenfahrt). noch kräftiger aus dem munde eines kargen abtes, der seine gäste habe merken lassen [...], der mist und die gest seien im feld zum besten. d.h. beim ausfahren, abreisen [...] von dem propste, der seiner gräflichen gäste rosschwenz über alle maszen lobt (statt der köpfe), bis der graf sein ersehntes abreiten dahinter merkt."

Gefühl, diese Gesten niemals erwidern zu können und immer etwas schuldig bleiben zu müssen. Gastfreundschaft hatte ein soziales Band geschaffen, doch alles, was ich zurückgeben konnte, waren Dankbarkeit, persönlicher Einsatz zur Lösung von Problemen (oft wurde mir auch eine Macht zugesprochen, die ich gar nicht hatte) und ein Versprechen auf zukünftige Erwiderung geleisteter Dienste.

„The host must fear the guest. When he sits [and shares your food], he is company. When he stands [and leaves your house], he is a poet", so ein libanesisches Sprichwort (Shyrock 2012:23), ein guter Gast ist, wer für sich behält, was er gesehen und gehört hat, ein guter Gast, wer Ruf und Reputation des Gastgebers und der Gemeinschaft, die ihn aufgenommen haben, nicht beschädigt. Ein Gast – ein Fremder – sollte sich als Gast verhalten und sich besser nicht in delikate politische Angelegenheiten, heikle Geschäfte einmischen und mehr oder minder gehüteten lokalen Geheimnissen nachgehen, die in die manchmal kniffeligen sozialen Beziehungen eingreifen könnten. Schließlich wird der Forscher, der ungebetene Gast, irgendwann wieder gehen, die Gastgeber jedoch werden bleiben und mit den unliebsamen Folgen von Einmischung und Indiskretion zu kämpfen haben. Insofern muss ich mich vermutlich zu den Verrätern an Gastfreundschaft zählen.

Die Situation gestaltete sich noch komplizierter, wenn ich von *clandestini* eingeladen wurde und zum Gast der ‚Gäste' wurde. Oft wurde bedauert, mich, den Gast, eben gerade nicht so empfangen zu können, wie es Gastfreundschaft verlangt. Gerade diese Unmöglichkeit wurde zum zweiten, zu einem doppelten Makel, der auf das verwies, was an den Namen *clandestino* auch gebunden ist, nämlich ausgeschlossen, enteignet und eben gerade nicht Herr des Hauses und zu Hause zu sein, eine beleidigende, unwürdige Unfreiheit, des Rechts beraubt, Gastfreundschaft und die ihr gebührenden Gesten zu gewähren, das Kontinuum von Geben und Nehmen zu unterbrechen und die Asymmetrie zwischen Fremden und Einheimischen so ständig zu bestätigen. Doch selbst zu elenden Unterkünften wurden mir die Türen geöffnet, ich wurde zu Freunden weitergeleitet, bewunderte Photographien der Angehörigen, hörte Lebensgeschichten, Berichte von Verfolgung, den langen Reisen und ihren Schrecken, nahm Anteil an den Freuden und Sorgen des Alltags, gab Auskünfte, zerstreute Gerüchte über wundersame Gelegenheiten, in anderen Ländern Europas zu Papieren, zu

Arbeit zu kommen, ein verlässliches, ein normales Zuhause einzurichten. Erneut war ich besorgt darüber, was ich zurückgeben konnte.

Auch in den Häfen Tunesiens, in Kelibia, Sfax, Sousse, Madhia, Zarzis unterschieden sich Gesten und Rücksichtnahmen wenig. Häfen sind Männerwelten, die Frauen ausschließen. Ich wurde genau beobachtet, prüfenden Blicken unterworfen. Nachdem mein Verhalten Bedenken in Fragen des Anstands zerstreut hatte – eine Frau, die über Monate allein unterwegs ist, kann leicht als Europäerin auf der Suche nach Abenteuer gelten –, wurde ich in das Haus aufgenommen, großzügig bewirtet, feierte Geburtstage und Hochzeiten, teilte Sorgen und Hoffnungen, schloss Freundschaften, erwiderte Freundschaftsdienste (auch hier konnte ich einige Alltagsanliegen nicht lösen). Auch hier genoss ich die Sicherheit, die einheimische ‚Schutzherren' vor ungebührlichem Verhalten gegen mich, die Unbekannte, boten, konnte einer Familie, einem Beziehungsnetz zugeordnet werden, war gegen Gefährdungen gewappnet, hatte Anteil an Ruf und Reputation des Hauses. Auch hier wurde ich zu Freunden und Verwandten an anderen Orten weitergereicht, die mich ihrerseits aufnahmen. Ich teilte mit Fischern in den Hafenkneipen den Tee, die geschmuggelten Zigaretten, Gespräche, Klatsch, Feindschaften und Freundschaften und in den örtlichen Hotelbars manchmal nächtelang Bier und Wein, während wir über Schiffe, Schiffsschrauben und Motoren fachsimpelten oder über das korrupte System herzogen. Jeder kannte die Spitzel des Regimes und ich wurde gewarnt, ihnen keine Fragen über die Organisation der Fahrten der *harragas* zu stellen. Oft unterhielten wir uns auf Sizilianisch, erzählten Geschichten von gemeinsamen Bekannten, wie dem wichtigsten Reeder in Mazara del Vallo. Wir hatten gemeinsame und transnationale Beziehungen, die mich zugleich verortbar machten. Einige Fischer, transnationale Migranten *avant la lettre*, hatten in Mazara und mit der dortigen Bootsflotte gearbeitet und waren Teil der dortigen *community*, bevor sie wieder nach Tunesien zogen, dort ein eigenes Boot kauften oder ein Geschäft betrieben, zu Ramadan zurückkehrten, das Haus Jahr für Jahr um ein Stockwerk vergrößerten und mit neuesten Haushaltsgeräten ausstatteten. Während man mich in Sizilien ‚die Deutsche' nannte, so wurde ich hier zur ‚Italienerin', eine Zuschreibung, die sich ganz offensichtlich nicht an meinen Pass band. Ich war keine Ausländerin im rechtlichen Sinne, jemand mit einer anderen Staatsangehörigkeit, sondern eine Fremde, die man so wenigstens irgendwie identifizieren und verorten konnte.

Die „Sprachen der Gastfreundschaft“ (Bahr 1994) werden die folgenden Bemerkungen also in unterschiedlicher Hinsicht beschäftigen: „The anthropologist's field is defined as a site of displaced dwelling and productive work, a practice of participant observation which [...] has been conceived as a sort of mini-immigration“, so bemerkt James Clifford (1997:22). Was kluge Methodenbücher als Feldforschung ausweisen, ist genau genommen nichts anderes als eine Reihe unwahrscheinlicher Zufälle und Begegnungen, die sich weder planen, steuern noch vorhersehen lassen. Doch Feldforschung und teilnehmende Beobachtung verlassen sich auf die Aufnahme bei Fremden und die unterschiedlichen Gesten der Gastfreundschaft, die dem Forscher gelten. Meine Betrachtung ist also auf eine doppelte Weise mit dem konfrontiert, was sie erhellen möchte, denn nicht nur Herkunft und Alter, auch das Geschlecht bestimmen dann oftmals die Formen des gastfreundlichen Empfangs, die Einordnung des Forschers in das soziale Beziehungsgefüge.[10] Auch hat wohl jeder Anthropologe die zwiespältige und zweifelhafte Stellung zwischen ‚Freund‘ und ‚Feind‘ und die manchmal durchaus despotische Gastfreundschaft erfahren, kennt den argwöhnischen Verdacht, dem der seltsame Ankömmling und sein Tun oftmals ausgesetzt sind. Schließlich, wer würde schon freiwillig Familie und Freunde verlassen, für lange Zeit in die Fremde ziehen, um dort ständig seltsame und unnötige Fragen zu stellen? Welches verborgene Anliegen, welche Interessen verfolgt der Fremde und der schließlich und endlich nicht eingeladene Gast?

Ich glich weder dem Gast, den Pierre Klossowski „am Horizont als Befreier auftauchen sieht“ (1966:126), noch dem Landvermesser K., dem Fremden, dem Gast, dessen hoffnungslose Versuche, mit „Dorf und Schloss in die rechte Verbindung zu kommen“ (Brod 1995:353) Franz Kafka in seinen labyrinthischen Schilderungen in *Das Schloss* verewigt hat. Dennoch teilte ich mit diesen Fremden, den Gästen, doch etwas, nämlich nicht dazu-

10 Carmen Bernhard (1997) hat darauf hingewiesen, dass Frauen meist anders aufgenommen werden als männliche Kollegen, ihnen eher „Schutz“ angedient wird, eine Form der Ritualisierung untergeordneter Stellung, während Männer zunächst eher auf die formale Rolle des Gastes festgelegt sind. Ich teilte die von Bill Westerman dargestellten Erfahrungen (2007) gastfreundlicher Aufnahme bei Illegalisierten, auch wenn ich als Frau selten spontane Einladungen annahm und mein Aktionsradius eher eingeschränkt war.

zugehören, den höchst ambivalenten und prekären „Status eines Statuslosen“ (Pitt-Rivers 1992:21), teilte mit ihnen eine Freiheit, nämlich die Distanz zu dem „Althergebrachten“, die nicht einfach „Abstand und Unbeteiligtheit“, sondern ein „besonderes Gebilde aus Ferne und Nähe, Gleichgültigkeit und Engagiertheit ist“ und die Georg Simmel in seinem „Exkurs über den Fremden“ bekanntlich die „Objektivität des Fremden“ genannt hat (1992a:766-7). Ich war weder Tourist noch Einheimische, sondern ein nicht eingeladener Gast und wurde doch anders aufgenommen als die Papierlosen, die der italienische Staat und seine Gesetzgebung doch – und eben nicht zufälligerweise – als „*ospiti*“, als Gäste bezeichnen.

Gastfreundschaft und das Grenzregime

Die Frage, wie Europa diejenigen gastfreundlich aufnimmt, die ihr Recht auf Mobilität wahrnehmen, ist sicherlich eine der dringlichsten Fragen unserer Zeit. Doch warum überhaupt ‚Gastfreundschaft‘? Ist der Begriff im Kontext postkolonialer Beziehungen und transnationaler Mobilität überhaupt adäquat, evoziert er nicht den unseligen Begriff des bundesdeutschen ‚Gastarbeiters‘, einer Figur der Grenze *par excellence*, eines Nicht-Bürgers, der auf schiere Arbeitskraft reduziert, eben gerade nicht zum Gemeinwesen gehört, ja gar nicht gehören sollte? Warum Gastfreundschaft und nicht Cross-Border-Governance, Migrations- und Integrationspolitiken oder eben transnationale Praktiken? Ist Gastfreundschaft im Angesicht von ausgeklügelten Sicherheitstechniken, Satellitenüberwachung, Grenzrobotern, biometrischen Datenbanken, Abschiebungen, Deportationen auf hoher See, des Systems von Lagern, in denen Menschen zusammengepfercht werden, der Ubiquität und Externalisierung von Grenzen, technokratischer Halluzination von bio-politischem Grenzmanagement, den EU-Hohepriestern der zwischenstaatlichen Regulierung von ‚Flows‘ und ‚Best-Practice‘-Regelungen, die Subjektivität, Träume, Eigensinn, Würde und Freiheit dem ökonomischen Kalkül, der Ideologie des Marktes und der mittlerweile unweigerlich angeschlossenen Managementsprache und ihrer Herrschaftstechniken einverleiben, nicht vielmehr in der Krise, der Begriff Gastfreundschaft lang schon korrodiert, reichlich unzeitgemäß und durch Gesetze der

Un-Gastlichkeit ersetzt?[11] Zudem: Was bedeutet Gastfreundschaft im digitalen Zeitalter, haben sich die Technik, der virtuelle Raum doch längst der Sprache der Gastfreundschaft bemächtigt, haben wir doch eine *Homepage*, gar ein Gästebuch, und behaupten, Besucher willkommen zu heißen, zählen wir Gäste in wenig freigiebiger Geste, dienen sie doch Ruhm, sozialem Prestige im *Social Network* und haben sogar Daten einen Gastgeber, einen *Host*, erlauben höchstens eine fahle Erinnerung an die einst heilige Bedeutung von Gastfreundschaft.

Mittlerweile ist die *Hospitality Industry* mit der Beherbergung von Fremden betraut, der zahlende Gast ein Kunde, wie selbst das Lager seine ‚Gäste' (*ospiti*) aufnimmt. Doch trotz der Bedeutungsverschiebungen dessen, was Gastfreundschaft anzeigt, steht der Begriff, wie wir noch genauer sehen werden, im Fokus jüngerer Diskussionen der Sozialphilosophie und der Ethik,[12] erlaubt er doch ein umfassendes Engagement mit grundlegenden Aspekten des Zusammenlebens und seinen unausweichlichen Spannungen und Aporien. Wie Émile Benveniste in seiner Untersuchung des „Vokabulars der indo-europäischen Institutionen" (1973) deutlich gemacht hat, kommen den lateinischen Wörtern *hostis* und *hospes* (davon *hospitalitas, hospitality, hospitalité, ospitalità, Hospitalität*) unterschiedliche Bedeutungsfelder zu, die zwischen der Bezeichnung des ‚Gastes' und des ‚Feindes' schwanken und damit bereits eine grundlegende ambivalente Beziehung zum ‚Fremden' anzeigen, die auch in dem Antagonismus von Freund/Feind wirkt und bei Carl Schmitt (1994) bekanntlich zur Grundlage des Politischen wird. Bereits diese unheimliche Bedeutungsschwankung des Begriffs – der den Fremden, den Gast, den Freund und Feind an das Politische bindet –, erlaubt eine grundlegende Diskussion der unterschiedlichen und ambivalenten Aspekte und Spannungen, der Konflikte, die Mobilität, die die Ankunft des Fremden und seine Aufnahme mit sich bringen.

11 Vgl. in diesem Kontext Fassin/Morice/Quiminal (1997); Gibson (2007); Rosello (2001).

12 In mehr oder minder deutlichem Anschluss an die Arbeiten von Emanuel Lévinas und Jacques Derrida (Derrida 1997a, b, 1999a, b, 2000, 2001a, b, 2002, 2005; Derrida/Dufourmantelle 1997) hat sich ein interdisziplinäres Forschungsfeld eröffnet. Vgl. hier nur Dikeç (2002); Gotman (1997, 2001, 2004); Rosello (2001); Schérer (1993) und die Beiträge in Barnett/Clark/Dikeç (2009); German Molz/Gibson (2007).

So zeigt Mobilität, „how profoundly the citizens of a modern European state can disagree about the definitions of hospitality. And whether or not the word is explicitly used, hospitality is now at the center of this political, social, and economic controversy“ (Rosello 2001:6).

Gastfreundschaft, ihre Sprachen und Praktiken arrangieren die historisch unterschiedlichen Vorstellungen und Begriffe vom und das alltägliche Verhältnis zum Anderen, zum Fremden – insofern markieren und schaffen sie den Fremden ebenso, wie sie sich an ihn richten. Sie umfassen damit auch das Verständnis von sozialen Bindungen und Solidarität, Geben und Nehmen, Nähe und Distanz, Territorium und Grenze, privatem und öffentlichem Raum, ethisch-moralischen Anforderungen, von politischer Zugehörigkeit, Staatsbürgerschaft, Rechten und Ausschluss, kurz: sie betreffen die Grundlagen des Zusammenlebens. „L'hospitalité, c'est la culture même et ce n'est pas une éthique parmi d'autres“, erklärt Jacques Derrida bündig (1997a:42).

Mit dem Begriff Gastfreundschaft sind also nicht nur spezifische Rechte und (ethische) Pflichten angesprochen, sondern auch die Frage, was Fremdheit und Heimat bedeuten – so sprechen wir nicht ohne Grund von ‚Gastgesellschaften‘ (*host societies*) –, entwickelt sie sich doch in einen Raum, der sich zwischen Zugehörigkeit und Ausschluss erstreckt und damit Grenzen zwischen dem Gastgeber und demjenigen etabliert, der aufgenommen wird (Godbout 1997:38). Auch ordnet Gastfreundschaft das komplexe Verhältnis von Teilen, Geben und Nehmen, von Großzügigkeit, Gegenseitigkeit, Verpflichtung, Schuldigkeit und Schuld und umfasst damit auch zentrale Begrifflichkeiten der Sozial- und Kulturwissenschaften.

Zunehmende Mobilität hat die Semantiken der Gastfreundschaft und ihre Gesten verändert und gibt auch Begriffen wie ‚der Fremde‘ eine neue Bedeutung. Zugleich ist Gastfreundschaft nunmehr an Souveränität, den modernen Nationalstaat und seine Grenzen gebunden. Damit sind neuere Formen der Gouvernementalität von Mobilität und der unterschiedlichen Praktiken in den Blick gerückt, die das jeweilige Grenzregime schaffen. Diese dynamischen Konstellationen verbinden eine Vielzahl von (supra-) nationalen und lokalen Akteuren, deren Praktiken sich aufeinander beziehen, ohne jedoch von einer zentral ausgerichteten Machtstruktur, einer bestimmenden Logik oder Rationalität gelenkt oder geordnet zu werden.[13]

13 Sciortino (2004:32); Transit Migration Forschungsgruppe (2007:13-14).

Das jeweilige Migrations- und Grenzregime artikuliert dann auch die sich wandelnden Beziehungen zwischen lokal und global, Zentrum und Peripherie, den produktiven und dynamischen Prozessen von De-lokalisierung und Re-lokalisierung, Eingrenzung und Entgrenzung,[14] mit denen eindeutige Trennungen zwischen innen und außen durchkreuzt und formale und informale ökonomische Sektoren aneinander gebunden werden: Die *harragas*, Freunde, Nachbarn und Verwandte, die finanzielle Ressourcen bereitstellen, die Self-made-Unternehmer, die die Reisen über das Meer organisieren, auf der einen Seite und diejenigen, die alltäglich die Ankunft regeln, wie die Angehörigen der Küstenwache, die Mitarbeiter der mittlerweile privatisierten Aufnahmelager, die Vertreter von Nichtregierungsorganisationen (wie *Médecins sans Frontières*, *Save the Childen, Terre des Hommes*), internationale intergovernmentale Organisationen (wie die *International Organization of Migration* oder das *International Centre for Migration Policy Development*), lokale Unternehmer, Verwaltungen und unterschiedliche regionale, nationale und internationale politische Akteure. Damit entstehen Konstellationen, in denen unterschiedliche Strategien und manchmal gegensätzliche Strategien verfolgt, unterschiedliche Konflikte geschaffen werden, die auch die Grenzen der Gastfreundschaft abstecken.

Lampedusa als Symbol

Versuche, Deutungshoheit über das Geschehen an einer Grenze Europas zu gewinnen und einen (gemeinsamen) symbolischen Raum zu schaffen, wiederholen diese Konflikte, setzen sie medienwirksam in Szene und werden zum Teil des Grenzregimes und seiner widerstreitenden Repräsentationen. Sie verweisen zugleich ebenso auf die ambivalenten Beziehungen zwischen der Unsichtbarkeit der Undokumentierten und deren medial-globale Sichtbarkeit, wie auf die Wanderung und ständige Reproduktion von Bildern in dem, was Arjun Appadurai als „Media-scapes" bezeichnet hat (1996:35-6).

Internationale Berichterstattung, wiederkehrende Inszenierungen, die Zirkulation machtvoller Bilder haben die Insel zu einem Symbol gemacht, das unterschiedliche soziokulturelle und politische Bedeutungen, (wirtschaftliche) Interessen artikuliert, widerstreitende Diskurse und Konflikte organisiert und medial verbreitet. In diesem Geflecht steht ‚Lampedusa'

14 Vgl. in diesem Kontext Bigo (2010:16-21); Cuttita (2007); Mezzadra (2006).

zunächst für ‚illegale' Mobilität, Wirtschaftsmigranten, Flüchtlinge, Asylsuchende und die unterschiedlichen (rechtlichen) Dimensionen, die an diese Begrifflichkeiten und Klassifikationssysteme gebunden sind, mit denen Recht, Politik und Wissenschaft Mobilität jeweils zu fassen und zu kontrollieren suchen. So unterscheidet nicht nur die Wissenschaft u.a. zwischen Immigration, Arbeitsmigration, zirkulärer Migration, Kettenmigration, transnationaler Migration, Lifestyle-Migration, Umweltflüchtlingen, politischen Flüchtlingen.[15] Wissenschaftliche Kategorisierungen stehen damit – nicht selten unkritisch – in diskursiven Koalitionen mit politischen und juristischen Begrifflichkeiten, mit denen die Figuren des Fremden, Migranten, Flüchtlings, Asylsuchenden geschaffen werden und deren Alltagsleben bestimmt werden kann.

Öffentliche Aufmerksamkeit und Medienberichterstattung haben die Insel aber auch zum Symbol für politische Aktivisten, Journalisten, Künstler und mittlerweile auch zum bevorzugten Arbeitsfeld von Anthropologen gemacht, die sich mit undokumentierter Mobilität im Mittelmeer beschäftigen.[16] Repräsentationen sind, wie wir wissen, nie unschuldig, sondern Teil machtvoller, politischer Konstellationen, der Produktion von Wissen und der Techniken der Gouvernementalität. Zugleich sind sie Teil politischer Legitimation und ihrer jeweiligen Rechtfertigungsstrategien.

Lampedusa steht dann *politisch* auch für – grandios gescheiterte – nationale und europäische Governance und die Politiken des sogenannten Grenz*managements*, technokratischer Utopien effektiver, grenzenloser Steuerungsmöglichkeit von Handlung, Subjektivität und Verfügbarkeit, der Durchsetzung sozialtechnokratischer Rationalität oder volkspädagogischer Aufklärung und Anweisung. An dieses Symbol lassen sich zugleich unterschiedliche politische Positionen anschließen, sind populistische Standpunkte (‚das Boot ist voll') ebenso möglich wie der Fremde als Befreier heroisiert werden kann und antirassistische Aktivisten das Bild der ‚Festung Europa' oder einer Welt ohne Grenzen evozieren.

Was bedeutet es also, wenn das spezifische Grenzregime Lampedusa zur Matrix für die Repräsentation undokumentierter Mobilität im Mittelmeerraum wird und damit andere Grenzregimes, wie bspw. am griechisch-

15 Einen Überblick schafft Pries (2001). Dennoch bezeugen diese Konstruktionen die Unmöglichkeit begrifflicher Fixierung.

16 Vgl. jüngst Klepp (2011) oder Reckinger (2013).

türkischen Fluss Evros, oder das marokkanisch-spanische Regime aus dem Blickfeld geraten, weil die Medien Lampedusa zu einem populären Bildspektakel, zum stets gleichbleibenden Hintergrund, zur Kulisse tragischen, katastrophischen Geschehens gemacht haben? Was bedeuten Sichtbarkeit und Unsichtbarkeit in diesem Kontext? Was wird sichtbar, damit anderes unsichtbar bleibt? Welche Politiken der Empörung und des Mitleids werden beständig erzeugt, gezeigt, in Szene gesetzt und diskursiv bearbeitet?

Lampedusa steht der *Imagination* auch und gerade für die Furcht vor den schwarzen Massen, Invasionen, Unkontrollierbarkeit, vor dem Verlust nationalkultureller Identität und zugleich auch für humanitäre Anteilnahme, Mitgefühl, Philanthropie, Verletzlichkeit, Hilfe für die Opfer, Solidarität und solche Entwürfe, die zugleich die Spannungen des Begriffs Gastfreundschaft und die Konflikte um ihre Praktiken weitertragen. Lampedusa schafft der Furcht vor Fremden *und* den Bildern von Opfern einen Ort und bindet Freund und Feind aneinander. Die Schauspielerin Angelina Jolie, als Botschafterin des Flüchtlingshilfswerks *UNHCR* war sie im Juni 2011 angereist, bedauerte das Schicksal der Angekommenen und stellte „eine imaginäre Nähe zu massenmedialen Symbolfiguren" her.[17] Humanitäre Rettungs- und politisch verstärkte Invasionsphantasien kreuzen sich, im März 2011 hatte die umstrittene Politikerin der französischen *Front National*, Marine Le Pen, die Insel besucht, nicht ohne Proteste vor Ort hervorzurufen. Silvio Berlusconi, zuletzt Papst Franziskus im Juni 2013 personalisieren diese Bedeutungen, deuten sie jeweils um, tragen sie weiter und verweisen auf politische, humanitäre und ethische Dimensionen der Aufnahme von Fremden und die Grenzen der Gastfreundschaft. Auch Navid Kermanis literarische „Reisen in eine beunruhigte Welt" (2013) markieren den auf der Landkarte stecknadelkopfgroßen Fels im Mittelmeer und setzen das winzige Eiland – neben Kairo, Damaskus, Jerusalem Pakistan und Teheran – auf eine Reiseroute zu endemischen Kriegsgebieten und den Stätten des *Ausnahmezustands*. Sie verbinden, wie andere auch, nicht nur metaphorisch den Begriff, den Carl Schmitt in seiner *Politischen Theologie* zum Kennzeichen von Souveränität gemacht hat (1985:13) mit dem Politischen, um diesen, wie wir noch genauer sehen werden, doch gleichzeitig zu entschärfen und zu entpolitisieren.

17 Beck (1998:99). Vgl. Rummery/Fleming (2011).

Das, was wir mit dem Begriff ‚Gastfreundschaft' fassen, organisiert also eine Fülle von Praktiken, bewegt diskursive Felder, erlaubt Symbolisierungen – bereits der Symbolbegriff selbst ist durch das antike *symbolon*, ein Erkennungszeichen zwischen Gast und Gastgeber, das auch vererbt werden konnte, ja schon an Gastfreundschaft gebunden. „All societies produce strangers; but each kind of society produces its own kind of strangers, and produces them in its own inimitable way", so hat Zygmunt Bauman festgestellt (1995:1). Als universale Beziehungsform, die gleichwohl unterschiedliche Modi ihrer – durchaus konfliktuell und antagonistisch ausgetragenen – Artikulation kennt, schaffen soziale Praktiken *den* Fremden ebenso, wie die Anforderungen der Gastfreundschaft den Umgang mit Fremden erlauben. Sie entwickeln sich zwischen religiösen, ethischen Forderungen, rechtlichen Normen und politischen Bestimmungen. Gastfreundschaft umfasst so vielfältige Spannungen und unterschiedliche Ebenen ihrer konkreten, praktischen Artikulation. Gastfreundschaft entfaltet sich in dem Spannungsfeld zwischen religiöser und säkularer, öffentlicher und privater Sphäre. Ihre Gesten beruhen auf Großzügigkeit und Freigiebigkeit ebenso wie auf Gegenseitigkeit und reziproker Verpflichtung. Sie zeigt deutliche Grenzen an ebenso wie sie Grenzen aufhebt und verweist auf (staatliche) Souveränität wie auf ihre Einschränkung im Zuge zunehmender Mobilität im Kontext globaler Prozesse. Sie gilt einem unbekannten Fremden ebenso wie einem (persönlich) Bekannten, entwickelt sich zwischen supra-nationalen Bestimmungen und lokalen Artikulationen und ist angesiedelt im Spannungsfeld zwischen Partikularität und Universalität. Und: Als ein Modus menschlicher Soziabilität, Bindung, Kooperation und Solidarität ist Gastfreundschaft immer auch an den Konflikt und an ihre andere Seite, an Negation, Ablehnung, Ungastlichkeit, Verfeindung und Feindschaft gebunden und verweist – im doppelten Sinne des Wortes – immer auch auf ihre Grenzen: Gastfreundschaft „harbors a trace of its double – hostility and a hospitable welcome is a probe into risk and uncertainty", so Bonnie Honig (2008:111) im Anschluss an Jacques Derrida.

Die folgenden Bemerkungen werden sich in diesem historisch überaus dynamischen Raum bewegen, in dem unterschiedliche Akteure, Praktiken, Institutionen, Diskurse, Bilder sich beständig kreuzen, unaufhörlich Spaltungen, Spannungen und Konflikte erzeugen und die Ambivalenzen der Gastfreundschaft sich wiederholen. Was dann deutlich wird, sind auch und gerade die Ambivalenzen und Spannungen, die Konflikte, die Gastfreundschaft markieren und das ausmachen, was als das Politische bezeichnet werden kann. Der Begriff erlaubt also, auch empirisch das zu verorten, was gerade als das Politische an ihm hervortritt.

Im Weiteren wird also durchaus keine mehr oder minder umfassende Ethnographie der Grenze oder des Grenzregimes angestrebt, für die der Ort Lampedusa dann stehen soll. Vielmehr wird eine doppelte Bewegung versucht, mit der theoretische Konzepte der politischen Philosophie, die oftmals seltsam steril bleiben, auch wenn sie sich ohne Unterlass ständig selber erzeugen, mit spezifischen Situationen, Orten, Gesten, Gegenständen und Beobachtungen verknüpft werden.[18]

In einem *ersten* Schritt kommen daher *Mobilität und die Ambivalenzen der Gastfreundschaft*, also die grundlegenden Ambivalenzen in den Blick, die (historisch) an die alte und historisch überaus wirksame Unterscheidung zwischen Freund und Feind gebunden sind, mit dem Souveränitätsbegriff im modernen Nationalstaat und gegenwärtigen Formen transnationaler Mobilität eine spezifische Bedeutung erhalten und die Frage bewegen, was Gastfreundschaft heißen kann. Wie deutlich werden wird, verweisen die historischen Semantiken ebenso auf *religiöse und ethische Anforderungen*, die seit der Antike u.a. in Mythos und Symbol verbürgt sind und den Umgang mit dem Fremden regeln sollen, wie sie die Beziehungen zwischen *Vagabunden, Gästen und Territorium* bestimmen (*Kapitel 1*).

Auch die Sozial- und Kulturwissenschaften zeigen die ambivalente Stellung des Fremden und die ethisch-moralischen Anforderungen und Praktiken der Gastfreundschaft, welche die Zwiespältigkeit seiner Stellung sozial und kulturell bändigen sollen. Die *Kultur- und Sozialanthropologie* hat dieses ambivalente Verhältnis zum Fremden vorrangig sowohl im Hinblick auf die vielfältigen Gebräuche der Gastfreundschaft und ihrer sozialen Funktionen als auch in ihrem Bezug zu den jeweiligen gesellschaftlichen Kosmologien, Symbolen, Moralvorstellungen und geltenden formalen oder informalen Rechtsformen thematisiert. Zugleich haben ‚klassische' Ansätze

18 Wie Julia Paley (2002) deutlich macht, unterscheidet sich die anthropologische Perspektive von politiktheoretischen oder sozialphilosophischen Ansätzen u.a. im Hinblick auf die Untersuchung der (alltäglichen) Artikulationen von Staatsbürgerschaft, Ungleichheit, Zivilgesellschaft, Gouvernementalität und demokratischer Organisationsformen.

der *Soziologie* natürlich lang schon mit der Figur des Fremden beschäftigt und ihn – denken wir hier nur an Georg Simmel oder Alfred Schütz – im sozialen Gewebe von Gesellschaften verortet. Es wird daher kurz an *klassische Ansätze in Anthropologie und Soziologie* erinnert (*Kapitel 2*).

Vor diesem Hintergrund können dann Gastfreundschaft, Kosmopolitismus und Gerechtigkeit angesprochen, die *drei Positionen der politischen Philosophie, Liberalismus-Kommunitarismus, kritischer Kosmopolitismus* und *Dekonstruktion* umrissen und kritisch auf ihre Defizite, Lücken und jeweilige Reichweite beleuchtet werden (*Kapitel 3*).

Im Fokus *sozialphilosophischer Reflexionen* steht gegenwärtig auch die Spannung zwischen dem Gesetz bedingungsloser, „unbedingter Gastfreundschaft", einer absoluten ethischen Forderung, wie sie von Jacques Derrida entworfen wird, auf der einen Seite, den Fragen nach den „Rechten von Anderen", wie sie etwa Seyla Benhabib oder Bonnie Honigs *Democracy and the Foreigner* gestellt haben, und auf der anderen Seite, ihren politisch-rechtlichen Einschränkungen. Diese Entwürfe machen unterschiedliche politiktheoretische und philosophische Perspektiven deutlich, die, wie John Rawls dem Liberalismus, wie Michael Walzer dem Kommunitarismus, Seyla Benhabib einem kritischen Kosmopolitismus oder Jacques Derrida der/den Dekonstruktion/en verpflichtet sind. So hinterfragen Wiederlektüren von Kants kosmopolitischem Entwurf und neuere Gerechtigkeitskonzepte soziale, kulturelle oder nationalen Grenzen und die „post-westfälische Grammatik" (Benhabib, 2004) und unterminieren die Kongruenz zwischen soziokultureller Identität, Territorium und Staatsbürgerschaft als einem Kennzeichen moderner Nationalstaaten oder, im Gegenteil, affirmieren diese.

Trotz aller Unterschiede teilen sich diese Versionen doch eine Gemeinsamkeit, eine strategische Übereinstimmung, müssen sie doch mit den grundlegenden Spannungen, die die Aufnahme von Fremden in modernen Nationalstaaten kennzeichnen, einen plausiblen und theoretisch tragfähigen Umgang finden: Der Spannung zwischen universalistischen Bestimmungen und der Partikularität einer politischen Gemeinschaft; dem (liberalen) Grundsatz von persönlicher Freiheit und ihrer Beschränkungen im Recht; der Spannung zwischen dem Gesetz absoluter Gastfreundschaft und den juristischen Normen, die jene einschränken und schließlich den Spannungen zwischen Freund und Feind, denen diese Versionen nicht ausweichen können. Diese Fassungen zeigen oftmals auch eine gemeinsame und erstaunliche Gleichgültigkeit gegen das, was vor Ort in den Termini von Gastfreundschaft verhandelt wird. Doch ohne den Bezug auf diese konkreten Orte, ihre Akteure, die Gesten der Gastfreundschaft und ihre Grenzen bleibt die Forderung nach Gastfreundschaft, Gerechtigkeit und einer kosmopolitischen politischen Ordnung doch ein rein akademisches Unterfangen.

Ein *zweiter* Schritt, *Lampedusa – Verbindungen und Heterotopien*, skizziert zunächst die historischen Verbindungen der Insel zu den Räumen des Mittelmeeres und trägt diese lebendige historische Thalassographie in die gegenwärtigen politisch-juristischen Kartographien und die Praktiken neoliberaler Governance ein, mit denen neue Grenzen geschaffen und die wechselnden Routen der *harragas* bestimmt werden (*Kapitel 4*). Zugleich werden Interessen deutlich, die um Schiffe und das Meer als Ressource kreisen und u.a. im Konflikt zwischen *harragas* und Tourismus, zwischen erwünschter und unerwünschter Mobilität ihren Ausdruck finden (*Kapitel 5*).

Das dynamische Grenzregime, seine Akteure und seine vielfachen Spannungen werden also auch an Räumen, Gegenständen und deren transnationalen Verbindungen dargestellt. Damit kommen auch die Orte in den Blick, die Michel Foucault als „Heterotopien" bezeichnet hat, also jene Orte, die zum „institutionalisierten Bereich der Gesellschaft gehören, die gleichsam Gegenorte darstellen, tatsächlich verwirklichte Utopien, in denen die realen Orte, all die anderen realen Orte [...] repräsentiert", in Frage gestellt werden oder sich in ihr Gegenteil verkehren: das Lager, das Schiff als „Heterotopie par excellence" (Foucault 2006a:320). Gerade diese verweisen auf machtvolle politische Beziehungen und markieren auch die Grenzen der Gastfreundschaft.

Das Lager, Ort und Un-Ort zugleich, Raum der Absonderung, des Ausschlusses und der Transition, ist doch ein Teil lokaler und transnationaler Ökonomien und der *politischen Ökonomie der Gastfreundschaft* (*Kapitel 6*). In diesem Limbus (Boltanski 2011), der *Warten* zur Existenzweise macht, finden nicht nur die paradoxen Beziehungen zwischen Sichtbarkeit und Unsichtbarkeit der *harragas* und deren Verwandlung in *clandestini* ihren eingezäunten und vom Geheimnis umwitterten Ort, der Konflikte jedoch keinesfalls ausschließt, sondern vielmehr zu einem konstitutiven Moment macht. Wie auch der Schiffsfriedhof ist dieser Ort Teil der entstehenden *Migrationsindustrie*, der an sie angeschlossenen wirtschaftlichen Interessen und markiert so zugleich Einschluss und Ausschluss. Die (ökonomische) Ordnung ist hier untrennbar an die politische Ordnung gebunden. Seit Jahrzehnten ist der *Ausnahmezustand* auf Lampedusa tatsächlich die Normalität.

In einem *dritten* Schritt schließlich, werden *Kosmopolitiken und transnationale Räume* in den Blick genommen, in denen Gastfreundschaft alltäglich verhandelt wird. Wenn *harga als (transnationale) Mobilisierung* verstanden werden kann, dann sind Mobilität und die Grenzen der Gastfreundschaft auch und gerade durch Konflikte um Anerkennung, verweigerte *Partizipation* an politischen Entscheidungen, durch *Agonismus, Dissens und Aushandlung* geprägt (*Kapitel 7*). Wie die lokalen Konflikte deutlich machen, wird Gastfreundschaft zu einem postkolonialen Raum, der durch Antagonismus und Dissens bestimmt ist, Gastfreundschaft wird dann ein Ort des Politischen und solcher Praktiken, die herkömmliche Konzepte von Bürgerschaft und die binäre Opposition von Einschluss und Ausschluss durchkreuzen.

Gastfreundschaft – und ihre Ambivalenzen – sind Teil politischer Aushandlungen und eines Agonismus, der das Politische und den Streit um die Legitimität einer Ordnung begründet. Ohne Lokalisierung, ohne Bezug auf die unterschiedlichen konkreten Akteure, bleiben auch erneuerte Konzepte von Gastfreundschaft und transnationaler, kosmopolitischer Gerechtigkeit eine zwar normativ gehaltvolle, aber dennoch akademisch-theoretische Übung. Erneut werde ich also für eine Grenzöffnung plädieren, für die Öffnung eines Raumes, in dem Anthropologie und Philosophie sich – der Ambivalenzen von Gastfreundschaft gewiss – gastfreundlich begegnen und Differenzen austragen können (Friese 2003).

Kosmopolitismus setzt nach wie vor politische Zusammenschlüsse voraus, auch wenn jener durch Praktiken der Gastfreundschaft, durch transnationale Kosmo*politiken* ‚von unten' geschaffen wird und diese durch eine Staatengemeinschaft wie die Europäische Union begründet werden und sich beide oftmals antagonistisch gegenüberstehen. Im Kontext der derzeit kontrovers geführten Debatten – auch und gerade der politischen Philosophie – und vor dem Hintergrund der Betrachtung transnationaler politischer Praktiken vor Ort, wird der dritte Abschnitt für *lokalisierte Kosmopolitiken* und Konzepte von Gastfreundschaft plädieren (*Kapitel 8*), die sich den Ambivalenzen und Antagonismen nicht verweigern und daher auch und gerade die europäische Frage als dringliche Frage nach der Re-Politisierung Europas markieren.

Gastfreundschaft ist keine philanthropisch-humanitäre Geste, Mildtätigkeit, *caritas*, die sich aus himmlischem Gebot, göttlicher Anweisung, *philia* oder gar *philoxenia* speist, auch wenn wir von Gast*freundschaft* sprechen und von religiösen, ethischen Imperativen angesprochen werden. Sie gehört dem Recht und dem zu, was wir als das Politische bezeichnen. Gastfreundschaft begründet zugleich offene Beziehungen, die durchaus nicht nach Nutzen, Zweck und Dienlichkeit für die Konstitution einer politischen Gemeinschaft fragt. Gastfreundschaft umgreift das Ethische, das Soziale, das Politische, sie betrifft die Grundlagen des Gemeinwesens. Es geht ihr also um die Frage: „wie zusammen leben?“[19]

19 Nicht nur Roland Barthes (2007) hat diese Frage gestellt.

Mobilität und die Ambivalenzen der Gastfreundschaft

> Allerorten beginnt man, sich über Nomaden den Kopf zu zerbrechen.
> VILÉM FLUSSER/VON DER FREIHEIT DES MIGRANTEN

Mobilität

„Nowadays we are all on the move“, stellt Zygmunt Bauman (1998:77) fest und Mobilität, herkömmlich gegen Sesshaftigkeit ausgespielt, scheint die Gegenwart zu bestimmen.[1] Gleich ob wir mit Castles und Miller (2003) unsere Zeit nun als das „Zeitalter der Migration“ sehen wollen oder nicht, mit dem Zwanzigsten Jahrhundert, nicht zuletzt nach 1989 und der dynamischen Neuordnung internationaler und postkolonialer Beziehungen, die mit der „universal deregulation […] and moral blindness of the competitive market“ einhergeht (Bauman 1995:5), treten lokale, nationale und transnationale Kräfte in besonderer Weise in Beziehung und bestimmen „post-nationale Konstellationen“ (Habermas 1998) unser Leben. Zugleich erzeugen Kommunikationstechniken, Medien und das World Wide Web 2.0 transnationale Räume, in denen sich Menschen über ihre Situation verständigen,

1 Vgl. hier nur Cresswell (2006); Kleinschmidt (2003); Urry (2007). Siehe auch die Beiträge in Gebhardt/Hitzler (2006).

Lebensentwürfe verhandeln und Konflikte austragen. Auch haben sich durch digitale Konnektivität soziale Imaginationsräume entwickelt, die Grenzen in Frage stellen (Friese 2012, 2013).

Diese Entwicklungen konnten nicht ohne Auswirkungen auf Gegenstandsbereich und Methoden der Sozialwissenschaften bleiben. Während der Mainstream der Sozialwissenschaften an der Schaffung von homogenen, stabilen und eingegrenzten sozialen Einheiten arbeitete, um diese zu Grundlagen ihrer Untersuchungen zu machen, so wurde dieser methodische Nationalismus (Wimmer/Glick Schiller 2003) und die eingesetzte Kongruenz von Staat, Kultur und Territorium durch kritische Perspektiven befragt, mit denen eine Vielzahl von grenzüberschreitenden Transfers, Intersektionen, *entanglements* zwischen Akteuren sichtbar werden konnten. Die Analyse „of mobilities transforms social science", so bemerkt John Urry, „mobilities make it different. They are not merely to be added to static or structural analysis. They require a wholesale revision of the ways in which social phenomena have been historically examined" (2007:44).

Im Kontext (zunehmender) Mobilität führte dieser Perspektivenwechsel dann auch zu hochgradig mobilen Forschungsansätzen, wie „multi-sited fieldwork" und es ist kein Zufall, dass gerade Anthropologen zu theoretisch stimulierenden Forschungen beigetragen haben.[2] Heutzutage sind Anthropologen mehr denn je unterwegs, um Gesprächspartnern, Objekten, Symbolen, Metaphern oder Bildern auf ihren Reisen durch eine bewegte und vernetzte Welt zu folgen (Marcus 1998).

Die emphatische Betonung von Mobilität, die Wiederentdeckung der Figur des ungebundenen Vagabunden und Wanderers, findet in unterschiedlichen nomadischen Metaphern und in – oftmals imaginären – Bildern des freien Nomaden oder des Freibeuters ihren Ausdruck, die sich dem rigiden, despotischen Gesetz der Sesshaften, seinen Beschränkungen und Grenzen zu beugen nicht bereit ist. Nomadologien, wie sie etwa von Gilles

---

2 Anthropologen sind wesentlich an der Untersuchung gegenwärtiger Mobilitäten beteiligt. Werbner (2008:49) will im Anthropologen gar den Kosmopoliten schlechthin erkennen. Zurückzuführen ist das sicherlich auch darauf, dass sich das anthropologische Feld nicht länger auf die Untersuchung (vermeintlich) isolierter Gemeinschaften konzentriert, sondern „shifting locations" in den Blick nimmt (Gupta/Ferguson 1997). Zudem hat die Anthropologie eine lange reflexive Tradition in der Lokalisierung anderer Räume.

Deleuze und Felix Guattari (1986) oder Vilém Flusser (2007) vorgeschlagen wurden, verweisen auf diese rastlosen Ortswechsel. Neben den Wegen (und Holzwegen) des Denkens haben sich lang schon andere metaphorische Bewegungs- und Ortsbestimmungen etabliert. Gleich ob Metaphern wie „flux", „liquidity" (Bauman 2007), „scapes" (Appadurai 1996) auf die Schwächung sozialer Bindungen, durch die Menschen wie Konsumgüter auswechselbar werden, auf zunehmende Individualisierung und Präkarisierung von Lebenschancen in der kapitalistischen Ordnung oder im Gegenteil, auf Widerstand von Marginalisierten und „aktiven Minderheiten" verweisen, die jenseits staatlicher Fixierung „a nomad space without property or enclosure" besetzen und den Ruf „from the outside" markieren,[3] ist der gemeinsame Versuch doch, gegenwärtige Erfahrungen sozialer Ungleichheit und machtvollen Formen von Ungleichheit, Marginalisierung und Ungerechtigkeit zu formulieren. Diese Entwicklungen verlangen nach einer Neubestimmung von Konzepten wie Nationalstaat, Demokratie, Freiheit, Gerechtigkeit und: Gastfreundschaft.

Die Reformulierung von Fragen nach kultureller Differenz und politischer Repräsentation zeigt die vielfältigen Spannungen der Moderne und des modernen Nationalstaats. So entwickeln (nicht nur) postkoloniale Perspektiven ein Grenzdenken, ein Denken an der Grenze, in dem ein unentscheidbarer Raum zwischen ‚hier' und ‚dort' Differenz markiert. Folgen wir Homi Bhabha, wird der nationale Raum „the crossroad to a new transnational culture. The ‚other' is never outside or beyond us, it emerges forcefully, within cultural discourse, when we think we speak most intimately and indigenously ‚between ourselves'" (1990:4).

3 Deleuze (2004:145). Wie Deleuze uns jedoch erinnert, ist der Nomade nicht notwendigerweise räumlich mobil: „some journeys take place in the same place, they are journeys in intensity, and even historically speaking, nomads don't move around like migrants. On the contrary, nomads are motionless, and the nomadic adventure begins when they seek to stay in the same place by escaping the codes" und er fährt fort: „it's not on the periphery that the new nomads are being born (because there is no more periphery); I want to find out what sort of nomads, even motionless and stationary if need be, our society is capable of producing" (2004:261). Eine weitere Version nomadischen, „reisenden Denkens" hat Edward Said (1983) entwickelt.

Dieser Gestus verwischt die Unterscheidung zwischen Innen und Außen, die Nation ist nicht länger eine solide Einheit, die auf ethnischer Homogenität, Rasse, gemeinsamer Sprache, Religion oder Tradition beruht, sondern eine „articulation of cultural difference", welche die „margins of modernity" markiert (Bhabha 1990:5, 6). Gegen ideologische Strategien der Einhegung und Abschottung des nationalen Raumes, entsteht die Nation vielmehr in ihren liminalen Rändern, in den Artikulationen und der Produktion von Differenz, die die klassische Trinität Nation-Staat-Territorium unterminiert. So macht auch Walter Mignolo (2000) deutlich, dass die europäische Moderne und ihre Erzählungen beileibe nicht der westlichen Philosophie entstammen, sondern diese vielmehr von den *Rändern*, den *Grenzen* her gedacht werden muss, die zugleich vielfältige Modernen und koloniale Situationen zusammenbinden.[4] Damit wird auch der seit jeher unsichere Ort soziokultureller *imaginaires*, einem Innen und Außen undeutlich, kann Denken sich an diesen Rändern aufhalten und eine „doppelte Kritik" entfalten (Mignolo 2000:87). „Telling the story from its borders": Gemeinsam ist die Suche nach möglichen Ressourcen, die diese prekäre Situierung, das „andere Denken" (Abdelkebir Khatibi), eine (epistemologische) „Kreolisierung" (Edouard Glissant) erlauben, die „Kolonialität der Macht" (Anibal Quijanos), die „Transmodernität" (Enrique Dussel) anzeigen und Europa, das vermeintliche Zentrum, „provinzialisieren" (Mignolo 2000:87; Chakrabarty 2000).

Nicht erst mit postkolonialen Perspektiven mussten in den Sozialwissenschaften und den politischen Philosophien daher *erstens* Fragen nach Mobilität und gesellschaftlichen Veränderungen angesprochen, *zweitens* eine kritische Neubestimmung von Grenzen versucht und *drittens* soziokulturelle Zugehörigkeiten, politische Mitgliedschaft und Konzepte globaler Gerechtigkeit neu gedacht werden.

Mehr oder minder eng an marxistisch orientierte Dependenztheorien angelehnt, konnte Migration lange Zeit als Ergebnis von Unterentwicklung gesehen und als unidirektionaler Prozess verstanden werden, der koloniale Expansion, ökonomische Ungleichgewichte, industrielle Restrukturierung und sich verändernde Arbeitsmärkte in einer globalisierten Welt abbildet. Migration wurde als hydraulisches Modell konzeptualisiert, das durch

---

4 Kilian (2013) gibt einen guten ersten Überblick darüber, wie Foucault im Anschluss an Bataille diskursive Grenzen als „Ausschließungssystem" entwirft.

'push-and-pull'-Faktoren organisiert ist, unweigerlich aus dem Weltsystem, den asymmetrischen Beziehungen zwischen Zentrum und Peripherie resultiert (Immanuel Wallerstein) und sich aus rationalem, ökonomischem Kalkül speist. Sprache ist auch in diesem Kontext nicht unschuldig: So sind bspw. die weit verbreiteten Bezeichnungen wie *Empfänger*länder und *Geber*länder ebenso mechanisch, wie sie Mobilität an den 'Tausch' binden, einen Tausch, bei dem ein Staat gibt und ein Staat empfängt. Man muss sich diesen generalisierten, globalen Menschenhandel vor Augen führen: In diesem asymmetrischen Tausch gibt also etwa Tunesien Europa mehr als es in diesem Handel umgekehrt erhält, Mobilität ist an die – negative oder positive – Bilanz des Tauschs gebunden, in dem ein ökonomisches und biopolitisches Gleichgewicht erreicht oder wiederhergestellt werden muss. Die Vorstellung, dass ein Staat (wer sollte in dieser Sprache denn der Akteur sein?) einem anderen seine Bevölkerungsanteile 'gibt', ist ebenso absurd wie die Vorstellung, dass sich Migranten einem anderen Staat geben. Auf die Bindung von Gastfreundschaft an den Tausch wird allerdings noch zurückzukommen sein.

Neben diesen (ökonomischen) Makrotheorien rückten jedoch zunehmend Akteure und ihre Strategien in das Blickfeld. Migranten sind in handlungstheoretischen Perspektiven weder rationale Marktteilnehmer im Sinne von *rational choice*-Theorien noch passive Opfer kolonialer Expansion, ökonomischer Ungleichgewichte, sich verschiebender Arbeitsmärkte und prekärer Arbeitsbeziehungen in einer globalen kapitalistischen Welt, Verschiebemasse und Reservearmee industrialisierter Länder. Vielmehr entwickeln sie aktiv Handlungsstrategien, schaffen und unterhalten vielfältige familiäre, ökonomische, soziale Beziehungen und schaffen Bindungen in unterschiedlichen Ländern. Sichtweisen, die Migration als unidirektionale Bewegung zwischen *sending* und *receiving countries*, *host* und *home countries* auffassten,[5] wurden damit auch durch eine Betrachtung erweitert, die nicht nur Rückkehr- und Kettenmigration in den Blick nahmen, sondern durch die Untersuchung transnationaler Räume und grenzüberschreitender Prozesse ergänzen. Diasporische Perspektiven mit denen Exil, Entortung, kulturelle Übersetzungsprozesse in den Blick kamen, machten zudem un-

5 Auch Glick Schiller/Basch/Blanc-Szanton sind nicht frei von solchen Bildern, wenn sie von einer „multiplicity of migrant's involvements in both the *home* and the *host* society" sprechen (1992:ix, Hvhbg. HF).

deutliche, hybride Räume, „contact zones", „traveling cultures" und „routes instead of roots" kenntlich (Clifford 1997), in denen Bewegung und Uneindeutigkeit nicht mehr in unerschütterlichen, verlässlichen und stabilen sozialen Strukturen aufzuhalten und stillzustellen sind, sondern vielmehr in konfliktuell ausgehandelten Zwischenzonen, fließenden Übergängen zwischen Wohnen und Reisen, Mobilität und Sesshaftigkeit, De-Territorialisierung und Re-Territorialisierung situiert werden.[6]

Die vielfältigen Beziehungen zwischen (zeitweiliger) Sesshaftigkeit, Unterwegssein und Bewegung haben soziale und politische Beziehungen nachhaltig verändert. Wir sollten dennoch nicht vergessen, dass Mobilität als „Praxis der Freiheit" (Foucault) auch gegenteilige Effekte hervorbringt und neue Hierarchien schafft, räumliche und soziale Mobilität oftmals weitere Formen von Ungerechtigkeit, Ungleichheit und Exklusion hervorbringen. Mobilität und transnationale Praktiken verlangen ökonomische Ressourcen, massive Investitionen in die Zukunft von Familienmitgliedern. Auch ist (besonders undokumentierte) Mobilität neben erheblicher finanzieller Ressourcen auch auf besondere persönliche Fertigkeiten, Überlebensstrategien angewiesen, die an Gender, Alter, Körper, Mut, Zähigkeit, Anpassungsfähigkeit, praktische Vernunft gebunden sind, muss soziales Kapital eingesetzt werden, sind auf den manchmal jahrelangen Wegen Netzwerke, Verwandtschaftsbeziehungen, Freunde und *communities* zu aktivieren.

Nun kann transnationale Mobilität sicherlich nicht von postkolonialen Machtbeziehungen und brutaler Ausbeutung getrennt werden. Flucht aus den Umständen, politische und ökonomische Instabilität, Flucht vor Massakern in endemischen Bürgerkriegen oder Genozid zeigen umgekehrt auch, dass ein wachsender Teil der Menschheit in Flüchtlingscamps festsitzt und ihm gewaltsam eine Heimat genommen wurde. Die Dynamiken der Globalisierung und ihrer ökonomischen Entwicklungen schaffen nicht nur Prozesse, die billige und mobile Heere von Arbeitskräften an den porösen Grenzen zwischen Arbeit, Prekarität und Arbeitslosigkeit ansiedeln. Auf der einen Seite, so scheint es, wird ein Teil der Menschheit – Zygmunt Bauman hat sie provokant „human waste" genannt (2007:28) – durch neoliberale Wirtschaft überflüssig und schlägt sich in den Slums der Megamet-

6 Gupta (1992) nennt diese Bewegung die „reinscription of space". Vgl. auch die Beiträge in Gupta/Ferguson (2001).

ropolen durch. Auf der anderen Seite ist transnationale Mobilität auch eine Entscheidung, die sich nicht nur aus schlichtem Überlebenswillen speist, sondern Resultat einer Situation, die sich unterschiedlicher und oftmals widersprüchlicher Kräfte, sozialem Druck, persönlicher Wünsche und Träume, dem unstillbaren Verlangen nach Freiheit verdankt und politische Mobilisierung, Protest und neue Formen von Subjektivität eröffnet. Auch können Handlungsmöglichkeiten im Spiel sein, die sich zwischen Protest, Engagement und Abwanderung entwickeln und damit Dimensionen meinen, die Albert O. Hirschman (1970; 1978) als „voice" und „exit" bezeichnet hat. Diese bezeichnen einmal Widerspruch und Protest, Forderungen nach Verbesserung der Lebenssituation, in der Mobilität durch restriktiv gehandhabte Aus- und Einreiseregelungen eingeschränkt oder weitgehend unmöglich ist, zum anderen Abwanderung und Flucht (1970:30, 33).

Auch neue Technologien machen, so scheint es, den mobilen Menschen zur sozialen Norm und führen zu einer weiteren De-Territorialisierung und Entortung.[7] Doch auch transnationale digitale Räume und simultane Verbindungen sind verortet: Keine menschliche Praxis ist unverortet. Was auf den ersten Blick reichlich trivial ist, wird kompliziert, wenn wir die Bedeutungen dieser Begriffe in ihrer komplexen Beziehung zu Ethik, Politik und Gesellschaft sehen. Der Begriff Politik gründet in der verorteten und eingegrenzten Stadt, der *polis* und Ethik, *ēthea*, verweist auf das Haus, Habitat, Wohnen, Lokalität, Umwelt, Umgebung, Territorium und das, was geteilt wird (*socius*), auf eine soziale Bindung, einen gemeinsamen Ort, um eingerichtet und ausgehandelt zu werden. Konzepte wie Transnationalismus oder transnationale Verbindungen zeigen diese politischen, ethischen und sozialen Bindungen an. Die komplexen transnationalen Beziehungen ver-

7 Wenn Mobilität scheinbar zur Norm wird, „dwelling demands explication" bemerkt James Clifford und fragt umgekehrt „why, with what degrees of freedom, do people stay home? A conscious choice not to travel – in a context of restlessness driven by Western institutions and seductive symbols of power – may be a form of resistance, not limitation, a particular worldliness rather than a narrow localism" (1997:5). Wie Foucault (1986:22) bemerkt, hat die moderne Betonung von Zeit ihr Gegenstück in der des Raumes. Während Zeit mit Fortschritt und Zukunft assoziiert war, wurde Raum mit öder Familiarität, Rückwärtsgewandtheit, Bewegungslosigkeit und alternativloser Gebundenheit assoziiert und Kosmopolitismus gegen fraglos überbrachte Tradition gestellt.

wischen binäre Konzepte, die Heimat, Nation, Zuhause gegen Mobilität, Migration und Entortung stellen: Im Mittelpunkt stehen die gelebten Erfahrungen von Frauen und Männern, die „any territorial coincidence between the political forms of states, the flow of economic transactions, and the cultural and communal boundaries of ‚societies'" herausfordern (Scott, zit. nach Urry 2007:186).

So wurde die *politische* Dimension von Mobilität u.a. durch die Betrachtung der sich verändernden Bedeutung nationalstaatlicher Souveränität und zunehmend restriktiver Migrationspolitiken herausgestellt. Aufmerksamkeit fanden in kritischen Studien dementsprechend neue Formen der Gouvernementalität von Grenzen und des Grenzmanagements, die Exterritorialisierung europäischer Grenzen in die ehemaligen Kolonien und die Etablierung von Grenzregimen, deren Akteure alltäglich die Unterscheidung zwischen erwünschter und unerwünschter Mobilität implementieren und den Kleinkrieg gegen unerwünschte Mobilität führen müssen.[8] Damit wurden *juristische* Dimensionen virulent und kamen die Modi der Illegalisierung in den Blick, kann undokumentierte Mobilität doch zwar formalrechtlich illegal, aber dennoch „sozial akzeptiert" sein (de Haas 2007:4) und wird mit dem durch das Recht Illegalisierten dann doch auch eine Figur geschaffen, die von Rechten sogleich ausgeschlossen ist. Mobilität markiert so zugleich die unterschiedlichen Dimensionen nicht nur räumlicher Grenzziehungen und Demarkationslinien.

Grenzen

„The present epoch will perhaps be above all the epoch of space [...] the anxiety of our era has to do fundamentally with space, no doubt a great deal more than with time", stellt Michel Foucault (1986:22, 23) fest und nicht nur Étienne Balibar bindet das Zeitalter des Raumes an den modernen Nationalstaat:

> „The constitution of the modern Nation-State – through the ‚invention' of borders which replaced the ancient forms of ‚marches' or ‚limes' combining on the same ‚line' administrative, juridical, fiscal, military, even linguistic functions – was in

8 Jordan/Düvell (2002); Belguendouz (2005); Planes-Boissac/Guillet/Sammakia (2010); Squire (2011); Transit Forschungsgruppe (2007).

particular a transformation of the (more or less indefinite, heterogeneous) *space* into *territories* controlled by a ‚monopolistic' State-power" (2004a:3).

Tatsächlich ist die Beschäftigung mit Raum, Territorien, Orten und Grenzen im Kontext von transnationaler Mobilität nicht zu übersehen. Einerseits soll die Globalisierung nationale und lokale Grenzen durchlässiger machen und staatliche Souveränität einschränken,[9] auf der anderen Seite sollen Grenzen undurchlässig werden, wie das – mittlerweile kritisierte – Bild der ‚Festung Europa' suggeriert.[10]

Zugleich werden (symbolische) Grenzen – denken wir an die neuen Nationalismen, Ethnizitätsbewegungen oder Kommunitarismen – erneut affirmiert. Deterritorialisierung, Entortung, Ortlosigkeit stehen einer Bewegung gegenüber, die Lokalität, Eigenheit und Zugehörigkeit herstellen, Konflikte kulturalisieren und in identitären Termini ausdrücken. Während also einmal die unterhöhlte Souveränität von Staaten einen neuen Kosmopolitismus ‚von unten' hervorbringen soll, Identität und Zugehörigkeit nicht länger an den Nationalstaat gebunden sind, so werden Grenzen und deren dynamische Wiedereinschreibung in den Raum zunehmend zentral, führen zu deren Überdeterminierung und ihrer Ubiquität. Die Identifikation mit einer imaginierten Gemeinschaft beeinflussen nicht nur „long distance nationalists" (Anderson 1992:13), sondern auch das soziale und zivilgesellschaftliche politische Leben und machen deutlich, dass „nations matter" (Calhoun 2007).

---

9 Die Beschäftigung mit Raum und Ort (*chōra* und *topos* – übersetzt als Raum und Ort aber auch als Platz, Stelle, Lokalität, Land, Boden, Region), hat im westlichen Denken eine lange Tradition (Algra 1995:33). Sie umfasst nicht nur „mythisch-religiöse Narrative von Ursprung, Genesis und Topogenese; von Platons *chōra* oder Aristotles' *Physik*, zu Kants Raum als a priori zu Heideggers und Arendts In-der-Welt-Sein und Weltlichkeit, von der phänomenologischen Sicht des Körpers als raumschaffend (Merleau-Ponty) zu rhizomatischen oder nomadischen Räumen (Deleuze/Guattari): Das Politische, das Soziale und das Religiöse" sind „lokalisiert und haben spezifische, bedeutsame Orte, sei es die *polis*, die *agora*, die *Synagoge*, die Kirche" (Algra 1995:33-39; Casey 1997).

10 Das Bild von der ‚Festung Europa' ist mittlerweile vielfach kritisiert worden, vgl. hier nur Karakayali/Tsianos (2010).

In diesem Kontext kommen auch neue Geopolitiken, die Beziehungen zwischen Raum und *nomos* – die u.a. schon von Friedrich Ratzel, Karl Haushofer, Carl Schmitt und Franz Rosenzweig hergestellt wurden – und die Bedeutung von „Nicht-Orten“ oder „Un-Orten“ in den Blick.[11] Eine lang negierte Dimension der sozialen und politischen Theoriebildung, die mit den mächtigen Politiken um Raum und Territorium, Abgrenzung und Grenzziehung einhergeht und zu *gated communities*, Apartheid, neuen Ghettos und Ethnisierungen führt, ist erneut in das Zentrum der Aufmerksamkeit gerückt.[12]

Border studies, die besonders durch Forschungen an der mexikanisch-amerikanischen Grenze inspiriert wurden, sehen Grenzen mittlerweile nicht nur als Mittel der Exklusion an, sondern verstehen diese als „unstable, constantly negotiated“, als „Kontaktzonen“ (Clifford 1997:53) und als Orte des Austauschs, der Grenzgängern und Bewohnern von Grenzregionen ein Einkommen verschafft. Zonen, Schwellen, Übergänge werden als Orte gesehen, die vielfache Transfers erlauben, Übersetzungen fordern und Grenzgänger schaffen, die weder auf der einen noch auf der anderen Seite eindeutig verortet werden können:

> „The argument is made that the conceptual parameters of borderlands, borders, and their crossings, illustrate the contradiction, paradox, difference, and conflict of power and domination in contemporary global capitalism and the nation-state, especially as manifested in local-level practices. Furthermore, the borderlands genre is a basis upon which to redraw our conceptual frameworks of community and culture area“ (Alvarez 1995:447).

Gleichzeitig zeigt die Proliferation und Verschiebung von Grenzen und Grenzgebieten aber auch die andere Seite der Globalisierung. Ihre Dynamiken läuten ja beileibe nicht das Ende von Grenzen ein, sondern viel eher

---

11 Augé (1992). Zur neuen Geopolitik, vgl. Cacciari (1994), der auch auf die Bedeutung des Begriffs *nomos* hinweist. Ursprünglich ist die Inbesitznahme, die „Verteilung von Weideland“ gemeint und *nomos* damit „an den Raum [und] an eine Vorstellung von Gerechtigkeit gebunden“ (1994:109). Schmitt (1950) weist *nomos* drei Bedeutungsfelder zu: Nehmen-Teilen-Weiden.

12 Siehe die Arbeiten von Abu-Lughod (1980); Bottin/Calabi (1999); Diken/Bagge Laustsen (2005); Galli (2001); Richmond (1995); Soja (1989).

sind diese das Resultat der Krise der klassischen Beziehung zwischen dem Nationalstaat und seinem Territorium. Sie begrenzen nicht mehr eindeutig den Raum einer politischen Gemeinschaft, nicht länger ist eine *polis* von ihrem Außen getrennt, vielmehr „kollabieren" Grenzen nach innen, in das Zentrum einer politischen Gemeinschaft und werden zugleich nach außen projiziert, wie Sandro Mezzadra (2006) eindrucksvoll gezeigt hat. In diesem Sinne sind Grenzen, neue Grenzziehungen und Grenzräume für die Konstitution politischer Gemeinschaften und öffentlicher Räume beileibe keine marginale, randständige, an den Rand zu drängende Angelegenheit, sondern von zentraler Bedeutung. Was ‚am Rande' des Nationalstaats, am Rande Europas geschieht, ist lang schon in das ‚Zentrum' Europas gerückt. Grenzen, die Formen und Praktiken ihrer Administration und Überwachung haben sich im Prozess der Globalisierung verändert und die gegenwärtige Sicherheitsobsession kann sich auf eindrucksvolle neue Technologien verlassen: Roboter, Drohnen, biometrische Messung, internationale Datenvernetzung, der Einsatz elektronischer Instrumente, die ja auch in den neuen internationalen Polizeiaktionen und deterritorialisierten Kriegen eingesetzt werden, geben Grenzen eine neue Dimension.[13] Während sie auf der einen Seite weit über nationalstaatliche oder geographische Demarkierungen hinaus projiziert werden, die einst ja auch Europa bestimmen sollten, wurden auf der anderen neue Grenzen, *check-points*, Patrouillen und neueste Sicherheitstechniken auch im Inneren der Nationalstaaten etabliert. Geopolitische Strategien werden ebenso neu erarbeitet wie symbolische oder kulturelle Aspekte an Relevanz für die politischen Schaffung von Grenzen gewinnen.

Diese kritischen Debatten hatten signifikante Implikationen für eine Neubestimmung klassischer Definitionen von Grenzen, die gegenwärtige und zukünftige Bestimmung von Nationalstaaten, ihrer Politiken und sog. *Global Governance*. Die Analyse transnationaler Mobilität, diasporischer Gemeinschafen und transnationaler Bürgerschaft und ihrer Grenzen sind, wie John Urry (2007:35) feststellt, „central to critiques of the bounded and static categories of nation, ethnicity, community and state present in much

13 Das Projekt *AntiAtlas des frontières* hat diese Technologisierung diskutiert (http://www.antiatlas.net/blog/2013/02/23/atelier-6-decoder-la-frontiere-biometrie-drones-flux-de-donnees/, 18.9.2013).

social science and (political) theory" und verweisen auf eine notwendige Neubestimmung von Mitgliedschaft und Staatsbürgerschaft.

Staatsbürgerschaft

Der Nationalstaat macht, wie Giorgio Agamben bemerkt, „nativity or birth" zur „foundation of its own sovereignty." Die inaugurale „fiction that is implicit here", so fährt er fort, „is that *birth* (*nascità*) comes into being immediately as *nation,* so that there may not be any difference between the two moments". Rechte sind damit an Staatsbürgerschaft gebunden und, so kann man hinzufügen, nicht nur der moderne Nationalismus bindet *demos* an *ethnos*. Mobilität, undokumentierte und transnationale Wanderer verstören jedoch die konventionelle „identity between man and citizen". „The novelty of our times", fügt er weiter an, besteht darin, dass eine zunehmender Zahl von Menschen innerhalb des nationalstaatlichen Gefüges politisch zwar nicht mehr repräsentiert wird, eben weil sie keine Staatsbürger sind und trotz der politischen Marginalisierung dennoch eine gewichtige Position im nationalstaatlichen Gefüge und seinen politischen Konstellationen haben (Agamben 2000:21-25).[14]

Die historische Kongruenz von Nation, Ethnos, Territorium, Souveränität und Staatsbürgerschaft kann also nicht länger umstandslos als konstitutiv für politische Gemeinschaften gelten und hat die liberale politische Theorie in Verlegenheit gebracht. Einmal, weil transnationale Praktiken die Grundfesten politischer Gemeinschaften als eingehegte und ausschließliche Einheit zerstört. Zweitens, weil der Nationalstaat nicht länger als der einzig mögliche Container für politisches Handeln, politische Aushandlung und Solidarität gelten kann[15] und drittens, weil die Kontingenz von Geburt und damit von Mitgliedschaft und Staatsbürgerschaft, Fragen nach (distributi-

14 So hat sich eine Diskussion um den Status einer zunehmenden Zahl von Menschen entwickelt, die in Ländern ihrer Residenz zwar faktisch einige Rechte genießen, aber dennoch nicht formal eingebürgert sind. Hammar (1990) hat diesen Status und die damit verbundenen demokratischen Herausforderungen mit dem Neologismus „deniziens" zu analysieren versucht und zahlreiche Arbeiten angestoßen.

15 In diesem Kontext vgl. hier nur Berezin/Schain (2003); Schierup/Hansen/Castles (2006).

ver) Gerechtigkeit aufwirft. So müssen liberale Versionen, wie wir noch näher sehen werden, Argumentationsfiguren finden, welche Beziehung Demokratien zu Nicht-Bürgern haben, die aus den demokratischen Entscheidungen und ihren Verfahren ausgeschlossen sind. Gegen die Defizite klassisch-liberaler Theorien müssen also die durch zunehmende transnationale Mobilität aufgeworfenen Fragen neu gestellt werden, wie Demokratien zu den Nicht-Bürgern im eigenen Land und zu jenen stehen, denen, weil sie an den Grenzen abgewiesen werden, elementare Freiheiten und Rechte verweigert werden. In der Auseinandersetzung mit liberalen Theorien haben so bspw. die Befürworter einer mobilen, „flexiblen Staatsbürgerschaft" (Ong 1998) gezeigt, dass wir es nunmehr mit „citizenships of flow, [...] with the mobilities across various borders, of risks, travelers, consumer goods and services, cultures, migrants and visitors" zu tun haben und die Frage beantworten müssen, welche „rights and duties that such mobile citizenry should enjoy" (Urry 2007:189).

Mobilität, transnationale Praktiken und die Kämpfe von Migranten um Rechte haben kritische Diskussionen über die Grundlagen einer politischen Gemeinschaft, ihre Kontinuität und Kohäsion, kurz: über deren politische Identität angestoßen, die auch Debatten über (multi-)kulturelle Identitäten und demokratische Deliberation geschärft haben. Die (kulturelle) Pluralisierung der Öffentlichkeit – die in Europa zu erheblichen Auseinandersetzungen geführt hat –, Grenzziehungen zwischen öffentlichen Räumen entlang ethnischer Linien und plurale politische Beschlussfassung führen dazu, dass sich keine zentralisierte, ausschließliche Quelle von Autorität oder politischem Handeln etabliert. Soziale und politische Antagonismen werden zunehmend in identitären und kulturellen Termini und der Proklamation eigener Differenz artikuliert, die Anerkennung und Repräsentation fordern und die dem modernen Denken des Sozialen und Politischen inhärenten Spannungen neu formulieren. Die alte Spannung zwischen Universalismus und partikularen politischen Gemeinschaften wird in Protest und *empowerment* gegen hegemoniale Kulturen und deren Anspruch universell gültiger Normen und Werte ausgedrückt, sind diese doch Inbegriff und normative, soziokulturelle Referenz westlich-liberaler Ideen.

Kaum überraschend kreisen Multikulturalismus-Debatten um die Problematiken politischer Mitgliedschaft, die Vereinbarkeit von demokratischer Bürgerschaft mit Praktiken, die auf kulturellen Unterschieden beharren, werden strittige Fragen nach der Allokation von spezifischen Rechten, nach

Chancengleichheit oder der Legitimation von Ausnahmenregelungen für Minderheiten diskutiert (Miller/Hashimi 2001). Zeitgenössische Liberale – seien sie nun Vertreter eines Gruppenpluralismus wie Will Kymlicka (1995) oder egalitärer Versionen, wie etwa Brian Barry (2001) – beschäftigen sich mit den Problematiken politischer Repräsentation, den Spannungen zwischen universalistischen liberalen Designs, die entweder für formal-prozedurale Versionen, für substantiell und normativ begründete kommunitaristische Ansätze plädieren oder versuchen, liberale mit multikulturellen Positionen zusammenzubringen.

Die Vertreter von prozeduralen, multikulturellen und kommunitaristischen Ansätzen debattieren, ob Gruppen für das „Ergebnis kultureller Praktiken verantwortlich sind und ob spezifische kulturelle Traditionen einen Wert an sich haben, der gefördert werden soll" (Kenny 2004:xii). Im Angesicht neuer Nationalismen und Ethnisierungen entwickeln soziale und politische Theorien neue ‚non-foundational approaches' kosmopolitischen Rechts (Benhabib 2004). Mit dem Widerstand gegen soziale Beziehungen, die auf Erniedrigung beruhen (Margalit 1996), gegen Stereotype über Minderheiten und soziale Praktiken der Stigmatisierung, Erniedrigung und Degradierung (Fraser 1997), die „Fähigkeiten zur Selbstentfaltung vermindern" (Nussbaum 2000:205), kamen neue Subjektivitäten, Handlungsmacht und *agency* in den Blick.

Zunehmende Mobilität verändert aber auch die Modi der Gouvernementalität des modernen Nationalstaats und der Arten und Weisen, in denen Macht produziert, verteilt und ausgeübt wird. Während historisch staatliche Souveränität über die Überwachung der Untertanen und die Kontrolle des Territoriums ausgeübt wurde, so ist, folgen wir Michel Foucault, die neue Regierungskunst nicht länger an ein begrenztes Gebiet und eine mehr oder minder sesshafte Bevölkerung gebunden, sondern an die Steuerung mobiler Individuen und Bevölkerungsgruppen, die die Ordnung und Sicherheit des Staates gefährden. Wenn Foucault mit zwei Konzepten von Disziplin arbeitet, die sowohl Institutionen als auch die Dispositive der Macht ausmachen, um sie leichter, flexibler, schneller und effektiver zu gestalten, so nimmt der von Gilles Deleuze (1993) geprägte Begriff der ‚postdisziplinären Kontrollgesellschaften' und seine Analyse moderner Technologien diese Entwicklungen auf. Diese schaffen neue soziale Topologien, in der geographische und institutionelle Eingrenzung von Disziplin innerhalb eines Nationalstaates oder einer Institution und damit die Trennung zwischen innen und außen obsolet werden. Nicht länger arbeiten spezifische Orte (Familie, Schule, Gefängnis, Militär) an der Disziplinierung, vielmehr sind die Subjekte beweglichen Kontrollformen unterworfen.

Der moderne Nationalstaat, der sozio-kulturelle Bindungen zwischen Menschen, sollten diese nun ethnisch, linguistisch oder kulturell begründet sein, an ein Territorium bindet und einen abgegrenzten politischen, souveränen Raum der Deliberation über das einsetzt, was gemeinsam ist, enthält vielfache Spannungen. Mit der westfälischen Bestimmung nationaler Souveränität gewinnen die Spannungen zwischen Mitgliedschaft und Ausschluss, zwischen territorialem Nationalstaat und kosmopolitischem Anspruch besonderes Gewicht, etabliert sich eine konsolidierte Tradition, die auch die Diskussionen über die Anforderungen von (globaler) Gerechtigkeit und ihrer inhärenten politischen und ethischen Dilemmata bis heute beeinflusst. Im Hinblick auf das *Politische* werden die Spannungen zwischen der Autonomie und Selbstbestimmung einer politischen Gemeinschaft, eines *demos* und den Formen von Kosmopolitismus und globaler Gerechtigkeit gegenwärtig neu bearbeitet. Im Hinblick auf das *Soziale* werden die sozialen Bindungen und Trennungen zwischen ‚uns' und ‚ihnen', die Spannungen zwischen Solidarität und Exklusion, zwischen partikularen kulturellen Identitäten und universalistischen Normen und Werten diskutiert.

Nun war die Bestimmung eindeutiger Grenzen Europas immer schon ein schwieriges Unterfangen. Doch während mit den Verträgen von Schengen die Freizügigkeit der Bürger Europas innerhalb dieses Raumes weitgehend gesichert ist, werden gleichzeitig die Außengrenzen Europas ausgeweitet, in die ehemaligen Kolonien Europas verlagert und erweitern sich die Grenzgebiete. An dieser Stelle wird natürlich auch die Frage zentral, wie diese Spannungen, das Recht und die Pflicht zur Aufnahme und deren Einschränkungen, das Recht auf Freizügigkeit und seine Restriktionen in europäischen Politiken im Mittelmeer artikuliert werden. Gegenwärtige politische Designs wiederholen die konstitutiven Spannungen moderner Nationalstaaten, wenn sie Grenzen über die Grenzen des Nationalstaats hinaus ausdehnen, sie schaffen juristische Niemandsländer, „die Ausreise und Einreise blockieren" (Bauman 2007:45). Schon die allgemeine Erklärung der Menschenrechte garantiert Freizügigkeit als unveräußerliches Recht, doch teilt der Artikel 13 der Erklärung dieses in drei separate Rechte: Einmal in das Recht, sein Land zu verlassen, dann das Recht auf Wiedereinreise, schließlich das Recht auf Freizügigkeit innerhalb des eigenen Landes, und bestimmt damit eine radikale Trennung zwischen dem Recht auf Ausreise und dem auf Einreise in ein anderes Land.[16]

Einige Formen von Mobilität in einer transnationalen Welt sind hochgradig konfliktuell und offenbaren damit auch die Ambivalenzen der Gastfreundschaft:

„most attempts at restricting the ‚right' to mobility have been associated with forms of state intervention that stigmatize certain groups on the basis of colour, religion, ethnicity or cultural practice. States routinely hold that there are good movers and bad movers and that the latter should be limited, penalized, extradicted or thrown into prison. Often such *distinctions between friend and fo* stem from and enhance the fear of the mobile, which harks back to the fear of the ‚mob'" (Urry 2007:205; Hvhbg. HF).

Gastfreundschaft und ihre jeweiligen (historischen) Semantiken müssen in diesen Kontext eingetragen werden, in dem Mobilität, Grenzen, Staatsbürgerschaft zusammengebunden sind und der Antagonismus, die Spannung zwischen Freund und Feind, auch das Politische markiert.

1. FREUND UND FEIND – HISTORISCHE SEMANTIKEN DER GASTFREUNDSCHAFT

Religiöse und ethische Forderungen

In seiner Untersuchung des „Vokabulars der indo-europäischen Institutionen" weist Émile Benveniste (1973) den lateinischen Bezeichnungen für ‚Gast', nämlich *hostis* und *hospes* unterschiedliche Bedeutungsfelder zu. So verweist die morphologische Struktur (hosti-pet-s) einmal auf den „Herren des Hauses" (pet => pot = *potis*, griech. *pótis*), der jedoch, gleich dem *despótēs* (lat. *dominus*), durchaus nicht über Unterworfene herrscht, sondern vielmehr die Identität der Haushalts- und Familiengruppe verkörpert und

16 Bauböck (1994:321ff.) hat diese detailliert diskutiert. Die Absichten der EU werden in Art. 8a, 1 des Vertrags von Maastricht dargelegt und mit dem von Amsterdam (1997) bekräftigt.

zugleich auch *ipsissimus*, also er selbst, „Meister seines Selbst und seines Geistes“ ist – aber eben durchaus nicht „Herr seines Gastes“.[17] Zum anderen verweist die ursprüngliche Bedeutung von *hostis* auch auf denjenigen, der in einer „kompensatorischen Beziehung“ steht, ist er doch auch derjenige, der eine Gabe erwidert und damit eine bindende Beziehung herstellt, die auf Gegenseitigkeit beruht. „A bond of equality and reciprocity is established between this particular stranger and the citizens of Rome [...] hostis will signify ‚he who stands in a compensatory relationship and this is precisely the foundation of hospitality‘“ wie Benveniste bemerkt (1973:77). Zugleich war diese Bedeutung auch an *munus*, eine Ehrenstellung, die zur Gegengabe verpflichtete, und *mutuus*, einen wechselseitig bindenden Kontrakt, gebunden. So kann der *immunis* dann zum *ingratus*, d.h. zu demjenigen werden, welcher eine Leistung nicht erwidert (1973:79).[18]

Wenn der *hostis* – anders als der *peregrinus*, der Fremde (der außerhalb der Grenzen wohnte) einstmals die gleichen Rechte genoss wie ein römischer Bürger („quod erant pari iure cum popolo Romano“ – und durchaus

---

17 Benveniste (1973:71). Das *Deutsche Wörterbuch* von Jacob und Wilhelm Grimm (1854-1961) stellt zu der Doppelbedeutung von ‚hote‘ (als Gast und Gastgeber) fest: „bemerkenswert ist noch für das verhältnis von gast und wirt, wie es anderwärts durch ein wort vertreten ist das nach beiden seiten gilt; so in griech. ξένος, lat. hospes, und noch in franz. hôte, ital. oste, span. huesped (auch hauswirt und mietmann zugleich [...] da der grund dieser doppelheit, die entwickelte gastfreundschaft, auch in unserer vorzeit bestand, darf man sich wundern, dasz nicht auch da ein solches gemeinsames wort bekannt ist. einen ansatz dazu in gast zeigt gasterei oder gastung und wirtschaft in gleicher bedeutung, ebenso gastlich und wirtlich unter gastlich [...] auch gasten (2) und bewirten, ξενίζειν, besonders gastlich und gastbar gleich gastfreundlich.“

18 Roberto Esposito hat auf die Bindung von *munus* an die ‚Gemeinschaft‘ aufmerksam gemacht. Die Bedeutungen von *munus* reichen von Amt, Funktion, Verpflichtung zu Aufgabe und Gefallen und binden ihn an die Gemeinschaft. Wörtl. meint *communitas* „denjenigen, der *munia* oder *munera* teilt; Jedes Mitglied der Gemeinschaft ist daran gehalten, soviel zu geben wie es erhält. Aufgaben und Privilegien sind die beiden Seiten einer Sache und die Alteration macht die Gemeinschaft aus“ (1998:39). *Munus* war also eine Ehrenstellung, die an Reziprozität und an *mutuus*, einen bindenden Vertrag gebunden war. Der seinen Pflichten nicht nachkommende *immunis* wurde zum *ingratus* (1998:ix-xxxvi).

nicht alle Nicht-Römer wurden *hostis* genannt), man *hostire* ähnlich wie *aequare*, ‚kompensieren' verwendete, dann meint das zugleich Gleichheit und Gegenseitigkeit – also die Pflicht, eine Leistung, eine Gabe zu erwidern. In dieser Hinsicht verweist *hospis*, wie auch der griechische *xénos* und *xenía* auf eine Allianz, einen wechselseitigen Pakt, der vererbt und also auch auf die Nachkommen übergehen konnte (1973:76-7, 79). Mit dieser Praktik sind bekanntlich ja auch Symbol, *symbolon* und *tessera hospitalis* verbunden, die einst als ‚Ausweis' und Erkennungs- und Beglaubigungszeichen, als Pfand zwischen Freunden, Vertragspartnern oder Boten verwendet wurde, auch vererbt werden konnte und ein Quasi-Verwandtschaftsverhältnis begründete.[19] Mit dem Zusammenfügen der zerbrochenen Teile des *symbolons* wurde deutlich gemacht, dass beide zusammengehören.[20]

19 Das Grimm'sche Wörterbuch stellt diese Verbindung ebenfalls her: „dem griech. nachgebildet ist es in *gastverwandt* zur bezeichnung des hospitium, der ξενία, gegenseitige gastfreundschaft (vgl. Bürgers gastbefreundung): beide väter waren gastverwandt. Göthe 1, 242 (braut v. Corinth). ähnlich läszt Schiller in gast den gastfreund anklingen: hier wendet sich der gast mit grausen. 57b; das hört der gastfreund mit entsetzen. 57a; Bürger und Voss hatten Homers ξεῖνος mit gast übersetzt: fürwahr! du bist mein gast von alters her! denn beim erhabnen Oeneus gastete der unbescholtene Bellerophon einst zwanzig tage lang, und jeder gab dem andern ein vortrefflich gastgeschenk. Bürger 171b (verm. schr. 1797 1, 133), ἦ ῥά νύ μοι ξεῖνος πατρώιός ἐσσι παλαιός. Il. 6, 215, wahrlich, so bist du mir gast aus väterzeiten schon vormals. Voss. doch auch im 16. jahrh. schon bei J. Spreng, der z. b. die letzte stelle übersetzt: von meinem vatter hochgenannt bistu mir als ein gast bekannt. Il. 121b, während er 6, 231 ξεῖνοι deutlicher gibt durch gäst und freund (122a), Voss aber auch nur durch gäste: wie wir gäste zu sein aus väterzeiten uns rühmen; Od. 1, 215 übersetzte er ξεῖνε zuerst mit freund, später o gast; s. weiter gastfreund."

20 Für eine ausführliche Diskussion des Symbols, vgl. Bahr (1994:221-35). Nun ist Gastfreundschaft natürlich an Regelungen gebunden, welche Reisen und Mobilität gestatten. Für das klassische Griechenland und das römische Reich hat Whelan (1981) diese nachgezeichnet. Während Platon Reisebeschränkungen befürwortet ebenso wie er Gastfreundschaft garantiert (vgl. nomoi, 12. Buch, 949-54; Kriton 50e-c), so eröffnet „the era of the Roman Empire [...] unprecedented opportunities for mobility, [...] cosmopolitan idealism, and eventually washes

Neben diesen Bedeutungsfeldern bezeichnet *hostis/hospes* aber auch den „Feind".[21] Während *hostis* ursprünglich weder den „Fremden" noch den „Feind" benennt, so bindet Benveniste diesen Bedeutungswandel an die Veränderungen römischer Institutionen: Sobald nämlich „eine alte Gesellschaft zur Nation wird, schwächen sich die Beziehungen von Mensch zu Mensch, von Clan zu Clan ab; nur noch die Unterscheidung zwischen dem, was der *civitas* innerlich oder äußerlich ist, besteht fort" und mit dieser Grenzziehung wird der Gast zum Feind (1973:78). Ebenso wird ja auch der Gast des homerischen Epos zum Fremden, also zu demjenigen, der dem Gemeinwesen nicht angehört, beherbergte auch die griechischen *poleis* potentielle Feinde, die *metoikoi*, welche auf der Stufe zwischen Bürgern und Unfreien standen, auf einen *proxenos*, einen Schutzherren angewiesen waren und eine Steuer, *meteikon*, zu entrichten hatten.[22] Damit sind die Bedeutungen der Bezeichnung ‚Gast' und ‚Fremder' auch an die politische Ordnung eines Gemeinwesens, eines Staatswesens gebunden.

Daneben steht eine Bindung an die Götter, die in den Wörtern *hostia* und Gast zum Ausdruck kommt und im *Deutschen Wörterbuch* der Brüder Grimm wie folgt beschrieben wird:

„als wurzel ist [...] skr. ghas essen aufgestellt, aber seine auslegung von gast als beköstigter nimmt als urbed. des wortes eine nur abgeleitete an, auch bezeichnet die wurzel vielmehr ein *verzehren, verschlingen, fressen* [...] soll es mit ghas richtig sein, so sehe ich von seiten der bedeutung nur die eine möglichkeit, dasz hostis, gast urspr. der fremde ist, der nach der sitte, die noch in sagen nachklingt, *als feind den*

out differences of genuine civic identity in a common but attenuated Roman citizenship" (Whelan 1981.644). Vgl. auch Dyson (1978) und die Darstellung bei Hiltbrunner (2005).

21 An anderer Stelle bemerkt Benveniste, dass *xenos*, Fremder, Feind und Gast (also derjenige, der den Gesetzen der Gastfreundschaft untersteht), eine sprachliche Nähe zeigen (1978a:293, 94): „It is always because a man born elsewhere is *a priori* an enemy that a mutual bond is necessary to establish [...] relations of hospitality" (1978a:294).

22 Die wiederkehrenden Szenen und Topoi der Gastfreundschaft im homerischen Epos hat Reece (1993) ausführlich dargestellt und Wagner-Hase (2000:79-131) hat die Gesten des Gebens und Nehmens „im archaischen Griechenland" thematisiert.

göttern geopfert, zugleich aber, wie jedes blutige opfer, von den opfernden als frommes mahl verzehrt wurde als hostia humana, und der anklang von hostis und hostia kann diese annahme wol stützen; auch hostire schlachten und sühnen, hostimentum sühnmittel begriffen sich aus dem opfer“ (Grimm/Grimm 1854-1961, Hvhbg. HF).

In diesem Kontext eröffnet sich also ein weiteres Bedeutungsfeld, wird hier doch, wie mit dem Sündenbock, das Verhältnis zwischen der Gemeinschaft, den Göttern und dem Fremden bezeichnet, arbeitet die Bedeutung an der Bindung des Fremden an den Feind und organisiert diese: *hostia* (das Opfer, die Opfergabe) bezeichnet, „im Gegensatz zu ‚*victima*‘, dasjenige Opfer, das den Zorn der Götter zu beschwichtigen“ hatte, bemerkt Bahr, sie gilt als Sühne und Gabe „für ihren ‚Gewaltverzicht‘“ (1994:27-8).[23]

Halten wir an dieser Stelle zunächst fest: Das Begriffsfeld *hostis/hospes* verweist einmal auf die Identität des Hausherren (der Familie, der Haushaltsgruppe, des Clans), ist eingebunden in einen gegenseitigen *Tausch*, einen bindenden Pakt und damit immer auch Teil rechtlicher Ordnung und einer Politik der Gastfreundschaft. In seiner doppelten Bedeutung verweist es jedoch nicht nur auf den Gast, den Fremden, sondern auch auf den Feind und arbeitet damit an der Gleichsetzung von fremd und feindlich.[24]

---

23 Diese komplexen Beziehungen erinnern natürlich an Abrahams Opfer des Sohnes, das dann durch das Schafsopfer ersetzt wird und man nicht zufällig den Gästen ein Schaf opferte. Die Figur des Sündenbocks hat René Girard (1990) einer umfassenden Analyse unterzogen.

24 Das Wort ‚Gast‘ verweist auf Handel und Kaufleute (den „Kaufgast“), es bezeichnet zugleich Herumschweifende, „heimatlose Landfahrer, Wanderjuden“ oder „landfahrende krieger, abenteurer, helden [...] also gleich recke, das auch aus dem begriffe verbannter in den von held übergieng, gast aber eigentlich gleich des landes gast [...], der die heimat meidet oder meiden musz, um sich als gast schlechthin, ‚wilder gast‘ [...] durch die welt zu schlagen [...] daher gast in heldennamen [...] wie Liudegast in den Nib [...] gewöhnlich indes sind es helden in der fremde, auf einer kriegsfahrt, reise.“ So kann „gast für mann überhaupt als kraftwort, d. h. mann mit einer hervorragenden eigenschaft, sowol im guten als im bösen: ein gast, ein gesell, a fellow“ stehen. Auch hier wird der Gast, der Fremde zum Feind: „da nähert sich gast mehrmals dem unmittelbaren begriffe feind, also dem urverwandten hostis, das selber auf diesem wege zu seinem

Auch wenn Benveniste die semantischen Felder des Begriffs an die (historischen) Veränderungen politischer Institutionen bindet, so hat ‚Gastfreundschaft' vielfache religiöse und ethische Bezüge, mit der diese Beziehungen umgedeutet, zugespitzt und durchaus nicht vergessen werden. Denn die Fragwürdigkeit des Unbekannten, die Ambivalenz des Fremden speist sich auch aus der Begegnung mit dem Geheimnis und auf die Bindung von Fremdheit an das Heilige ist vielfach hingewiesen worden. So ist das Gastrecht in der arabischen Welt an die Heiligkeit der Frauen eines Hauses gebunden worden, die den Hausherren, der über die Ehrenhaftigkeit des Hauses ebenso wacht, wie er sie verkörpert, verpflichtet, jedem Fremden – und noch seinem ärgsten Feind – Schutz zu gewähren, steht die Heiligkeit des Hauses doch über dem Imperativ der Vergeltung.[25] Die Pflicht, dem Fremden Asyl zu gewähren, ist aus vielen Teilen der Welt ebenso bekannt wie die Theoxenie, die Vorstellung, die Götter zeigten sich – denken wir etwa an Philemon und Baucis oder an Abraham und Sarah – als Fremde oder Bettler. Und daher „gab es Zeiten", wie Hans-Dieter Bahr in seiner „Metaethik" der Gastfreundschaft bemerkt, „die geboten", den Gast nicht „nach seinem Namen, seiner Herkunft, seinem Begehr zu fragen, nicht einmal, ob er ein Unsterblicher oder Sterblicher sei".[26] In Paulus Briefen an die Heb-

---

zweiten begriffe gekommen sein musz. denn nicht nur der ins land brechende feind hiesz so, wie doch ursprünglich und vorwiegend, sondern im Rol. 156, 24 z. b. sind vielmehr die christen die fremden im lande, die geste aber die einheimischen ‚heiden.' aber auch der angreifer scheint vorzugsweis so geheiszen zu haben [...] andar a oste, zu felde ziehen, eigentlich wol ‚zu gaste gehen', als gast kommen. Mit dem „dem helle geste", dem „hellen Gast" werden „die Teufel [...] die feinde aus der hölle" bezeichnet, „während der teufel sonst vielmehr der helle wirt, hellewirt heiszt; doch ist denkbar die auffassung als besucher aus der hölle. Aber die benennung greift weiter in alter und sinn. schon im Beowulf heiszt Grendel, der als teufel behandelt wird, helle gast [...], die überhaupt einen fremden oder verbannten als feind, einen gefährlichen landesfeind bezeichnen können". Auch kann der Gast als „böser geist, gespenst, ‚arger gast' [...] als gast ein feld- oder waldteufel [...] aber auch gast groszer langer kerl und wilder, gewaltthätiger kerl" gemeint sein (Grimm/Grimm 1854-1961).

25 Vgl. Pitt-Rivers (1992:27); Abou-Said (1965); Depaule ()1997; Shyrock (2012).

26 Bahr (1994:27). Auch altem arabischem Brauch war es mehr als unschicklich, den Gast nach „Namen, Herkunft oder nach Ziel und Zweck der Reise zu fra-

räer (Hebr 13,2) heißt es: „Vergesst die Gastfreundschaft nicht; denn durch sie haben einige, ohne es zu ahnen, Engel beherbergt." Zur biblischen Gastfreundschaft gehört, wie in der griechischen Gastszene, die Aufnahme des Fremden, die Fußwaschung, ferner Bewirtung, Schutz und Begleitung beim Abschied. Das Gesetz der Gastfreundschaft trägt also die Spur einer göttlichen Ordnung in sich, verbürgt seine Wirksamkeit unter den Menschen und macht diese bindend. Und kaum etwas offenbart diese Ordnung wohl deutlicher als *Zeus Xenios*, der über den Schutz der Fremden wachte, während die (staatliche) Gemeinschaft und das Recht seine Wirksamkeit garantieren sollten.[27] Auf diesen Aspekt – *nomos* und *nomoi* – wird noch zurückzukommen sein. Nichts scheint dann schändlicher als der Verrat am Gast und die Verletzung des heiligen Gastrechts.[28]

---

gen" (Pitt-Rivers 1992:22). Die homerische Gastszene kennt freilich die Offenbarung des Namens, der Herkunft und Verwandtschaft, die jedoch erst *nach* dem Mahl und den Trinksprüchen eröffnet wird – auch mahnt der homerische Gastgeber den Gast, auf Fragen nach „Namen, Herkommen und Anliegen ehrlich zu antworten" (Reece 1993:29).

27 Diesen Zusammenhang erkennt schon Platon: „Was aber unsere Pflichten gegen Kinder, Anverwandte, Freunde und Mitbürger sowie die von den Göttern befohlene Dienste gegen Gastfreunde und die Rücksichten im Verkehr mit ihnen allen betrifft, durch deren Erfüllung wir unser Leben, den Anforderungen des Gesetzes gemäß, erheitern und schmücken sollen, so müssen die Gesetze selbst die nähere Ausführung darüber geben, indem sie durch überredende Mahnung, oder, wo gegenüber der Verstocktheit der Gemüter die Überredung versagt, durch den Zwang der Gewalt und der rechtlichen Strafe unter gnädiger Beihilfe der Götter dahin wirken, daß unserem Staate Glück und Segen beschieden sei", denn, so Platon weiter: „Die Verpflichtungen […] gegen die Gastfreunde muß man für unverbrüchlich heilig halten, denn fast alle Vergehen der Fremden und wider die Fremden sind, verglichen mit denen, die sich auf Mitbürger beziehen, in höherem Maße der Rache Gottes anheimgegeben; denn der Fremde, verlassen von Freunden und Verwandten, ist erbarmungswürdiger für Menschen und Götter." (Platon 1993, 4. Buch, 718 St, 134 und 729, 148). Zur platonischen Fassung der Gastfreundschaft, vgl. weiter Joly (1992).

28 Denken wir etwa an die schändliche Mordtat an den ahnungslos schlafenden Gästen im Hause Macbeth. Wer es an Gastfreundschaft mangeln ließ und den Pflichten, die diese auferlegte nicht nachkam, demgegenüber bestand – nicht nur

Gastfreundschaft ist also auch eine religiöse und moralisch-ethische Pflicht, die das Gemeinwesen ordnet und dem Gebot von Großzügigkeit, Wohltätigkeit und Nächstenliebe verpflichtet ist. Das Alte und Neue Testament sowie der Koran verweisen auf das Gebot, Fremde zu beschützen und aufzunehmen, und warnen eindringlich vor den ernsten Folgen der Missachtung dieser Anweisung. So fordert der Koran dazu auf, Nachbarn, Waisen, Bettler, Bedürftige großherzig zu behandeln und verlangt Wohltätigkeit den Armen ebenso wie Reisenden und Sklaven gegenüber. Auch gilt es, den Ungläubigen milde und großzügig sich zu erweisen und ihnen Schutz zu gewähren, bis die Unwissenden das Wort Gottes erhören (VIII, 41; XVII, 26). In jüdisch-christlicher Tradition verlangt das Alte Testament (Ex 22, 21), Fremde nicht schlecht zu behandeln oder zu unterdrücken, war man doch selbst als Fremder in Ägypten; auch gilt es, besonders Witwen, Waisen und Fremde zu kleiden und ihren Hunger zu mildern, von den ersten und die letzten Früchten der Erde zu geben (Dt 10, 17-20; Dt 24, 17-18), zugleich besteht die Pflicht, Fremden Asyl und Freistätten zu gewähren (4 Mose 30.Dt 4, 41.43; 19, 1-10). Ebenso fordert das Neue Testament Nächstenliebe, Wohltätigkeit und Gastfreundschaft (Rom, 12, 13, Gotman, 2001:15-17). Unter den Werken der *misericordia* – dem Hungernden und Dürstenden Speise und Trank anzubieten, den Nackten zu kleiden, dem Kranken und dem Gefangenen zur Seite zu stehen –, steht die Aufforderung, den Fremden aufzunehmen und zu beherbergen, an dritter Stelle (Matt. 25, 36).[29] „Was ihr für einen dieser Geringsten nicht getan habt, das

– bei den Tallensi die Gefahr der „mystischen Heimzahlung“ (Fortes 1992:46) und einst ahndeten auch die Erinnyen den Frevel am Gast.

29 „Fremdling“ bezeichnet den „peregrinus, hospes, gast, mhd. vremdelinc, in Luthers bibel über hundert mal, z. b. da zog Abram hin ab in Egypten, das er sich daselbs als ein frembdling enthielte. 1 Mos. 12, 10; und wil dir und deinem samen nach dir geben das land, da du ein frembdling innen bist. 17, 8; bist du allein unter den frembdlingen zu Jerusalem, der nicht wisse, was in diesen tagen drinnen geschehen ist? Luc. 24, 18; so seid ir nu nicht mehr geste und frembdlinge (goth. sai nu ju ni sijuþ gasteis jah aljakunjai). Eph. 2, 19; [...] führ ihn auch in die stadt den unglückseligen fremdling, dort sich kost zu erflehn, es geb ihm jeder nach willkür etwas brosem und wein. Od. 17, 10; nur ein fremdling, sagt man mit recht, ist der mensch hier auf erden. Da beugt sich jede erdengrösze dem fremdling aus der andern welt. Ein fremdling tritt er in sein

habt ihr auch mir nicht getan" und den „Verfluchten" gilt für verweigerte Gastfreundschaft beim Weltengericht unweigerlich das „ewige Feuer, das für den Teufel und seine Engel bestimmt ist." Zudem: Sind wird nicht alle Fremdlinge in dieser Welt? Stehen im irdischen Leben immer erst davor, vor das Weltengericht zu treten und in das Reich Gottes einzugehen?

Auch der Terminus *agapé* verweist, etwa in der Verwendung von Paulus in den Briefen an die Korinther, auf Bindung und Gastfreundschaft (und ist in der christlichen Tradition und in der lat. *caritas* dann sehr wohl von *philia* und besonders von *eros* unterschieden).[30] Zugleich „radikalisiert und politisiert" Paulus die „Verfügung aller abrahamischen Religionen", wie Jacques Derrida bemerkt, und gibt ihnen „theologico-political names, since they explicitly designate citizenship or world co-citizenship" (2001:19): „So seid ihr nun nicht mehr Gäste und Fremdlinge, sondern Bürger mit den Heiligen und Gottes Hausgenossen" (Epheser, 2, 19-20, in der Lutherübersetzung; in der Schlachterübersetzung aus dem Jahre 2000: „So seid ihr nun nicht mehr Fremdlinge ohne Bürgerrechte und Gäste, sondern Mitbürger der Heiligen und Gottes Hausgenossen"). Damit wird, wie wir noch genauer sehen werden, die Polarität, die den Gast, den Fremden, auf der einen und den Bürger und seine Rechte auf der anderen Seite verortet, aufgenommen, in spezifischer Weise umgedeutet und einem universalen Anspruch eingeschrieben. Was nicht heißt, dass trotz des Gebots der Feindesliebe – „wenn dein Feind Hunger hat, gib ihm zu essen; wenn er Durst hat, gib ihm zu trinken" (Röm 12) –, diese ‚Mitbürgerschaft' nicht an Einverleibung zu binden wäre, um den Anderen, den Fremden, den Feind umso deutlicher zu markieren und mit Feuer und Schwert auszurotten.

Vagabunden, Gäste, Territorium

Gehört der Gast lange schon zur „Sprache des Gemeinde- und Rechtslebens" (Grimm/Grimm 1854-1961), zu den Bestimmungen städtischer Gast- und Polizeiordnungen, denen der Fremde, der Nicht-Bürger unterstellt ist, so wird die enge Verbindung zwischen Gastfreundschaft, Mildtätigkeit, Barmherzigkeit und Mitbürgerschaft im christlichen Erbe im Laufe der Zeit

---

eigenthum, das längst verlaszne ein. 336b; doch ich soll sterben unter fremdlingen, Göthe 40, 335; Schiller 80b" (Grimm/Grimm 1854-1961).

30 Schérer (1993:43-4); In diesem Kontext auch Boltanski (1990:177).

dann kirchlich und öffentlich institutionalisiert und bekommt besondere Orte: Es entstehen die Hospize (Spitäler) und Orden, die nicht nur den Pilgern zu den heiligen Stätten Schutz und Obdach gewähren. Auch übernehmen diese Institutionen und philanthropischen Vereinigungen die Kranken- und Armenfürsorge und die Aufgabe, Witwen und Waisen, aber auch Bettler und Vagabunden, die „wilden Gäste“, also diejenigen, die aus der sozialen Ordnung fallen, in ihr Regime aufzunehmen.[31] Die alte „Gabenmoral“, so bemerkt Marcel Mauss, wird zugleich zum „Gerechtigkeitsprinzip“ umgedeutet – wie auch das einstige Opfer, das den Fremden, den Feind, den Göttern darbot, sich zum wohltätigen Almosen entwickelt (1975:36).

Auch wenn die feudalen Gesellschaften kaum so sesshaft waren, wie es uns erscheint, schon Georg Simmel verweist ja auf die doppelte soziologische Funktion des Wanderns, hat es auf der einen Seite doch integrative Kraft: der Herrscher wandert und hält so das Reich zusammen. „Erzwungene Gastfreundschaft“, die schon in Griechenland und Rom bekannt war und „strukturelle Gründe“ hatte, gehört hierher, denn Richter, Steuereintreiber, Botschafter, die Höfe und die Repräsentanten der (kirchlichen und weltlichen) Macht reisten in ihrem Einflussbereich herum und Untertanen waren verpflichtet, diese aufzunehmen – eine Praxis, die sich weit über das 15. Jh. hinaus hielt.[32] Europa ist durch wandernde Händler, Handwerker,

31 Auf die neuzeitlichen Versuche, Bettler und die Scharen vagabundierender Armer zu kontrollieren, hat auch Braudel (1986:781-85) hingewiesen. Das *Deutsche Wörterbuch* bemerkt: „Auch der alte begriff war im 16. Jh. noch klar vorhanden, wenn sie zu den verlassenen oder armen [...] gezählt werden: es ist freilich [...] ein köstlich gut werk, spital stiften [...] (aber) jenes spitals genieszen wenig leute und zuweilen falsche böse buben unter bettlers namen. aber dis spital (fürstenstiftungen wie er sie sich denkt) bekomet allein den rechten armen, als widwen, waisen, gesten, und andern verlasznen leuten. Luther 5, 152b, es sind elende im ursprünglichen sinne, [...] und gasthaus als hospital, vgl. das sprichwort der arm gast ist gots kast (vorher es ist gesäet, was man armen gibt) Frank 1, 118a, arme gäste sendet uns gott zu Simr. 3055 (daher arme auch gotes vriunde pass. H. 376, 89, gotes arme), mit derselben vorstellung wie in Homers Ζεὺς ξείνιος“ (Grimm/Grimm 1854-1961).

32 Gotman (2001:33). Rita Mazzei (2013) zeichnet die Mobilität innerhalb Europas ab dem Mittelalter in beeindruckender Weise auf. Mobilität ist bei weitem kein

Studenten, Pilger, auf Reisen, auf Wasserwegen und Landstraßen entstanden und doch ist derjenige, der wandert, der Obrigkeit suspekt. Das fahrende Volk, das Heer der Wanderarbeiter auf der Suche nach Einkommen, ambulante Händler, Prostituierte – sie sind ein Sicherheitsproblem, das der Überwachung bedarf. Nicht nur in der frühen Neuzeit müssen die Armen herumziehen, „weil die einzelnen Felder der Almosen-Ernte sich erschöpfen", Armen und Wanderern wird Fürsorge zuteil, war es doch „ökonomisch" und „geistig" unentbehrlich, und so wurden sie „in einem Atem mit den Kranken und den Gefangenen" in Gebete und Arbeitshäuser eingeschlossen.[33]

Signum der Gegenwart. Jean-Jacques Rousseau bemerkt im Jahre 1762: „Man (muß) nun freilich einräumen, daß sich der ursprüngliche Charakter der Völker von Tag zu Tag mehr verwischt und sich aus diesem Grund auch schwerer verstehen läßt. In dem Maße, in welchem die Volksstämme sich vermischen und die Völker miteinander verschmelzen, sieht man die Volksunterschiede, welche sonst beim ersten Blick auffielen, nach und nach verschwinden. Ehemals blieb jede Nation mehr in sich selbst abgeschlossen. Der Verkehr war weniger ausgebildet, es fanden nicht so viele Reisen statt, man hatte weniger gemeinsame oder entgegengesetzte Interessen, die politischen und gesellschaftlichen Verbindungen zwischen Volk und Volk waren nicht so zahlreich [...] Weite Seefahrten kamen selten vor; es gab wenig Handel nach fernen Gegenden [...] Heutzutage ist der Verkehr zwischen Europa und Asien hundertmal stärker als er ehedem zwischen Gallien und Spanien war. Europa allein war unter sich unzusammenhängender als in unseren Tagen die ganze Erde" (1998:532-3). Vierzig Jahre später sieht Jean Paul: „Unser Lebensbuch wird immer mehr Flugschrift, die nicht still liegt, welche dünn und wenig trägt und fliegt und verfliegt – von den Luftschiffen an bis zu den Dampfschiffen und Schnellposten beweiset es sich, daß Europa jetzo unterwegs ist und eine Völkerwanderung der andern begegnet" (1959-1963:494).

33 Simmel (1992b:760, 759) weiter: „Daß so Armut und Wanderschaft sich vielfach als ein ganz einheitliches Phänomen darbieten – der feststehende Bettlertypus des ‚armen Reisenden' beginnt wohl erst ganz neuerdings in Deutschland zu verschwinden –, ist der Grund einer der großen Schwierigkeiten der Armenpflege in Bezug auf die umherziehenden Armen: dass man gar kein sicheres Mittel hat, zwischen dem Beschäftigung suchenden Arbeiter, der unterwegs unverschuldet in Not gerät, und dem gewerbsmäßigen Müßiggänger zu unterschei-

Um 1500 beginnt in Europa „die Jagd auf Vagabunden, die Jagd nach Bettlern, die Jagd auf Müßiggänger" (Foucault 1994b:317) und zwischen 1650 und 1750 entstehen „große Einrichtungen, in denen nicht nur die Wahnsinnigen", deren Unfähigkeit zur Arbeit gerade zu einem Kennzeichen des Wahns wird, sondern auch „die Alten, Kranken, Arbeitslose und Nichtstuer, all diejenigen, die aus der Ordnung fallen, interniert werden und den Regimen von Überwachung und Gouvernmentalität unterworfen sind" (Foucault 1994c:134). Diese Armenhäuser verweisen auf das alte Asylrecht ebenso wie das ‚Hospital' (von lat. *Hospitale, hospitalis*, von *hospes-hospit*) nicht nur sprachlich Gastfreundschaft anzeigt. Diese Einrichtungen machen zugleich einen Fremden im Inneren, einen ‚Feind' kenntlich, der kolonisiert, durch ein Ensemble von Überwachung, Kontrolle, Vorschriften, Blicken gezähmt und der Ordnung eingegliedert werden muss. Es entstehen die Arbeitshäuser, mit denen auf der einen Seite Armut institutionalisiert wird, um auf der anderen Seite zugleich durch Arbeitsdisziplin, Besserungsmaßnahmen, religiöse Erziehung, später bürgerliche Pädagogik und Sozialhygiene einen Disziplinarraum zu eröffnen und die Unterordnung des entstehenden Proletariats in den Takt und den Raum der Fabrik einzuüben (Foucault 1977:185).

Die durch Vertreibung und Landflucht Entwurzelten, die Pauperisierten und das mit der beginnenden Industrialisierung von Karl Marx als Lumpenproletariat bezeichnete Heer der „Tagediebe", deren Beschreibung nebenbei nicht wesentlich von der eines *clandestino* im heutigen populistischen Blick abweicht,[34] sollen produktiv gemacht und eingegliedert werden. Nicht nur die über ihre Mauern wachsenden Städte stehen vor dem Problem „die Zirkulation zu organisieren, das was daran gefährlich war, zu

den, der von einem Ort zum anderen zieht, um aus andrer Leute Kost zu leben" (1992:760).

34 „Das Lumpenproletariat", so Marx/Engels, „das in allen großen Städten eine vom industriellen Proletariat genau unterschiedene Masse bildet, ist ein Rekrutierplatz für Diebe und Verbrecher aller Art, von den Abfällen der Gesellschaft lebend, Leute ohne bestimmten Arbeitszweig, Herumtreiber, gens sans feu et sans aveu, dunkle Existenzen, verschieden nach dem Bildungsgrade der Nation, der sie angehören, nie den Lazzaronicharakter (Bezeichnung für die ‚Unbehausten', Menschen in den Armutsvierteln Neapels, Anm. HF) verleugnend" (1960:26).

eliminieren, eine Aufteilung zwischen guter und schlechter Zirkulation vorzunehmen und, indem man die schlechte Zirkulation verminderte, die gute zu maximieren" (Foucault 2006c:37). „Die Kunst der Verteilung" besteht also darin, Zirkulation, Lokalisierung und „Parzellierung" zu ordnen, die jedem „Individuum seinen Platz und jedem Platz ein Individuum" zuweisen, umgekehrt sollen „kollektive Einnistungen [...] zerstreut, massive und unübersichtliche Vielheiten [...] zersetzt werden" (Foucault 1977:181, 183).

Geht es einmal um Disziplinierung und die Organisation von Bewegung, so werden die Vagabunden als mobile Gegenwelt zu Sitte, Moral und bürgerlichem Leben imaginiert, das in der Sesshaftigkeit auch gleichbedeutend mit der Einbindung in den territorialen Nationalstaat ist, sie können zugleich aber auch romantisch mit Freiheit und Ungebundenheit, der weiten See, Freibeutern und ihren freien Gemeinschaften assoziiert werden. Und: vergessen wir nicht – es beginnt der massenhaften Exodus von Armutsflüchtlingen und Verfolgten in die neue Welt und in die Kolonien (auch des Mittelmeers), mit dem die globale Zirkulation von Menschen und Waren neu organisiert wird (dort ein neues Heer von Pauperisierten schafft und oftmals zu gefährlichen Verbindungen in den Kolonien führt).

Die französische Revolution trägt derweil nicht nur die Fahnen von Freiheit, Gleichheit und Brüderlichkeit, sondern auch der das Prinzip einer Nationen umspannenden Völker*freundschaft* und eines Universalismus, in dem jeder, gleich welcher Herkunft, Asyl, Aufnahme und gleiche Bürgerschaft finden soll: „il faut que vous fassiez une cité, c'est-à-dire des citoyens qui soient amis, qui soient hospitaliers et frères", proklamiert Saint-Just. Im Namen des französischen Volkes müssen Fremde aus aller Welt Asyl finden, ihre Sitten und Gebräuche respektiert werden, soll „nationales Gesetz doch nicht die Grenze, sondern das universelle Gesetz garantieren und Fremde die Ehre teilen, im Lichte dieser Universalität zum Bürger zu werden." Mit der universalistische Affirmation jedoch, und das hat Sophie Wahnich (1997:109) gezeigt, setzt die souveräne Nation der republikanischen Gastfreundschaft Grenzen und wird zur „republikanischen Ungastlichkeit", die sich über administrative Aufenthaltsregelungen etabliert und die Spannung zwischen universalem Recht und partikularer Ausgestaltung zeigt. Im aufgeklärten Kosmopolitismus beruht Gastfreundschaft auf universalistischer Grundlage und erlaubt eine Beziehung zwischen Gleichen. Doch diese Regelungen erklären den Fremden zum potentiellen Feind der Revolution, werfen die Frage nach Loyalität nicht nur für die Bürger auf, mit deren Ländern Frankreich im Krieg steht. Fremde benötigen dann ein ‚certificat d'hospitalité', das nach der Bürgschaft von zwei patriotischen Bürgern ausgestellt wird. Gastfreundschaft trägt dann nicht das Prinzip universeller Gleichheit in sich, sondern wird vermittelt, kann nur über loyale Bürger erlangt werden und etabliert damit eine ungleiche Beziehung zwischen Gast und Gastgeber, die zugleich Unsicherheit und den Verdacht beherbergen und den Feind erneut der Gastfreundschaft einschreibt.

War Gastfreundschaft einmal an religiöse Gebote und Vorschriften gebunden, so erkennt man – nicht erst – mit der Aufklärung auch den humanistischen Kern ihrer Gesten. Im mehr oder minder öffentlichen Raum des Hauses behält Gastfreundschaft dann auch ihre alte Bedeutung. Gastfreiheit schafft dem Hausherren nicht nur Ehre und Prestige, sondern drückt zivilisiertes Verhalten schlechthin aus – diese ist freilich eine reziproke Pflicht, denn der „grobe Gast", der „*immodestus, incivilis hospes*", gilt überall als Last (Grimm/Grimm 1854-1961) und das aristokratische Ideal freigiebiger Großzügigkeit zeigt sich auch in bürgerlicher Tugend, die sich – wie ihr aristokratisches Pendant – durchaus in agonistisch-rivalisierender, ruinöser und ostentativ zu Schau gestellter Gastlichkeit bei Einladungen, *soirées* und Festen entfaltete. Zugleich beklagt man den zunehmenden Verlust dieser ursprünglichen, menschlichen Tugend, denn mit der Zunahme von Handel und Verkehr verliert, so die weit verbreitete zeitgenössische Klage, Gastfreundschaft ihren ursprünglichen, menschlichen Charakter und entwickelt sich zu einem niedrigen Handel, der Erwerb und Bereicherung garantiert.[35]

---

35 Gotman (2001:25-30). Benveniste erinnert daran, dass der Tausch von Geschenken an „expense", „value" and „largesse" gebunden ist: „when one gives, one gives the most precious, and the English expression ‚to *give* a reception' includes expenses, damage, destruction, loss, rivalry, prestige and forms of potlatch" (Benveniste 1999:33-42, 39-41). Das moderne Dilemma gastfreundlicher Aufnahme kannte schon Rousseau: „Man weist uns ein zwar sehr kleines, aber äußerst sauberes und günstig gelegenes Zimmer an; es wird eingeheizt, wir finden Leinenzeug und frische Wäsche, kurz alles, was uns not tut. ‚Wie', sagt Emil ganz erstaunt, ‚sollte man nicht glauben, daß wir erwartet wären? […] Welche Zuvorkommenheit, welche Güte, welche Fürsorge! Und noch dazu für Unbekannte. Mir ist, als wäre ich in die Zeiten Homers versetzt.' – ‚Erkenne es dankbar an', erwidere ich ihm, ‚wundere dich aber deshalb nicht. Überall sind Fremde willkommen, wo sie eine seltene Erscheinung sind. Je weniger Gele-

Halten wir an dieser Stelle fest: Mit der Entstehung moderner Nationalstaaten, dem Projekt, die Kongruenz von Sprache, Kultur, Abstammung, Geburt und Territorium zu etablieren und Staatbürgerschaft derart naturalistisch zu begründen, wird die Aufnahme von Fremden, von Ausländern – die lang schon dem Fremdenrecht, dem Polizeiwesen und seinen Überwachungssystemen unterstehen – zur öffentlichen, staatlichen Aufgabe und unterliegt nationalem und internationalem Recht. Auch wirft, wie gesehen, die Gewährung von (politischem) Asyl – nicht erst mit der französischen Revolution – das Problem der Loyalität von Flüchtlingen zum Staatswesen auf, das bis heute die Diskussionen um Fragen der (doppelten) Staatsbürgerschaft bewegt (Schiffauer 2006) und den „Gast, der bleibt" (Simmel), zwischen Freund und Feind situiert (nicht nur das deutsche Einbürgerungsrecht, in anderen Sprachen nicht umsonst ‚Naturalisierung' genannt, sieht eine Loyalitätserklärung vor, verlangt vom Fremdem, was dem qua Geburt naturalisierten Bürger, dem *natural born*, offenbar natürlich zukommen soll, die Identifikation mit einer als natürlich imaginierten Gemeinschaft und ihrer nationalstaatlichen Grenzen).

Doch auch der Bezug auf göttliche Ordnung wird durchaus nicht gänzlich abgebrochen und findet bis heute u.a. im Kirchenasyl Ausdruck, das Schutz vor Verfolgung und Immunität verspricht, ebenso wie sich die jüngste *refugee cities*-Bewegung auf ein altes Recht von Städten beruft, Verfolgte und Exilanten in ihren Mauern aufzunehmen.[36]

Die historischen Semantiken – deren Komplexität hier nur angedeutet werden konnte –, zeichnen den Gast als Fremden aus, sie markieren und da-

genheit sich darbietet, Gastfreundschaft zu üben, desto gastfreier wird man. Der Zulauf der Gäste zerstört die Gastfreundschaft. Zu den Zeiten Homers reiste man nicht viel, und die Reisenden fanden deshalb überall eine freundliche Aufnahme. Wir sind vielleicht die einzigen Fremden, die sich seit Jahr und Tag hier haben blicken lassen.' – ‚Das tut nichts zur Sache,' versetzte er, ‚es ist sogar ein Lob, die Gäste entbehren zu können, und sie trotzdem stets freundlich aufzunehmen'" (1998:452-3).

36 Derrida (1997a, 2001a) beruft sich ja ausdrücklich auf diese Praktiken; vgl. auch Payot (1992). Die Gemeinde Riace in Kalabrien hat es sich zur Aufgabe gemacht, Asylbewerber aufzunehmen und ist, gleich ob dieses Modell alltäglich nun tatsächlich funktioniert oder nicht, zu einem nationalen Vorbild für Inklusion geworden.

rauf kommt es hier an, denjenigen, der nicht dazugehört, den anderen, den Nicht-Bürger, den potentiellen Feind, und Gastfreundschaft verweist damit immer auch auf diese Ambivalenz, den Konflikt, den die Regeln der Gastfreundschaft ja gerade eindämmen sollen. Was als eine religiös begründete und vermittelte Tugend gefasst wurde, Ethik und Moral gehorcht, gehört dann zugleich der formalen Ordnung des Rechts zu und ist seinen Bestimmungen eingeschrieben. Aus Gastfreundschaft in Formen christlicher Barmherzigkeit und Nächstenliebe wird dann auch ein rechtlicher Anspruch, staatliche Verpflichtung zu gastlicher Aufnahme und institutionalisierter, organisierter Solidarität, ein universelles Menschenrecht auf Schutz und Asyl, das die Allgemeine Erklärung der Menschenrechte bekräftigt. Die Skalen und Intersektionen verschieben sich, aus Gastfreundschaft im privaten Raum mit ihren austarierten Gesten gegenseitigen Gebens und Nehmens wird im staatlichen Gesetz ein kodifiziertes System aus Rechten und Pflichten, das durch Zugehörigkeit und politische Mitgliedschaft, durch Staatsbürgerschaft bestimmt ist, zugleich aber auch den ambivalenten Status des Fremden markiert, ihn zwischen Freund und Feind ansiedelt und die unerwünschten Fremden illegalisiert.

2. GASTFREUNDSCHAFT UND DER FREMDE IN DEN KULTURWISSENSCHAFTEN

Klassische Ansätze in Anthropologie und Soziologie

‚Klassische' Ansätze in den Kulturwissenschaften haben Gastfreundschaft vor allem im Kontext der Beziehungen zwischen Sesshaftigkeit und Mobilität und im Hinblick auf soziale Stellung des Fremden in der Gastgesellschaft diskutiert, bearbeiten Gastfreundschaft, die Aufnahme des Fremden im Hinblick auf Integration und Funktion, mit der die Spannung, der Antagonismus von Freund und Feind, sogleich integrativ gebändigt werden soll. Wenn dem Fremden, dem Gast, ein unsicherer, zwiespältiger Ort zwischen Freundschaft und Feindschaft, außen und innen, dem Heiligen und Profanen zugewiesen ist, dann ist ihm ein Raum eröffnet, der sich auch zwischen sozialer Nähe und Ferne, ‚Integration' und Ausschluss erstreckt. Doch wer qualifiziert sich wie für die Aufnahme als Mitbürger, dem dann auch Rechte zukommen, und was heißt Integration?

Obgleich Gastfreundschaft die Grundlagen des Zusammenlebens einer Gesellschaft betrifft und die Grundvoraussetzung anthropologischen Tuns ist, so hat die Anthropologie sich so gut wie gar nicht dafür interessiert, wie ‚die' Fremden Fremde aufnehmen – kaum verwunderlich, wurden die ethnographisch in Zeit und Raum fixierten lokalen Gemeinschaften doch gerne als isolierte, statische, selbstgenügsame, unhistorische Einheiten, als geschlossene soziale Systeme gesehen. Das was sich – angeblich – nicht bewegt, war für die Anthropologie einfacher zu untersuchen und man erfand sich statische, unbewegliche Gesellschaften und Kulturen. Dynamik, Prozess wurde zum Problem für stabile Struktur und Funktion. Mobilität war ein für die Theorie bedauerlicher Sonderfall, nicht die Regel. So sind Arbeiten mit theoretischer Reichweite, wie sie Marcel Mauss auszeichnen, dann auch rar geblieben.[37]

Mauss spricht Gastfreundschaft im Kontext seiner Erörterungen zur Gabe an und hat – im Rahmen einer „allgemeinen Theorie der Verpflichtung" (1975:26) – auf die verbindlichen und bindenden Rechte und Pflichten des Gebens, Nehmens und Erwiderns, den zentralen Aspekt der Reziprozität verwiesen, der diese Beziehungen ausmacht und regelt. „Sich weigern, etwas zu geben, es versäumen, jemanden einzuladen, sowie es ablehnen, etwas anzunehmen, kommt einer Kriegserklärung gleich", bemerkt er zu den „Rechten und Pflichten des Anbietens und Empfangens" (1975:28, 29). Doch Gastfreundschaft kann nicht erzwungen werden, sie wird, wie die Gabe, freiwillig gegeben. Denn wie die mildtätige Gabe an den Bettler nicht erzwungen werden kann, so kann der Bettler kein *Recht* auf das Al-

37 In üblichem Habitus wird diese Tatsache von der disziplinären Anthropologie sogleicht beklagt, in empörtem Ton stellt man den Verlust einstiger Deutungshoheit des Fremden fest und übt sich sogleich in Grenzziehung: „Anthropology has been largely absent from the recent explosion of interdisciplinary enthusiasm with hospitality across philosophy, political science, and cultural studies" und weiter: „It has taken an external impetus to bring hospitality back to the forefront of anthropological concern and theorizing [...]. Recent years, however, have seen a veritable explosion of interest in the subject across the social sciences and humanities – marked by a multitude of new interdisciplinary publications involving anthropologists [...]. The spark which lit this particular fuse was the recent fascination with hospitality amongst continental philosophers, most prominently Jacques Derrida" (Candea/da Col 2012:1, 3).

mosen geltend machen. Im Gegenteil „wenn er zu beharrlich danach verlangt, wird seine Forderung zur Bedrohung", zur Nötigung, es erlischt der „Anspruch des Bettlers paradoxerweise, sobald er sein Recht geltend macht, und von dem Moment an, in dem er seinen Charakter als Bitte verliert, ruft er Feindseligkeit hervor". So ist Gegenseitigkeit, die „Achse des Austauschs" über ein „vergelt' es Gott" vermittelt und verbindet sich,[38] wie im Opfer, das Heilige mit dem Profanen. Damit ist eine doppelte Nähe zwischen Gastfreundschaft und der Gabe hergestellt:[39] Denn wie die Gabe steht Gastlichkeit unter dem (moralischen) Anspruch, vom Gast irgendwann erwidert zu werden, schafft Zeit und etabliert so eine (dauerhafte) wechselseitige Bindung und ein Schuldverhältnis (wie umgekehrt die simultane Gegengabe das Pfand der Zeit verliert und eben gerade nicht bindet). Doch wenn Gastfreundschaft, wie die Gabe, freiwillig gegeben wird, braucht man dann Gäste? Gilt Gastfreundschaft dem, der gebraucht wird? Braucht also nicht der Fremde den Gast*geber*, sondern ist vielmehr der Gast*geber* auf den *Empfang* des Fremden angewiesen? Wer gibt und wer empfängt? Untersteht der Gast dem ökonomischen Kalkül? Muss man sich Gäste ‚leisten' können, wenn berechnender Gewinn nicht erzielt werden kann und was ist die Regel, an die man sich hält? Steht nicht jegliche Form von Gastlichkeit unter dem (moralischen) Anspruch, vom Gast eines Tages erwidert zu werden? Erwartet sie nicht die Gegengabe für erwiesene Freigiebigkeit, sondern rechnet mit unwiederbringlichem, gar ruinösem Verlust? Kann der Fremde, der keiner Zweckmäßigkeit zugehört, keinen Ort finden? Hat man mit einem Dank nicht schon eine unbeglichene Schuld und ein soziales, ein persönliches Band anerkannt?[40] Ist Gastfreundlichkeit stets an eine Form wechselseitigen Tauschs gebunden?[41]

---

38 Pitt-Rivers (1992:32, 33). Auch Georg Simmel stellt in seinen Bemerkungen *Der Arme* diese Verbindung her und macht sie zum Teil seiner Darstellung von Rechten und Pflichten: Erfleht der demütige „Bettler [...] eine Gabe" doch „‚um Gottes Willen' [...], d.h. als ob jeder Einzelne verpflichtet wäre, die Lücken der von Gott eigentlich gewollten, aber nicht völlig realisierten Ordnung zu ergänzen" (Simmel 1992c:515).

39 Vgl. Godbout/Cailée (1992); Godbout (1997, 2000); vgl. Berking (1999:72, 82).

40 Kant hat in seinen Bemerkungen zur *Dankbarkeit* (1997:592) als „Pflicht", als „Bezeugung meiner Verbindlichkeit" gesehen. Sie ist ihm darüber hinaus sogar „*heilige* Pflicht, d.i. eine solche, deren Verletzung die moralische Triebfeder

Die Gesten der Gastfreundschaft schaffen Zeit und hoffen auf – eine freilich nicht einklagbare – zukünftige Erwiderung. Diese Beziehungen werden noch weiter kompliziert, denn wie die Gabe verweist Gastfreundschaft auch auf ein Paradox und ihre Unmöglichkeit: „Gabe gibt es nur, wenn es keine Reziprozität gibt, keine Rückkehr, keinen Tausch, weder Gegengabe noch Schuld [...] Jedesmal, wenn es eine Rückgabe oder Gegengabe gibt, wird die Gabe annulliert", wie Jacques Derrida (1993:22-3) feststellt. Und tatsächlich finden jüngere Arbeiten, wie die von Andrew Shyrock (2009, 2012) eine Nähe zwischen lokalen Imperativen der Gastfreundschaft bei Beduinen und Derridas Entwurf absoluter Gastfreundschaft, auf den noch zurückzukommen sein wird.

‚Klassische' anthropologische Arbeiten haben das ambivalente Verhältnis zum Fremden, zum Gast vorrangig sowohl im Hinblick auf die vielfältigen Gebräuche der Gastfreundschaft, in ihrem Bezug zu gesellschaftlichen Kosmologien, Symbolen, Moralvorstellungen als auch im Hinblick auf die Sozialstruktur und geltenden Rechtsformen thematisiert: Nicht ohne jedoch beständig die ‚Nicht-Bürgerschaften', die den kolonialisierten Völkern von den europäischen Nationalstaaten eingeräumt wurden, auszublenden, die

---

zum Wohltun in dem Grundsatze vernichten kann (als skandalöses Beispiel) [...]. Denn heilig ist derjenige moralische Gegenstand, in Ansehung dessen, die Verbindlichkeit durch keinen ihr gemäßen Akt völlig getilgt werden kann (wobei der Verpflichtete immer noch verpflichtet bleibt). Alle andere ist *gemeine* Pflicht. – Man kann aber durch keine Vergeltung einer empfangenen Wohltat über dieselbe *quittieren*; weil der Empfänger den Vorzug des Verdienstes, den der Geber hat, nämlich der erste im Wohlwollen gewesen zu sein, diesem nie abgewinnen kann [...]. Eine dankbare Gesinnung dieser Art wird *Erkenntlichkeit* genannt." Der inaugurale Akt begründet also eine Verpflichtung, ohne diese doch jemals abgelten zu können.

41 Franz Kafka hat diese Fragen aufgeworfen: „Gastfreundlichkeit ist bei uns nicht Sitte, wir brauchen keine Gäste. ‚Gewiß', sagte K., ‚wozu brauchtet ihr Gäste. Aber hier und da braucht man doch einen, zum Beispiel mich, den Landvermesser.' – ‚Das weiß ich nicht', sagte der Mann langsam, ‚hat man Euch gerufen, so braucht man Euch wahrscheinlich, das ist wohl eine Ausnahme, wir aber, wir kleinen Leute, halten uns an die Regel, das könnt Ihr uns nicht verdenken.' – ‚Nein, nein', sagte K., ‚ich habe Euch nur zu danken, Euch und allen hier'" (1995:17). Für eine Interpretation, vgl. Friese (2003).

sie zu Fremden, zu Gästen im eigenen Land werden ließen und koloniale Machtverhältnisse, Ambivalenzen und Antagonismus noch einmal verschoben. Denn der den Kolonialmächten äußere Feind wirkt beständig auch im Inneren des Kolonialregimes, sucht dieses beständig heim, arbeitet immerzu an der Stabilität kolonialer Grundfesten, droht sie allzeit zu untergraben, zu schwächen und ist auch durch den wissenschaftlich begründeten Rassismus des *colonial divide* nicht zu bändigen, wird die als minderwertig gedachte andere Seite doch zum Fundament des liberalen, universalistischen Projekts der Moderne.

Doch die Zweifelhaftigkeit und der Verdacht potentieller Illoyalität des Fremden, die Ambivalenz zwischen Freund und Feind, eine Beziehung, in der ein Tausch „miteinander, die *hospitalitas*, in ein Gegeneinander, *hostilitas* umschlägt", der Gast zum Feind wird und reziproker Austausch nicht eine „Allianz, sondern höchstens einen Gewaltverzicht" bekräftigt, charakterisiert viele mit den Gesten der Gastfreundschaft verbunde Regeln (Bahr 1994:37). Bereits in der antiken Stadt war der Gast auf einen Schutzherren, einen Patron angewiesen und dem Fremden der heikle „Status eines Statuslosen" zugewiesen, wie Pitt-Rivers (1992:21) in seiner klassischen Studie zum Gastrecht feststellt. Der Status eines Gastes „befindet sich zwischen dem eines feindlichen Fremden und dem eines Mitgliedes der Gemeinschaft" (1992:22) und noch selbst die – auch uns geläufigen – Gebote der Etikette, die das Verhalten von Gast und Gastgeber regeln, Konflikt und Hostilität vermeiden sollen, zeugen von dieser Ambivalenz. Die Beziehungen der Gastfreundschaft sind sowohl symmetrisch als auch asymmetrisch, denn „Gleichheit fordert Rivalität heraus" (1992:32) enthält immer auch eine Kampfansage, Agon um Ansehen und Ehre und so fordern die Verhaltensgebote wechselseitige Rücksichtnahme, Anerkennung, Respekt dem anderen gegenüber, sollen Spannungen und Konflikt in der Schwebe halten und austarieren (Gotman 2001:85-145) und den potentiellen Feind in einen gezähmten Gast verwandeln.

„Das Gesetz des Gastrechts basiert auf Ambivalenz" bemerkt Pitt-Rivers bündig (1992:33). Dementsprechend sind die unterschiedlichen Praktiken der Gastfreundschaft, die den Fremden gelten, als ein Modus verstanden worden, diese Ambivalenzen zu ordnen, um dem Unbekannten einen, wenn auch prekären Ort in der sozialen Geographie anzuweisen. Die vielfältigen Gebräuche der Gastfreundschaft wurden – in Anlehnung an van Gennep und Victor Turner – so als mehr oder minder formalisierte Integrationsriten gesehen, die den Statusübergang eines Fremden regeln und ihn zu einem „gesellschaftsfähigen“ Menschen werden lassen. ‚Fremdheit‘ verweist hier nicht nur auf Sprache, die ‚Fremdsprache‘, die ja bereits die Unterscheidung zwischen *xenoi* und *barbaroi* markierte, sondern auch auf Habitus, Manieren, Unvermögen, Unkenntnis von alltäglichen Umgangsformen, derer man gewahr wird, um die man weiß und sich und andere gerade darum als auffallend, als ‚fremd‘ markiert.[42] Als solcher gleicht Fremdheit dem, was im Italienischen unter die Bedeutung *straniero* gefasst wird. Der *straniero* ist nicht nur der Fremde, derjenige aus einem „anderen Land, der keine vertraute Beziehung (*relazione di patria*) mit einer Person oder Sache hat, über die er spricht“, *straniero* verweist, wie „*alieno da*“ auf etwas, das man nicht beherrscht, auf etwas, das einem neu ist.[43] Der Fremde und der den lokalen Sitten und Gebräuchen Unkundige wurde daher in vielen Gesellschaften einem Examen, einer Prüfung seiner Fähigkeiten, einer Aufnahmeprüfung, einem Kräftemessen unterzogen, er muss neu beginnen, wird, sofern nicht als unwürdig abgewiesen, ein „neues soziales Wesen“ und erhält einen Ort in der Gemeinschaft, er muss in einen „Verwandten oder einen Bürger verwandelt werden“, dem Rechte und Pflichten zukommen.[44] (Auch die modernen Nationalstaaten kennen diese Prüfung, Sprache, Landeskenntnis, Würdigkeit und Integrationswille werden im Einbürgerungstest festgestellt). Als Passagenritus, der die – mehr oder minder ritualisierte – Eingliederung, im wahrsten Sinne des Wortes tatsächlich die Inkorporation des Fremden in eine Gruppe organisiert, hat van Gennep diese besondere Beziehungsform gefasst und trotz der „variety of forms, a surprisingly uniform pattern“ (1977:27) festgestellt, ein Muster, das den zwiespältigen Status des Fremden zwischen Freund und Feind regeln soll.

42 „fremdheit, f. peregrinitas, inscitia: man sah ihm die fremdheit an, an der sprache und an den kleidern; meine fremdheit setzte meinen wünschen nicht geringe hindernisse [...] entgegen [...]; seine fremdheit in den bekanntesten dingen setzte ihn zuweilen dem lächerlichen aus. Schiller 734a; der accent des ausländers, eine fremdheit in seinen manieren stand ihm gut. Tieck ges. nov. 6, 21“ (Grimm/Grimm 1854-1961).

43 „Straniero [...] che è d'un altro paese, che non ha relazione di patria con la persona o con la cosa di cui parla; fig. straniero a, alieno da, straniero in alcuna cosa, che non ha pratica, che è nuovo in esse“ (Dizionario etimologico italiano).

44 Pitt-Rivers (1992:20) und Fortes (1992:76).

So beginnt dieser Prozess für Migranten, folgen wir Leo Chavez (1991, 1994), mit der Grenzüberschreitung, der liminalen Phase des alltäglichen Lebens als „(illegal) alien", und endet mit Inkorporierung, eben der *Naturalisierung*, die den im Ritus neugeborenen Fremden zum nationalen Rechtssubjekt und (zumindest) formal gleichgestellten Staatsbürger macht.

Auch Meyer Fortes' Bemerkungen zum Fremden nehmen diese Aspekte auf. War Mitgliedschaft in einer lokalen politischen Gemeinde in westafrikanischen Gesellschaften herkömmlich an Abstammung oder ein durch Adoption/Heirat begründetes Verwandtschaftsverhältnis gebunden, so konnte ein freier Fremder nicht zum als vollwertig anerkannten Bürger einer Gastgemeinde werden, blieb er gleichzeitig doch immer auch Bürger seiner Geburtsgemeinde. Ihm wurde – wie adoptierten Sklaven, Kriegsgefangenen oder Flüchtlingen – eine „stellvertretende Bürgerschaft" zugestanden, die zwar alle über seinen Herren vermittelten „ökonomischen und legalen" Rechte einschloss, „aber keine politischen und religiösen Rechte" beinhaltete, also bspw. ein politisches Amt in der Gastgemeinde zu bekleiden (1992:66-7). Mit dem Entstehen des Nationalstaats mussten nun aber notwendigerweise Regelungen getroffen werden, die Bürgerschaft und Zugehörigkeit festlegen und die Mitglieder des Staatswesens als gleichwertig anerkannte Rechtssubjekte konstituieren, welche die Autonomie einer lokalen Gemeinde einschränken und zu Konflikten führen können. Auch ist mit der Einsetzung formalrechtlicher Normen und ihren mehr oder weniger universalistischen Bestimmungen natürlich keinesfalls gesagt, dass ein Fremder in der (lokalen) Gemeinschaft auch tatsächlich zum Einheimischen wird. Auch heute unterscheiden nicht nur dörfliche Gemeinschaften deutlich zwischen Verwandten, Freunden, Angeheirateten, Fremden und Zugewanderten, denen es am Ort an Vergangenheit, gemeinsamen Geschichten, Erzählungen und Erinnerungen fehlt, die Zugehörigkeiten erst wirklich und erfahrbar werden lassen (man denke nur an die Territorialgruppen in Großstädten, die Autonomie, Souveränität und vermeintlich authentischen Lebensstil ihres Kiezgebietes gegen Fremde, Neuankömmlinge und potentielle Feinde verteidigen).

Unabhängig davon, wie die lokalen Gebräuche und Regelungen sich jeweils gestalteten, bleibt die gemeinsame Aufgabe doch, den Fremden „der ein Einwohner werden möchte, in die Sozialstruktur" einzufügen (1992:75). Das „Gastrecht" ist „als ein Mittel verstanden" worden,

„mit dem sich die gastgebende Gemeinschaft gegen die in ihr selbst aufkommende ambivalente Feindseligkeit schützt, die das Erscheinen des Fremden zunächst provozieren kann. Sobald der Fremde ein Einwohner werden möchte, besteht das Problem, ihn dort mit Rechten auszustatten, wo ihm vorher nur moralische Privilegien zukamen"

und so muss „ein Fremder entweder in einen Verwandten oder in einen Bürger verwandelt werden" (1992:75).

Der Status eines Gastes „befindet sich zwischen dem eines feindlichen Fremden und dem eines Mitgliedes der Gemeinschaft" (Pitt-Rivers 1992:22) und noch selbst die – auch uns geläufigen – Gebote der Etikette, die das Verhalten von Gast und Gastgeber regeln, Konflikt und Hostilität vermeiden sollen, zeugen von dieser Ambivalenz. Diese Gebote fordern wechselseitige Rücksichtnahme, Anerkennung, Respekt dem anderen gegenüber und sollen Spannungen und Konflikt austarieren (Gotman 2001:85-145). Trotz historischer und kultureller Unterschiede offenbaren diese Praktiken, wie Julian Pitt-Rivers bemerkt, einen „gemeinsamen soziologischen Hintergrund" (1992:21), der auf die Ambivalenzen dieser Beziehung hinweist, steht Gastfreundschaft doch im Spannungsverhältnis zwischen sozialer Nähe und Distanz, Freund und Feind.

An diesem Spannungsverhältnis, ja diesem „Krieg", zwischen dem Fremden, der (modernen) sozialen Ordnung und ihrem Sozial*körper* arbeitet auch der von Zymunt Bauman vollzogene Rekurs auf Claude Lévi-Strauss:

„In this war [...] two alternative, but also complementary strategies were intermittently deployed. One was *anthrophagic*: annihilating the *strangers* by devouring them and then metabolically transforming them into a tissue indistinguishable from one's own. This was the strategy of assimilation – making the different similar: the smothering of cultural or linguistic distinctions, forbidding all traditions and loyalties except those meant to feed the conformity of the new and all embracing order, promoting and enforcing one and only measure of conformity. The other strategy was *anthropoemic*: *vomiting* the *strangers*, banishing them from the limits of the orderly world and barring them from all communication with those inside. This was the strategy of exclusion – confining the strangers within the visible walls of the ghettos or behind the invisible, yet no less tangible prohibitions of *commensality*, *connubium*, and *commercium*, expelling the strangers beyond the frontiers of the managed and manageable territory; or, when neither of the two measures was feasible – destroying the strangers physically“ (Bauman 1995:2).

Auch wenn sich hier – und auch bei denjenigen, die diese Unterscheidung zwischen ‚anthropophag‘ und ‚anthropoemic‘ weitertragen –, etwas eingeschlichen hat, was, liest man in den *Traurigen Tropen* nach, dort so nicht steht, nämlich das Wort „stranger“, Fremder, wo eigentlich von gefährlichen „Individuen [...] die furchterregende Kräfte besitzen“ im Kontext von Strafvollzug und „wilden“ Rechtspraktiken die Rede ist (1981:382-3), so ist ein Einschub aber mitnichten zufällig oder unbedeutend, arbeitet er doch genau an der Gleichsetzung von Fremden und „gefährlichen Individuen“, Einordnung und Ausschluss, Freund und Feind. Damit wird ein Topos aufgenommen, den wir schon gesehen haben: Der Fremde wird den Göttern als Opfer dargeboten oder ‚verspeist‘, er wird einverleibt, um ihn zu neutralisieren oder sich seine magischen Kräfte anzueignen und zu nutzen.

Wie die Anthropologie hat die klassische Soziologie Arbeiten von theoretischer Reichweite hervorgebracht, die auch der Erfahrung von Landflucht, der modernen Großstadt und des europäischen Exodus in die Vereinigten Staaten geschuldet waren. Für Georg Simmel hat das Wandern eine doppelte soziologische Funktion (nicht umsonst schließt sich in seiner Soziologie des Raumes die Ausführungen zum Wandern an den bekannten „Exkurs über den Fremden“ an): Sesshaftigkeit, Stabilität und räumliche Mobilität sind aneinander gebunden und voneinander abhängig. (Religiöse) Pflichten dem Wanderer gegenüber sind daher ein „ethischer Reflex der fortwährenden soziologischen Wechselwirkung und funktionellen Einheit, die die Wanderer hervorbrachten“ (1992b:759). Wandern hat also sowohl eine integrative Kraft (der König, der Richter wandern und hielten, wir haben das schon gesehen, das Reich zusammen), eine „vereinheitlichende Wirkung [...] auf die fixierte Gruppe“ als auch eine „antagonistische“ Wirkung, die zu einer „schon bestehenden, latenten oder offenen Gegnerschaft wird“ (1992b:760).

Zugleich zeigt sich eine weitere Spannung, nämlich die zwischen Nähe und Distanz. Die Distanz zu dem „Althergebrachten“ hat Georg Simmel in seinem ‚Exkurs über den Fremden‘ bekanntlich die „Objektivität des Fremden“ genannt, die nicht einfach „Abstand und Unbeteiligtheit“, sondern ein „besonderes Gebilde aus Ferne und Nähe, Gleichgültigkeit und Engagiertheit ist.“ Wenn der Fremde, wie Simmel bemerkt, „in seinen Aktionen nicht durch Gewöhnung, Pietät, Antezedenzien gebunden" ist, weil er in der Fremde keine Vergangenheit und keine Geschichte hat, dann eröffnet sich eine „Freiheit", ist der „objektive Mensch [doch] durch keinerlei Festgelegtheiten gebunden, die ihm seine Aufnahme, sein Verständnis, seine Abwägung des Gegebenen präjudizieren könnten" (Simmel 1992a:764-771, 766, 767, 766-7). Und vielleicht ist diese zu tragende Freiheit auch der Grund, warum für Pierre Klossowski der fremde Gast zu demjenigen werden kann, „den er am Horizont als Befreier auftauchen sieht" (1966:126). Genau diese spannungsreiche Beziehung zwischen Nähe und Distanz, dem Fremden und dem Eigenen, soll dann ja auch die Grundlage des befremdeten ethnographischen Blicks bilden, erlaubt der Blick eines Fremden doch die Sicht auf die impliziten Annahmen einer fremden Gesellschaft und in der Inversion, dann auch einen objektiven Blick auf die eigene Gesellschaft, die dann nicht weniger befremdlich erscheint als die fremde Welt. Der Abstand zu Bestehendem erlaubt aber auch die Figur des Fremden, der eine Gemeinschaft (neu) begründet, das Erscheinen eines Kulturheros, der eben als Fremder – oder als personifizierter Gott – eine Gemeinschaft neu ordnet.

Doch wenn dem Fremden – der ja in Simmels Darstellung nicht ein Wanderer ist, der „heute kommt und morgen geht", sondern der Gast ist, „der heute kommt und morgen bleibt" –,wenn diesem Gast immer wieder die Unsicherheit seiner Stellung vor Augen geführt wird, er sein Drängen nach Zugehörigkeit und Rechten beständig aufgeschoben findet, dann wird damit dennoch immer auch deutlich, dass der unbekannte, bedrohliche Fremde nicht vollständig aus dem bekannten, alltäglichen Leben verdrängt und ausgeschlossen werden kann. Der Begriff „Gastfreundschaft" situiert sich dann erneut innerhalb einer Konstellation, die durch deutliche Ambivalenzen geprägt ist, bedeutet Fremdsein doch auch, „dass das Ferne nah ist" wie Distanz bedeutet, „dass der Nahe fern ist" (Simmel 1992a:764, 765).

Nun zählt Ambivalenz zur soziologischen Form menschlicher Beziehungen überhaupt, Reserviertheit dem Anderen gegenüber, Distanz und das Geheimnis gehören für Simmel wie die Nähe hierher, ermöglichen sie doch erst soziale Beziehungen. Die eigentliche Herausforderung ist also nicht der rastlose Wanderer, der Vagabund, sondern der Gast, der Fremde, der bleibt, den äußeren Feind nach ‚innen' verschiebt, unsichtbar und ununterscheidbar macht. Auch wenn Simmel Spannung und Antagonismus nicht *politisch* deutete, wie dies Carl Schmitt tun wird, so verweist er doch auf die Möglichkeit, dass der öffentliche Feind, der Todfeind, der radikal Andere, im Inneren lauert und der Gast, der bleibt, der Feind ist, mit dem man (nur zeitweilig) die Feindseligkeiten und Hostilität unterbricht. Und so erkennt Simmel im Vagabunden auch denjenigen, der „bestehende latente oder offene Gegnerschaft“ provoziert, denjenigen, der zum „unversöhnlichen Feind“ wird, denjenigen, der „als Parasit der sesshaften Elemente der Gesellschaft“ existiert, während „die Fähigkeit und Lust des ‚Sich-unsichtbar-Machens“ doch „zugleich sein Schutz gegen jene Verfolgungen und Ächtungen [...] zugleich seine Angriffs- wie seine Verteidigungswaffe“ sind.[45] (Auf diese Unsichtbarkeit wird noch zurückzukommen sein.) Der Affront ist das Andere, das sich mit dem Eigenen mischt, das Heterogene, das ununterscheidbar den Volkskörper und seine gesunden Funktionen kontaminiert, der Feind, der sich als Parasit im Inneren eingenistet hat. Ihn gilt es zu identifizieren, zu neutralisieren, symbolisch oder physisch zu eliminieren und zum Zentrum der modernen Biopolitik und einer Gouvernementalität zu machen, deren Sorge nicht dem Territorium, sondern der ‚eigenen‘ Population gilt.

Mit Simmel hat auch Robert Park in seinen Bemerkungen über den „hobo“ auf die wechselseitige Beziehung aufmerksam gemacht, in der Mobilität und Sesshaftigkeit aufeinander angewiesen sind. „Society is, to be sure, made up of independent, locomoting individuals“, bemerkt er. Dennoch gründen menschliche Beziehungen auf „locality and local association“: Die

45 Simmel (1992a:760). Als Lehnwort aus dem Griechischen bezeichnet *parasitus* zunächst „bei oder mit einem anderen essend“, den armen „Tischgenossen der sich reichen Mitbürgern für eine Einladung zum Essen“ durch Schmeichelei kenntlich zeigt oder sich nützlich macht, von seinem Patron im Gegenzug für ein Mahl auch schlecht behandelt werden durfte (Antonsen-Resch 2004:3). Der *parasitus* – der dann auch zur lächerlichen Figur in der Komödie wird – ist also kein Gast, den beim Gastmahl schlecht zu behandeln ja nicht gestattet ist, steht seine untergeordnete Stellung doch außer Zweifel. Auch Derrida macht auf die Beziehung aufmerksam und fragt, wie man den Gast dem Parasiten unterscheidet. Er verweist auf eine Jurisdiktion, die den ankommenden Gast in einen „clandestin“ verwandelt, der abgeschoben werden kann (Derrida/Dufourmantelle 1997:57).

„extraordinary means of communication that characterize modern society [...] are merely devices for preserving this permanence of location and of function in the social group, in connection with the greatest possible mobility and freedom of its members – it is the fact of locomotion [...] that defines the very nature of society. The social is made up of ‚individuals capable of independent locomotion'; a mobility that is linked to the ‚casualization of labour' in modern industry and the need for migration" (Park 1970:156-60, 159, 157, 160).

Auch Alfred Schuetz hat – im Anschluss an Robert Park – auf diesen Aspekt verwiesen, wenn er bemerkt, dass der Fremde, ein „marginal man", einem „cultural hybrid on the verge of two different patterns of group life" gleicht und dem Vorwurf zweifelhafter Loyalität ausgesetzt ist, weil er es sich gestattet, es ihm seine Objektivität erlaubt, die Gastgesellschaft und „the total of its cultural pattern" eben gerade nicht „as the natural and appropriate way of life as the best of all possibile solutions of any problem" anzuerkennen und darüber hinaus er sich schuldig macht, indem er etwas schuldig bleibt, nämlich Dankbarkeit und Anerkennung: „The stranger is called ungrateful, since he refuses to acknowledge that the cultural patterns offered to him grants him shelter and protection" (1944:507). Auch hier erscheint der Fremde, der Gast als Figur des *immunis*, als derjenige, der die Regeln der Reziprozität in den Wind schlägt und damit zum *ingratus* wird.

Nicht nur an dieser Stelle werden die vielfachen Anknüpfungspunkte an Figur und Stigma des Außenseiters deutlich, mit denen klassische Autoren der Soziologie – etwa Werner Sombart, Robert Merton, Norbert Elias oder Erving Goffman – auf die Ambivalenzen und Spannungen zwischen Zugehörigkeit und Fremdsein, Nähe und Distanz, Gleichheit und Ungleichheit hingewiesen haben. Nicht nur in der Moderne sind der Wanderer, der Fremde, der Gast, der bleibt, zentrale Akteure – gerade dann, wenn sie als peripher gelten –,[46] ambivalente Figuren der Grenze ebenso wie Antagonisten, ohne die sich das, was Moderne – oder besser: Modernen – oder das Projekt der Moderne (so es ein solches jemals gab) genannt wird, nicht hätte begründen können und tatsächlich, um erneut mit Walter Mignolo, Homi Bhabha oder Dipesh Chakrabarty zu sprechen, die europäische Moderne „provinzialisiert" (Chakrabarty 2000), von den Grenzen, den Rändern der Moderne her gedacht werden muss.

46 „In modernity, the stranger is a key actor", so Tabboni (1995:21).

Das heißt aber auch, dass wir uns mit zunehmender Dringlichkeit zu fragen haben, was einen postkolonialen Gast, Gastgeber oder *Postcolonial Hospitality* (Rosello 2001) ausmachen könnte, das heißt zudem, dass Gastfreundschaft, soll sie *politisch* gedacht werden, ohne diese Ambivalenzen, ohne antagonistische Praktiken nicht mehr ist als eine mildtätige, humanitäre oder normativ geforderte Geste, die an egalitär-universalistischen Liberalismus oder theologisch begründete Ethiken angeschlossen ist.[47]

3. GASTFREUNDSCHAFT, KOSMOPOLITISMUS UND GERECHTIGKEIT

„La figure de l'étranger reste la limite irréductible de toute politique en même temps qu'elle indique sa dimension cosmopolitique", bemerkt Étienne Tassin (2003:271). Nicht umsonst messen sich gegenwärtige Entwürfe von Gastfreundschaft an Immanuel Kants Kosmopolitismus. Seine Schrift *Zum Ewigen Frieden* (1795) bestimmt ein *ius cosmopoliticum*, das auf „allgemeine Wirtbarkeit" beschränkt und an die Dauer des Aufenthalts in einem anderen Land gebunden ist. Die Vernunftidee einer friedlichen – nicht freundschaftlichen – Gemeinschaft aller Völker ist, wie Kant feststellt, nicht ein philanthropisches, sondern ein rechtliches Prinzip und so bestimmt der dritte Definitivartikel, dem die Artikel „die bürgerliche Verfassung in jedem Staate soll republikanisch sein" (1996a:204) und „das Völkerrecht soll auf einen *Föderalism* freier Staaten gegründet sein", vorangestellt sind (1996a:208):[48]

47 Sandro Mezzadra (1998:29) bindet „das Bild des Feindes" an die „Konstitution des ‚Volkes' und die Repräsentation seiner politischen Einheit" an Thomas Hobbes' Gesellschaftsvertrag und den *bellum omnium contra omnes*.

48 „Der Unterschied der europäischen Wilden von den amerikanischen besteht hauptsächlich darin, daß, da manche Stämme der letzteren von ihren Feinden gänzlich sind gegessen worden, die ersten ihre Überlegenheit besser zu benutzen wissen, als sie zu verspeisen, und lieber die Zahl ihrer Untertanen, mithin auch die Menge der Werkzeuge zu noch ausgebreiteten Kriegen durch sie zu vermehren wissen. Bei der Bösartigkeit der menschlichen Natur, die sich im freien Verhältnis der Völker unverhohlen blicken läßt (indessen daß sie im bürgerlich-gesetzlichen Zustande durch den Zwang der Regierung sie sehr verschleiert), ist es

„Es ist hier, wie in den vorigen Artikeln, nicht von Philanthropie, sondern vom *Recht* die Rede, und da bedeutet *Hospitalität* (Wirtbarkeit) das Recht eines Fremdlings, seiner Ankunft auf dem Boden eines andern wegen, von diesem nicht feindselig behandelt zu werden. Dieser kann ihn abweisen, wenn es ohne seinen Untergang geschehen kann; so lange er aber auf seinem Platz sich friedlich verhält, ihm nicht feindlich begegnen. Es ist kein *Gastrecht*, worauf dieser Anspruch machen kann (wozu ein besonderer wohltätiger Vertrag erfordert werden würde, ihn auf eine gewisse Zeit zum Hausgenossen zu machen), sondern ein *Besuchsrecht*, welches allen Menschen zusteht, sich zur Gesellschaft anzubieten, vermöge des Rechts des gemeinschaftlichen Besitzes der Oberfläche der Erde, auf der, als Kugelfläche, sie sich nicht ins Unendliche zerstreuen können, sondern endlich sich doch neben einander dulden zu müssen, ursprünglich aber niemand an einem Orte der Erde zu sein, mehr Recht hat, als der Andere“ (Kant 1996a:213-14).

Hospitalität wird von Kant als *Wirtbarkeit* bestimmt. Nun gilt als „Wirt [...] ein mann mit eigenem hause, haus und hofe oder auch lande (des landes wirt, der fürst)“, ist der „gast das gegentheil, auch ohne persönliche beziehung auf einander.“ Das Wort ist daneben sowohl an die „Mahlzeit, Bewirtung und Gastmahl“, an „pflegen“, „*achtgeben auf, sorgen für*“ als auch an das Hauswesen, die Wirtschaft, eben die zu besorgende *oikonomia* gebunden.[49] Wirtbarkeit in diesem Sinne hat einen festen Ort, ein Zuhause, sie

---

doch zu verwundern, daß das Wort *Recht* aus der Kriegspolitik noch nicht als pedantisch hat ganz verwiesen werden können“ (Kant 1996a:209-10).

49 Jacob und Wilhelm Grimm bemerken zu Herkunft und Bedeutung des Wortes Gastgeber/Wirt: „Umgekehrt ist der Gastgeber eigentlich der „Wirt [...] ein mann mit eigenem hause, haus und hofe oder auch lande (des landes wirt, der fürst), gast das gegentheil, auch ohne persönliche beziehung auf einander [...] den stärksten ausdruck fand daher des wirtes freundlichkeit darin, dasz er den gast aufforderte, bei ihm selbst wirt, also nicht mehr gast zu sein, z. b.: du salt hie selve wirt sîn. kön. Rother 984 (vgl. 1277); der verje Gâwânen bat: sît selbe wirt in mîme hûs. Parz. 548, 23, thun sie wie zu hause wie es jetzt heiszt. man sagte auch einen engesten, *entgästen*, [...] *einander das fremdsein benehmen*; [...] unter entgästen, wonach diesz auch bezeichnet hätte dasz man dem fremden auch die gasteskleider, reisekleider abnahm und ihn mit frischen, schönen kleidern vom wirte versah, sodasz er auch äuszerlich aufhörte gast zu sein (vgl. gastkleid)“ (Grimm/Grimm 1854-1961, Hvhbg. HF).

etabliert eine sorgende, schützende Beziehung zwischen dem Haus*herren* und dem Fremden, doch ist der Fremde, *peregrinus*, *hospes*, Gast doch dem Wirt, dem Herrn im Hause, nicht gleichgestellt und wird aufgenommen unter der Bedingung, dass er nicht zu lange bleibt und sich ungefragt gar zum ständigen Hausgenossen macht.

Dennoch entwickelt Kant Hospitalität zunächst aus der Perspektive des Fremden, aus (s)einem *Recht* (nämlich zur Ankunft), aus dem eine Pflicht sich ableitet (nämlich, den Fremden nicht feindlich zu behandeln). Auch wenn er im Fremden durchaus den potentiellen Feind erkennt, so meint Hospitalität zuvörderst ein Recht auf Ankunft und darauf, vom Wirt, dem Gastgeber und Herren über Haus, Hof und Land, nicht feindlich behandelt zu werden, so der Fremde sich ebenfalls friedlich zeigt. Diese Symmetrie – das Verbot von Feindseligkeit und wechselseitige Friedfertigkeit als Bedingung von Hospitalität – beruht jedoch zugleich auf einer grundlegenden Asymmetrie, kann der andere, auf dessen Boden der Fremde angekommen ist, doch auch ‚abgewiesen' werden, so nicht Gefahr für Leib und Leben besteht. Auch wenn das Recht der Hospitalität auf menschliche Verwundbarkeit und Endlichkeit und eine universelle Pflicht zur Aufnahme beinhaltet, so ist das Recht der Hospitalität (nicht feindlich behandelt zu werden) doch kein Gastrecht, sondern vielmehr ein eingeschränktes Recht, nämlich das *Besuchs*recht, es umfasst nicht ein dauerhaftes *Aufenthalts*recht, das eines „gesonderten Vertrags" bedarf, so betont Kant an anderer Stelle noch einmal (1997:475-77).[50] Dieses allgemeine Besuchsrecht grün-

50 Kant kann nicht umhin, sein „Erschrecken" über das „*inhospitale* Betragen" der „gesitteten, handelstreibenden Staaten" auszudrücken, welche in denen von ihnen eroberten Ländern auch die Völker unterjochen, zum „Sitz der allergrausamsten und ausgedachtesten Sklaverei" machen (1996a:214, 216) und festzustellen: „da es nun mit der unter den Völkern einmal durchgängig überhand genommenen (engeren oder weiteren) Gemeinschaft so weit gekommen ist, daß die Rechtsverletzung an *einem* Platze der Erde *an allen* gefühlt wird: so ist die Idee eines Weltbürgerrechts keine phantastische oder überspannte Vorstellungsart des Rechts" (1996a:216) und gerade zunehmende Verbindung, weltweite Kenntnisnahme und Gemeinschaft fordern das Weltbürgerrecht. „Amerika, die Negerländer, die Gewürzinseln, das Kap etc. waren, bei ihrer Entdeckung, für sie (die handeltreibenden Staaten, Anm. HF) Länder, die keinem angehöreten; denn die Einwohner rechneten sie für nichts. In Ostindien (Hindustan) brachten

det zum einen in gemeinschaftlichem Besitz (*communio*) und menschlicher Soziabilität, einer Wechselbeziehung (*commercium*), nämlich dem *Versuch*, sich dem anderen anzubieten, zum anderen in der Tatsache, dass die Erde eine Kugel ist, man dem anderen nicht unbegrenzt ausweichen kann (1996a:214), die Menschheit das Recht an der Erdoberfläche gemeinsam teilt, „ursprünglich aber niemand an einem Orte der Erde zu sein hat, als der andere." Zwar „trennen Meer und Sandwüsten die Menschheit", so Kant weiter, „doch so, dass das *Schiff*, oder das *Kamel* (das Schiff der Wüste) es möglich machen, über diese herrenlose Gegenden sich einander zu nähern". Ausdrücklich warnt er davor, „die Unwirtbarkeit der Seeküsten (z.B. der Barbaresken)" zu nutzen, „Schiffe in nahem Meer zu rauben [...] gestrandete Schiffleute zu Sklaven zu machen," oder in den „Sandwüsten (der arabischen Beduinen), die Annäherung zu den nomadischen Stämmen als ein Recht anzusehen, sie zu plündern," läuft dies doch dem Naturrecht und dem Recht auf Hospitalität „zuwider", da die „Befugnis der fremden Ankömmlinge, sich nicht weiter erstreckt, als *auf die Bedingungen der Möglichkeit*, einen Verkehr mit den alten Einwohnern zu versuchen." Die Bedingungen der Möglichkeit beziehen sich auf einen *Versuch*, der jedoch

---

sie, unter dem Vorwande bloß beabsichtigter Handelsniederlagen, fremde Kriegsvölker hinein, mit ihnen aber Unterdrückung, der Eingebornen, Aufwiegelung der verschiedenen Staaten desselben zu weit ausgebreiteten Kriegen, Hungersnot, Aufruhr, Treulosigkeit, und wie die Litanei aller Übel, die das menschliche Geschlecht drücken, weiter lauten mag. China und Japan, die den Versuch mit solchen Gästen gemacht hatten, haben daher weislich [...] nur einem einzigen europäischen Volk, den Holländern, erlaubt, die sie aber doch dabei, wie Gefangene, von der Gemeinschaft mit den Eingebornen ausschließen. Das Ärgeste hierbei (oder, aus dem Standpunkte eines moralischen Richters betrachtet, das Beste) ist, daß sie dieser Gewalttätigkeit nicht einmal froh werden, daß alle diese Handlungsgesellschaften auf dem Punkte des nahen Umsturzes stehen, daß die Zuckerinseln, dieser Sitz der allergrausamsten und ausgedachtesten Sklaverei, keinen wahren Ertrag abwerfen, sondern nur mittelbar, und zwar zu einer nicht sehr löblichen Absicht, nämlich zur Bildung von Matrosen für Kriegsflotten/und also wieder zur Führung der Kriege in Europa dienen, und dieses möchten, die von der Frömmigkeit viel Werks machen, und, indem sie Unrecht wie Wasser trinken, sich der Rechtgläubigkeit für Auserwählte gehalten wissen wollen" (1996a:214-16).

weder Gelingen garantiert, noch Raub und Ausplünderung legitimiert (1996a:214, Hvhbg. HF):

„Da es nun mit der unter den Völkern einmal durchgängig überhand genommenen (engeren oder weiteren) Gemeinschaft so weit gekommen ist, dass die Rechtsverletzung an *einem* Platze der Erde *an allen* gefühlt wird: so ist die Idee eines Weltbürgerrechts keine phantastische oder überspannte Vorstellungsart des Rechts" (1996a:216),

mithin fordern gerade zunehmende Verbindung, weltweite Kenntnisnahme und Gemeinschaft das Weltbürgerrecht.

Hospitalität bestimmt damit die *Bedingungen der Möglichkeit* einer friedlichen Koexistenz und des „ewigen Friedens". Hospitalität ist also keine freundschaftliche, philanthropische Geste, die man dem Fremden entgegenbringt, sondern ein universales Recht, eine Pflicht „which belongs to all human beings insofar as we view them as potential participants in a world republic" (Benhabib 2004:26). Kants kosmopolitisches Erbe und sein Begriff von Gastfreundschaft (das Recht, bzw. die Pflicht, Fremde zeitweilig aufzunehmen) erhält die Nähe des Fremden zum Feind und die Spannung universeller Bestimmung und partikularer Ausgestaltung, die immer noch virulent sind, denken wir etwa an die Genfer Konvention aus dem Jahr 1951 oder an die allgemeine Erklärung der Menschenrechte. Diese teilt ja, wie schon gesehen, Freizügigkeit in drei separate Rechte, nämlich das Recht sein Land zu verlassen, das Recht wieder einzureisen und schließlich das Recht auf Freizügigkeit und Aufenthalt innerhalb der Grenzen des eigenen Landes, umfasst jedoch nun gerade nicht das Recht zu Einreise und Aufenthalt in einem anderen Land.

Auch stellt uns dieses Erbe vor weitergehende Fragen: Ist Gastfreundschaft eine symmetrische Pflicht oder ein Anspruch gegen souveräne Staaten und also auch ein *einklagbares* Recht? Im Angesicht der Tatsache, dass es keine Instanz gibt, die dieses Recht wirksam garantieren könnte, wie kann dieses Recht, die Pflicht dann auch effektiv durchgesetzt werden? Wie kann eine solche Pflicht, ein solches Recht konzeptualisiert werden, das nicht sogleich an Mitgliedschaft, Staatsbürgerschaft gebunden ist und so Einschluss und Ausschluss wiederholt? Ist die kosmopolitische Bestimmung nicht unheilbar in eine Aporie, die Spannung zwischen Universalismus und Souveränität eingespannt?

Drei Positionen der politischen Philosophie

Die angezeigten Spannungen beschäftigen die Diskussion bis heute. Mit der „westfälischen Grammatik“ (Benhabib 2004) ist nationale Souveränität an ein begrenztes nationales Territorium, an die Spannung zwischen dem Prinzip der Nichteinmischung in innere Angelegenheiten und universell gültigen Prinzipien – wie jenen der Menschenrechte – gebunden. Mit der Entwicklung und der Stärkung der modernen Nationalstaaten haben sich zugleich die Semantiken der Gastfreundschaft verändert. Dennoch enthält diese Grammatik die Spannungen zwischen Mitgliedschaft, Zugehörigkeit und Ausschluss, zwischen Universalismus und Partikularität, zwischen moralischer Verpflichtung und verwaltetem Recht, dem Territorialstaat und Weltbürgerrecht. Diese Prinzipien haben eine konsolidierte Tradition und bestimmen so auch die jüngsten Diskussionen um die „Rechte der Anderen“ (Benhabib 2004), die Forderungen an Gastfreundschaft, Gerechtigkeit und die daran gebundenen ethischen Dilemmata. Diese grundlegenden Spannungen werden *erstens* von Liberalismus und Kommunitarismus, *zweitens* den Versionen eines erneuerten Kosmopolitismus und *drittens* den Perspektiven der Dekonstruktion unterschiedlich bearbeitet.

Liberale politische Theorien sind zunächst dem Primat individueller Autonomie, individueller Freiheit und dem Schutz der legitimen Interessen des Einzelnen verpflichtet. Pflichten, die von einer Gemeinschaft auferlegt werden, sind heteronym und als solche und legitim nur dann, wenn sie auf gegenseitiger Verpflichtung beruhen. Liberale politische Ordnungen können daher keine bindenden Werte und Normen (wie etwa die der Gastfreundschaft) vorschreiben, sondern sind lediglich den formalen Prozeduren der fairen demokratischen Aushandlung gemeinsamer Wohlfahrt innerhalb der Grenzen eines Staates verpflichtet. Auch wenn der liberale (egalitäre) Rahmen auf den Prinzipien des gleichen moralischen Wertes aller basiert, so enthält er doch die „Verlegenheit“, wie Will Kymlicka bemerkt, die zum einen Fragen von Mitgliedschaft und Staatsbürgerschaft und zum anderen die grundlegenden Prinzipien betreffen, mit denen territoriale Grenzen gerechtfertigt werden können, die den einzelnen davon abhalten, sich „ freely, and living, working, and voting in whatever part of the globe they see fit“ zu bewegen (2001a:249). Auch die kommunitaristische Version beharrt darauf, dass politische Gemeinschaften legitimerweise Politiken zu bestimmen berechtigt sind, die Aufnahme und Mitgliedschaft einschränken. Beide

Perspektiven teilen die Auffassung, dass der Nationalstaat und seine Staatsbürger die einzige angemessene Einheit des Politischen ist und auch sein sollte.

Gegenwärtige Perspektiven optieren *zweitens* für erneuerte kritische Formen eines Kosmopolitismus und sind an Begriffe von Gerechtigkeit gebunden, die soziale, kulturelle und nationale Grenzziehungen und die den modernen Nationalstaat ausmachende konventionelle Kongruenz von Staatsbürgerschaft und Territorium unterminieren. Gerechte Mitgliedschaft, so wird argumentiert, enthält die Anerkennung der Rechte von Migranten und Asylsuchenden auf Aufnahme und Gastfreundschaft, auf offene Grenzen und das Recht eines jeden Menschen, Rechte zu haben, das ja schon Hannah Arendt eingefordert hat: Das heißt vor allem, unabhängig von der Kontingenz politischer Mitgliedschaft, die an Geburt, Filiation, Herkunft und Territorium gebunden ist (*ius sanguinis* und *ius soli*), das Subjekt, der Träger von unveräußerlichen, unverbrüchlichen Rechten zu sein und diese *einfordern* zu können (Isin 2009:371). Nancy Frasers *Reframing Justice* (2005) und Seyla Benhabibs Version (2004, 2008) sind Versuche, die dem klassischen politischen Denken und den Konzeptionen von Staatsbürgerschaft inhärenten Aporien und Spannungen kritisch durchzuarbeiten. Eine der zentralen Fragen ist daher auch, wie ein de-terrritorialisierter politischer Raum überhaupt gedacht werden kann. Kosmopolitische Ansätze, die für die Abschaffung von Grenzen oder wenigsten für offene Grenzen plädieren, könnten ebenso die mit der Stratifizierung von Mobilität bestehende Ungleichheit und Ungerechtigkeit perpetuieren. Auch ist, nicht nur Étienne Balibar hat darauf hingewiesen, das Politische auf eine „geography of membership and representation, of ‚constituencies' and ‚locations' (or ‚sites') of power" (2004a:3) angewiesen und um die Frage, wie diese nun verfasst sein können oder sollen, entwickeln sich kontroverse Debatten.

Drittens beharren jüngere Perspektiven auf der Forderung nach unbedingter Gastfreundschaft, eines absoluten ethischen Anspruchs, einen Anderen gastfreundlich aufzunehmen. „Absolute Gastfreundschaft", wie Jacques Derrida sie beschreibt, verlangt die Verpflichtung zu *bedingungsloser* Aufnahme eines Anderen, sie verlangt ihn „bei mir" (*chez moi*) aufzunehmen (doch was heißt *chez moi*?), ihm/ihr einen Ort zu ‚geben' (*donner lieu*), ohne nach „Identität, Name, Pass, Arbeitsfähigkeit oder Herkunft" zu fragen. Diese bedingungslose, fraglose Aufnahme soll mit den konventionalisierten Gesetzen der Gastfreundschaft, mit dem Pakt, wie ihn Benveniste beschrieben hat, brechen, sie verlangt also weder Reziprozität noch die Identifizierung in einem Namen (Derrida/Dufourmantelle 1997:29). Absolute Gastfreundschaft, die Reziprozität suspendiert, auf Identifizierung verzichtet und jenseits der Ordnung des Rechts, seiner Anwendung, eines Urteils liegt, und also zur Figur einer immer erst zukünftigen und unerfüllten Gastfreundschaft wird, bricht mit dem Recht, den Gesetzen und seinen Regelungen, die der Gastfreundschaft Bedingungen und Einschränkungen vorgeben. Ihre Bedingungslosigkeit dynamisiert zwar Handeln und hält politische Entscheidung in Bewegung, ohne doch eine regulative Idee oder ein normatives Kontinuum einzusetzen, das die Erfüllung der Forderung garantiert, denn sie bleibt, wie Derrida bemerkt, dem Recht stets ebenso fremd wie Gerechtigkeit dem Recht, auch wenn diese doch untrennbar aneinander gebunden sind (Derrida/Dufourmantelle 1997:29). Die Beziehung zwischen absoluter Gastfreundschaft, der *Bedingung der Möglichkeit* von Gastfreundschaft und den Gesetzen und Regelungen, die eben jene Bedingungslosigkeit aushöhlen und pervertieren, kann in dieser Fassung dann Gegenstand politischer Aushandlung werden.

Dieser Entwurf steht natürlich in einer spezifischen, wenn auch heterogenen und verzweigten Tradition,[51] ist immer auch rückgebunden an einen Kosmopolitismus und die Vorstellung eines Weltbürgerrechts – auch dann, wenn es sich deutlich von diesem absetzt. Wenn Kants Kosmopolitismus ein auf Bedingungen einer allgemeinen *Hospitalität* und eines bedingten Gastrechtes beschränktes Weltbürgerrecht entwirft, das an staatliche Autorität, die Kontrolle von Residenz und Aufenthaltsdauer gebunden ist, dann wird in Derridas Entwurf eine Begründung von Politik und Gerechtigkeit versucht, die sowohl jenseits des bestehenden Nationalstaats, als auch jenseits dieses Kosmopolitismus oder liberaler Fassungen liegt.

Liberalismus und Kommunitarismus

Die Grundlagen demokratischer Legitimation beruhen in der liberalen Fassung auf dem Recht zu Selbstbestimmung eines *demos*, einer souveränen politischen Gemeinschaft von Bürgern, die sich selbst Regeln und Gesetze gibt und damit unweigerlich Grenzen bestimmt und Zugehörigkeit, eben

51 Dieser Entwurf ist u.a. der Ethik von Emmanuel Lévinas verpflichtet (Derrida 1997b, 1999b) und kann sich auch auf Edmond Jabès (1991) berufen.

das „We the people“ (so die Präambel der amerikanischen Verfassung) begründet. Damit werden zugleich die Rechte der eigenen Staatsbürger gegen andere bestimmt. Moderne, liberale Demokratien sind durch diesen grundlegenden Widerspruch, das „demokratische Paradox“ (Mouffe 2013) gekennzeichnet. Auf der einen Seite handeln sie im Namen universalistischer Prinzipien und Prozeduren, während sie auf der anderen durch eine politische Gemeinschaft eingeschränkt werden und die Frage dann genau ist, wer nun dieses ‚Wir‘ begründet.

Jürgen Habermas hat diese Spannung zwischen Universalismus und partikularen politischen Identitäten den „Januskopf der modernen Nation“ genannt (1998:115). Die Pflicht der Gastfreundschaft kann so immer nur eine eingeschränkte moralische Pflicht sein, die ganz im Sinne Kants darauf beschränkt ist, diejenigen nicht abzuweisen, die sich in unmittelbarer Gefahr für Leib und Leben befinden, eine Pflicht, die darum eben eine „imperfect [...] conditional duty“ (Benhabib 2004:36) ist. Eine solche Pflicht ist offensichtlich nicht die reine Gabe, altruistische Hingabe, sondern im Gegenteil, kann durch legitimes Eigeninteresse begrenzt werden. Es ist offensichtlich, dass sich sofort weitere Fragen aufdrängen: Schließt eine solche Bestimmung die Gefährdung des eigenen Lebens ein oder umfasst es auch die Bewahrung eigener Normen, Werte, Lebensweisen oder die Sicherung von Ressourcen des Sozialstaats? Kann das Dilemma zwischen Eigeninteresse und moralisch-rechtlicher Verpflichtung aufgelöst werden? Wie der Verantwortung gerecht werden? Die Frage, die mit Ankunft des Anderen auch gestellt wird, geht dahin, wie dem unverwechselbaren Einzelnen gerecht zu werden ist.

Unterschiedliche liberale Versionen, seien diese nun formal-prozedural oder normativ orientiert, haben erheblich zu der dargestellten Debatte beigetragen und bewegen sich mit dem Versuch einer konsistenten Begründung dieser Position doch in einem unauflösbaren Dilemma. Grundvoraussetzung, unhintergehbarer Ausgangspunkt dieses Denkens, ist die Gleichheit des moralischen Werts aller Individuen („the equal moral worth of all individuals“), an dem sich jegliche Argumentation (nicht nur um Freizügigkeit und offene Grenzen) auszurichten hat. (Doch muss der Respekt von anderen als freie und gleiche moralische Personen nicht in allen Versionen unbedingt implizieren, dass die Unterscheidung zwischen Fremden und Freunden oder die zwischen Staatsbürgern und Nicht-Staatsbürgern obsolet ist.) Nun gerät die Diskussion in Verlegenheit nicht nur dann, wenn Freiheit und Autonomie (des Individuums, von politischen Gemeinschaften als Zusammenschluss von autonomen und freien Bürgern) zu diesen Prämissen liberalen Denkens hinzugefügt werden, entsteht so doch die Spannung zwischen Universalismus und Partikularität. Dieses Dilemma wird noch verschärft und in einen unendlichen Regress gezogen: Einmal, weil ein *demos* Mitgliedschaft nicht in demokratischen Verfahren bestimmen kann, müsste dann doch die Entscheidung vor denjenigen gerechtfertigt werden, die an ihr nicht teilgenommen haben (Bauböck 2009:16). Wenn zum anderen, wie auf guter Grundlage argumentiert worden ist, die liberale Fassung und die liberale politische Gemeinschaft selbst schon auf historisch arbiträren Werten (wie Gleichheit, Autonomie und Freiheit, Individuum) beruhen, dann muss dies auch für andere Entwürfe gelten, die Anerkennung verlangen und in Anspruch nehmen können und kann diese Fassung kaum universalistische Ansprüche verfolgen, die andere Entwürfe eben als nicht gleichwertig anerkennt. Denkfiguren, wie eine ‚ideale Welt', oder der „veil of ignorance" (John Rawls) sind dann auch, weit entfernt von ‚Neutralität', selbst schon von einer historisch-kulturellen Logik und dem liberalen Denken (und seiner unweigerlichen Bindung an Gender, Rasse, Klasse und hegemonialer Reichweite) affiziert, das durch diese Operation doch erst begründet werden soll. Nun kann man diesen unendlichen Regress auch nicht mit dem Argument aufhalten, dass ein Recht nur soweit gehen darf, wie dessen Grundlagen unangetastet bleiben, ist damit doch zugleich schon eine Relativierung eingebaut, die beständig an dem zehrt und das aushöhlt, was doch als unhintergehbar festgelegt ist. Wenn nämlich allen gleicher Wert, Freiheit, Autonomie zusteht, dann sind auch Einschränkungen von Freizügigkeit, Freiheit und Autonomie zu legitimieren und zu akzeptieren.[52]

Mit welcher Begründung also können Mobilität und Freizügigkeit, individuelle und kollektive Freiheit eingeschränkt werden? Vor dem Hintergrund geteilter liberaler Werte gibt es unterschiedliche Antworten, die hier nur grob umrissen werden können. Täuschen wir uns auch nicht, auch kosmopolitische Verfechter von offenen Grenzen können die liberalen Diskussionen nicht mit einer schnellen Geste vom Tisch wischen, sind sie doch, wie multikulturelle Positionen, die Anerkennung von Differenz fordern, selbst schon in dieses Dilemma eingespannt. Es lohnt sich also, liberale und

---

52 Einen umfassenden Überblick über diese Diskussion geben Barry/Goodin (1992).

kommunitaristische Positionen kurz in Erinnerung zu rufen und mit jenen eines kritischen Kosmopolitismus und der Dekonstruktion zu konfrontieren. Auf welches Recht können sich bspw. politische Aktivisten berufen, wenn das Beharren auf Freizügigkeit immer schon Teil eines historisch spezifischen, liberalen, universalistischen und als hegemonial denunzierten Erbes ist, das im Rekurs auf die Anerkennung von Partikularität an diesem Regress teilhat? Werden nicht auch hier in inkonsistenter Weise kommunitaristische Positionen – eine Gemeinschaft hat ein Recht auf eigene Kultur, die Anerkennung und Verteidigung von Differenz – mit universalistisch begründeten Ansprüchen auf Anerkennung der Differenz der eigenen Community vermischt? Anders ausgedrückt, wie kann konsistent argumentiert werden, dass bspw. tunesischen Migranten ein legitimes Recht auf Aufnahme in Europa zusteht, die europäische politische Gemeinschaft aber kein legitimes Recht geltend machen kann, dieses nicht zu konzedieren? Mit welcher konsistenten Begründung kann ein Anspruch geltend gemacht, ein anderer aber abgewiesen werden?

So versteht etwa John Rawls demokratische Gesellschaften als „complete and closed social system“, in die man mit der Geburt eintritt und die man mit dem Tode verlässt. Dementsprechend ist es die Aufgabe politischer Repräsentation „to take responsibility for their territory [...] as well as for the size of their population“, auch wenn Grenzen sich historischen Zufällen verdanken. Diese Verpflichtung beinhaltet „a qualified right to limit immigration“ (1999:38-9). Auch wenn Joseph Carens (1987) in einer, sicherlich etwas überdehnten Lesart, versucht hat, Rawls Position mit einer liberalen Sicht zu versöhnen, die offene Grenzen nicht als Bedrohung liberaler Demokratien sieht und diesen Versuch aus den Implikationen des *veil of ignorance* abgeleitet, so werden in einer solchen Perspektive Gesellschaften ganz offenbar nicht als interdependent und wechselseitig verflochten konzeptualisiert, als Gesellschaften, die sich erst in beständigem grenzüberschreitenden Austausch konstituieren. Mobilität ist in dieser Version nicht der Normalfall, sondern eine bedauerliche Ausnahme, die kontrolliert werden muss. Nationalstaatliche Grenzen sind ein notwendiges, konstitutives Attribut der politischen Ordnung und Immigration kann eingeschränkt werden „to protect a people's political culture and its constitutional principles“ (1999:39). Gleichzeitig befürwortet Rawls die Pflicht zur ökonomischem Hilfe, fordert „to assist burdened societies“ (1999:105-113) und man kann annehmen, dass diese der Prävention von Migration dienen soll, wird hier doch postuliert, dass Mobilität stets in ökonomischen Motiven ruht. Wirtschaftliche Hilfe dient also vordinglich der Abwehr unerwünschter Mobilität und, was noch gewichtiger ist, spielt das universale Recht auf Mobilität, die individuelle Freiheit eines autonomen Individuums gegen das Recht einer autonomen politischen Gemeinschaft aus, diese zu verhindern und wiederholt damit die Spannung zwischen individueller und kollektiver Autonomie.

Auf diese Weise werden die Spannungen zwischen Konzepten distributiver Gerechtigkeit – der gerechten Verteilung von Gütern, Ressourcen, Möglichkeiten und Chancen etc. – die Spannungen zwischen demokratischer Selbstbestimmung, die Spannung zwischen universalen Freiheiten und Rechten und staatlicher Souveränität, die über Form, Ausmaß und Reichweite der Aufnahme von Fremden bestimmen, weitergetragen und Mitgliedschaft in einer eingehegten politischen Gemeinschaft gegen das Recht auf Mobilität ausgespielt.

In kritischem Bezug auf John Rawls nimmt Will Kymlika die grundlegenden Problematiken des liberal-egalitären Konzepts in den Blick, das „the role of boundaries in the allocation of rights" und die heimliche Verschmelzung der „moralischen Person" mit der eines „(Staats-)Bürgers" betreibt (2001:249). Gegen diese Vermischung versucht er eine „theoretical justification, consistent with liberal egalitarianism, for the practice of national identities, national cultures, and national communities in decisions about the location and function of territorial boundaries" (2001:253).

Durch den Vergleich der Praktiken liberaler Demokratien, des Nationalismus und nicht-liberaler Nationalstaaten plädiert er für „limited forms of nation-building" und schlägt demokratische Partizipationsformen vor, die lediglich basale Gemeinsamkeiten, wie etwa Sprache beinhalten, um partizipative demokratische Räume und eine demokratische Öffentlichkeit zu etablieren.

Die Spannung zwischen der Freiheit des Einzelnen und den Interessen von Staaten wird auch von Brian Barry in seiner liberalen Gerechtigkeitstheorie und der Auseinandersetzung mit John Rawls aufgenommen. Eine

> „ideal world would be one in which the vast majority of people were content with conditions in their own countries [...] if that is our conception of an ideal world, it is hard to see how anyone could deny that freedom of emigration and immigration would be desirable",

in der ‚realen' Welt jedoch sind Restriktionen und ein „system of permits [...] the only solution" (1992:80), würde Massenansturm doch zum Kollaps der Wohlfahrtssysteme, ethnischen Konflikten und dazu führen, dass „conditions would be no better in these countries than in the rest of the world" (1992:279-80, 281). In dieser schlichten Logik lassen sich die Einschränkungen freier Bewegung dann rechtfertigen. Diese minimalistische „conception of an ideal world" unterwirft den Grundsatz von Freiheit der schieren Anzahl derjenigen, die diese ausüben. Migration, so die Annahme, beruht auf einer Kombination von ökonomischen *push-and-pull*-Faktoren, also höheren „materiellen Standards", die durch kulturelle Differenzen entstehende individuelle Anpassungsschwierigkeiten und Nachteile im Einwanderungsland ausgleichen (1992:281). Theorie schließt hier nicht nur an die soziale Imagination und rassistische Bebilderungen an, sie schafft diese und erfindet sich – entgegen jeglicher empirischen Evidenz – unaufhaltsame Völkerwanderungen von Millionen Armer (Schwarzer!) in die westlichen Wohlstandsländer, während der überwiegende Teil von Flüchtlingen doch genau von den Ländern aufgenommen werden, von denen der Ansturm des pauperisierten Mobs doch drohen soll.

„If the borders were open, millions more would move" – Joseph Carens (1992:2) nimmt dieses imaginierte Szenarium zwar auf, aber doch nur um zu zeigen, dass Sicherheit und Ordnung keine hinreichenden Kriterien zur Einschränkung von Freizügigkeit und des Anspruchs auf Freiheit sein können. In Auseinandersetzung mit den konfligierenden Argumenten – Freizügigkeit befördert auf längere Sicht Freiheit und Gleichheit vs. die Restriktion von Mobilität und Einwanderung sichert das Recht auf Autonomie, eigene Kultur und Lebensweise – optiert Carens gegen Restriktionen und für offene Grenzen. Diese Sicht begründet jedoch nicht die Einebnung zwischen *aliens* und Staatsbürgern, zwischen Mitgliedern und Nichtmitgliedern oder die Abschaffung von nationalen Staatsbürgerschaften.

Seine liberal-egalitäre Perspektive ist dem Respekt vor Unterschieden und Vielfalt und einer Sicht verpflichtet, in der Freizügigkeit eine zentrale Freiheit an sich ist, die andere Freiheiten begründen kann. In Einklang mit liberalen Prinzipien kann er Politiken befürworten, mit denen liberale Demokratien eine Welt ohne Grenzen befördern, muss doch, solange viele Staaten weder Schutz noch hinreichende Lebenschancen bieten können, die Einschränkung freier Bewegung besonders gerechtfertigt werden. Einschränkungen, die dadurch gerechtfertigt werden, dass „they will promote liberty and equality in the long run or because they are necessary to preserve a distinct culture or way of life“ (1992:25), können, wie das Argument der ‚schieren Anzahl‘ nicht gelten, weil letzteres eben auf einer Hypothese beruht und erstere ebenso eine historisch-kulturelle Bestimmung ist.

Das grundsätzliche Problem einer am Nutzen orientierten Denkbewegung ist – neben der Essentialisierung von Kulturen – natürlich auch die Bestimmung des Gemeinwohls oder *benefits*, also eines Nutzens, eines Vorteils (und das auch noch in einer zeitlichen Perspektive, die Zukünftiges bestimmen will), die einmal das, was als solches gelten soll, eben jenen zutraut, die andere ausgeschlossen haben und die zum anderen unintendierte Folgen des allgemeinen Willens ausschließt. Positionen, die Grenzen der Aufnahme dann als legitim anerkennen, um „a cultural tradition and a way of life“ oder „a political culture“ zu erhalten (1992:40), verfolgen ein kulturalistisches Argument, das nicht gegen liberale Prinzipien ausgespielt werden kann. Auch wenn in einer liberalen Gesellschaft, so Carens „the bonds and bounds should be compatible with liberal principles“ (1987:271), so kann Exklusion doch nicht das Recht auf Selbstdeterminierung unterhöhlen und so kommt er zu dem Schluss: Die gegenwärtigen Restriktionen der Freizügigkeit durch demokratische Staaten sind zum einen nicht zu rechtfertigen, weil Freizügigkeit ‚innerhalb‘ dieser Länder ja nicht eingeschränkt sind und nicht zu rechtfertigen ist, warum diese nur für Freizügigkeit zwischen Staaten gelten, zum anderen, weil sie wie feudale „barriers to mobility [...] unjust privilege“ perpetuieren: „To commit ourselves to open borders would not be to abandon the idea of communal character, but reaffirm it. It would be an affirmation of the liberal character of the community and its commitment to principles of justice“ (1987:270, 271). Dennoch wird diese Version nicht als ein Kosmopolitismus bezeichnet werden können, in dem der Unterschied zwischen Mitgliedschaft und Nicht-Mitgliedschaft oder eingegrenzte politischen Gemeinschaften sich in einer grenzenlosen Weltgemeinschaft auflösen.

Die Debatte liberaler Ansätze wurde – u.a. in kritischer Auseinandersetzung mit John Rawls – neben Brian Barry ebenfalls von Charles Beitz (2000) und Thomas Pogges global-egalitärer Version (2001), einer liberalen kosmopolitischen Version distributiver Gerechtigkeit erweitert und mit diesen Perspektiven auch die Zentralität nationalstaatlicher Grenzen unterminiert.[53] Auch Rainer Bauböcks Diskussion (1994, 1998, 2009) von transnationaler Bürgerschaft, Mitgliedschaft und Rechten und seine Auseinandersetzung mit den drei liberalen Argumentationsfiguren, die Einwanderung entweder als Ausgleich weltweit ungleicher Chancengleichheit oder als zentrales Element individueller Autonomie sehen und dagegen eben autonome Deliberation von politischen Gemeinschaften setzen, hat überzeugend gezeigt, dass sich diese Elemente durchaus nicht wechselseitig ausschließen. Bauböck schlägt – auf der Grundlage einer liberalen Konzeption von Demokratie – eine Version vor, die nicht auf dem Kriterium von Mitgliedschaft, sondern auf „stakeholder citizenship“ gründet:

> „The basic idea is that all those and only those individuals have a claim to membership in a particular polity who can be seen as stakeholders because their individual flourishing is linked to the future of that polity. Individuals hold a stake if the polity is collectively responsible for securing the political conditions for their wellbeing and enjoyment of basic rights and liberties“ (Bauböck 2009:21).

Eine solche Fassung vermeidet dann auch das liberale Argument des grundsätzlichen Rechts auf autonome Selbstbestimmung, das Freizügigkeit legitimerweise einschränken kann.

Während an einem Pol derzeitiger Diskussionen also Positionen stehen, die offene Grenzen und flexible Mitgliedschaften legitimieren, so sind am anderen Positionen angeschlossen, die das Recht von Gemeinschaften betonen, Aufnahme und Gastfreundschaft zu begrenzen. So hat auch Michael Walzer mit John Rawls argumentiert, dass die Verpflichtung zur Hilfe als „externes Prinzip“ universelle Gültigkeit hat, die Interpretation von Ausmaß und Grenzen jedoch der Deliberation demokratischer politischer Gemeinschaften, ihrem Selbstverständnis und ihrer Autonomie unterstehen (Walzer 1983:33-4). Politische Gemeinschaften haben so das Recht, Politiken zu beschließen, die das Recht auf Aufnahme und die Mitgliedschaft beschränken: „states are simply free to take strangers in (or not)“, ist diese Kontrolle doch das Kennzeichen, „the deepest meaning of self-determination“ (Walzer 1983:22, 62). Michael Walzers kommunitaristische Position affirmiert also die universelle Pflicht zur Hilfe. Jedoch wird diese Pflicht, damit also Extension und Grenzen jeweils durch demokratische Delibera-

---

53 Rainer Bauböck (1994) hat diese Versionen ausführlich diskutiert.

tion interpretiert, die ja gerade die Autonomie und das Selbstverständnis demokratischer Staaten ausmachen (1983:33-4):

„The distinctiveness of cultures and groups depends upon closure and, without it, cannot be conceived as a stable feature of human life. If this distinctiveness is a value, as most people [...] seem to believe, then closure must be permitted somewhere. At some level of political organization, something like the sovereign state must take shape and claim the authority to make its own admissions policy, to control and sometimes restrain the flow of immigrants“ (1983:39).

Politische Gemeinschaften können also legitimerweise Politiken verfügen, die Einreise und Aufnahme beschränken, und haben das Recht zu bestimmen, wer ihnen angehören kann und wer nicht. Diese Perspektive affirmiert – wie die von John Rawls – eine Sicht, in der der Nationalstaat und seine Staatsbürger die einzig angemessene Einheit des Politischen sind. Damit verschmelzen politische und kulturelle Integration, wird auch die (vermeintliche) kulturelle und ethnische Einheit von geschlossenen Nationalstaaten befestigt.

Es ist offensichtlich, dass in einer solchen Perspektive nur der Territorialstaat und seine Staatsbürger die einzige politische Einheit sein können und auch sein sollen. Auch zieht Walzer politische und kulturelle Integration zusammen und befürwortet letztlich die ethnisch-kulturelle Homogenität von Nationalstaaten. Eine solche Sicht erlaubt dann auch, dass Solidarität und Sorge vornehmlich den eigenen Bürgern gelten, Gemeinwohl und Wohlfahrt nach innen gerichtet sind und unweigerlich an den Grenzen der eigenen Ordnung halt machen – ein Argument, das nebenbei ja auch gegen die Europäische Union ins Spiel gebracht wurde, soll Solidarität doch kaum über die eigene Gemeinschaft hinaus gedehnt oder gar weltumspannend möglich sein: „people's moral concern may legitimately stop with those physically near and emotionally dear to them“, wie Robert Goodin (1992:9) kritisch feststellt. Dennoch, und das macht Joseph Carens in Auseinandersetzung mit Walzer deutlich, ist „the general case for open borders deeply rooted in the fundamental values of our tradition“ und er fügt hinzu „no moral argument will seem acceptable to *us*, if it directly challenges the assumption of the equal moral worth of all individuals“ und kommt zu dem Ergebnis „Walzer's theory [...] does not supply an adequate argument for the state's right to exclude (1987:269, 270).

Auch wenn diese Debatten ganz erheblich erweitert und differenziert wurden, so verfehlen – zumindest einige liberale Versionen – die Frage, wie eine liberale Demokratie auf diejenigen bezogen sein sollte, die keine Staatsbürger sind und die von Partizipation, Repräsentation und politischer Deliberation ausgeschlossen sind. Zugleich ist Freizügigkeit weder eine Frage von Zahlen, schierer Quantität, Kosten- und Nutzenkalkülen, noch eine moralische Angelegenheit, sondern ein unveräußerliches Recht. Die in diesen Ansätzen wenn schon nicht aufgelöste, so doch vermittelte Spannung zwischen der Freiheit des Einzelnen und dem Gemeinwohl/den Interessen von Staaten nimmt an, dass staatliches Tun an diesem orientiert ist, setzt eine ideale Interessengleichheit und eben nicht antagonistische Belange oder Vorstellungen vom Gemeinwohl voraus, ohne überhaupt zu prüfen, wer dieses behauptet und restriktive Einwanderungspolitiken an dem behaupteten Gemeinwohl ausrichtet, das die Einschränkung der Freiheit des Einzelnen legitimiert. Diese Vermittlung wiederholt nicht nur eine Bewegung, in der allgemeiner Bürgerwillen, staatliches Handeln und Jurisdiktion übereinstimmen sollen, sondern auch die Argumentationen in der u.a. von Will Kymlicka, Brian Barry und Charles Taylor geführten Debatte um den Multikulturalismus wird hier doch das legitime Recht auf die Erhaltung einer – als autochthon, ursprünglich, rein und homogen proklamierten – Kultur affirmiert, eine essentialistische Kulturauffassung hypostasiert und, das ist hier der Punkt, mit politischer Deliberation vermischt (kann über Kultur doch kaum demokratisch abgestimmt werden und können höchstens kulturelle Praktiken diskutabel sein) und der Nationalstaat als Container eben dieser Kultur gesehen. In einem solchen Verfahren wird *demos* durch *ethnos* ersetzt und zeigen sich schlicht und einfach: Identitäts- und Ethnopolitiken (Honig 2001:18-25). Wenig verwundert in diesem Kontext die weitgehende Ausblendung von *Machtbeziehungen*, da aus liberaler Sicht demokratische Deliberation diese ja gerade konsensuell vermitteln und ausgleichen soll und sie entweder prozedural oder normativ abgesichert sind. Auch beruhen liberale Theorien weitgehend auf der schieren Annahme, Migra-tion beruhe auf *rational choice* und ökonomischem Kalkül eines wandernden *homo oeconomicus*, die Subjektivität wird dann gerne als idiosynkra-trisch denunziert, um sie aus der theoretischen Beschau zu verbannen (ein Verfahren, das freilich auch von der Migrationssoziologie des Mainstreams geteilt wird). Was diese Versionen aber – mehr oder minder explizit – auch teilen und das ist hier der zentrale Punkt: die universelle

Freiheit, das Recht auf Mobilität und Freizügigkeit, die gegen den autonomen Willen einer eingehegten politischen Gemeinschaft ausgespielt werden, sind Teil der Semantiken, mit denen die alte Spannung, der Antagonismus zwischen Freund-Feind, weitergetragen und dem Denken weitergegeben werden. Grundlegend bleibt also auch die Frage, wie sich eine politische Gemeinschaft konstituieren könnte, die andere nicht ausschließt oder die Frage: Was macht das Politische aus?

Kritischer Kosmopolitismus

Gegen liberale und kommunitaristische Versionen haben erneuerte Formen eines kritischen Kosmopolitismus den Nationalstaat als alleinigen Container für Solidarität und Staatsbürgerschaft und als einzig mögliche Allokationsform von gleichen Rechten befragt und Nancy Frasers *Reframing Justice* (2005) ist, wie Seyla Benhabibs Version (2004, 2008), ein Versuch, diese Spannungen erneut zu bewegen. Trotz unterschiedlicher Begründungen und der mehr oder minder eingeschränkten Rolle, die souveränen Staaten zugestanden wird, teilen sich die unterschiedlichen Ansätze eines kritischen Kosmopolitismus doch eine Gemeinsamkeit, nämlich die Emphase zivilgesellschaftlichen Engagements und transnationaler Praktiken, mit denen die Bindung an nationalstaatliche Begrenzung unterminiert und kosmopolitische Praktiken gestärkt werden.

Gegenwärtige Formen von Mobilität bewegen dann auch Begriffe wie (Un-)Gerechtigkeit. Nancy Frasers Engagement mit der gegenwärtigen Situation nimmt das Signum unserer Zeit, nämlich soziale Ungerechtigkeit und die „exclusion of the global poor“ in den Blick (Fraser 2010:364), die nicht allein auf ökonomische Gründe oder kulturell konstruierte Respektlosigkeit zurückgeführt werden können. Von einer liberalen Theorie der Gerechtigkeit ausgehend, verschiebt sie diese dennoch entscheidend. Ihr Konzept von „scales of justice“ destabilisiert den normativen Gehalt, der oftmals im Begriff von Balance zum Ausdruck kommt, in dem sie einen geographischen Sinn von Skalen oder Dimensionen ins Spiel bringt, der die Intersektionen von Exklusion und Gerechtigkeit kenntlich macht. Von diesem Standpunkt kritisiert Fraser zugleich den Begriff, das Oxymoron „the global poor“: Sind die Armen, denen die Subsistenzmittel nicht einfach unglückseligerweise fehlen, sondern die dieser Mittel beraubt wurden, in der bestehenden westfälischen Ordnung, der Teilung in autonome Nationalstaaten doch immer die Armen in ihrem *eigenen* Land, einem oftmals schwachen oder gar zerfallendem Staat, aber keine transnationalen Armen und sind strenggenommen so von jeglichem Anspruch an andere Staaten auf politische Repräsentation und Gerechtigkeit ausgeschlossen. Wird diese Teilung von politischen Räumen in national begrenzte Politiken jedoch akzeptiert, verdoppelt sich Ungerechtigkeit, entsteht eine zweite Skala, die „meta-politische Ungerechtigkeit" (2010:367). Diese Skalen von Ungerechtigkeit überschneiden sich mit anderen Skalen und schaffen Formen von Ungerechtigkeit, die von einer kritischen Gerechtigkeitstheorie anerkannt werden müssen. Exklusion entsteht nicht auf einer Ebene, etwa „global", sondern „form the convergence of multi-scaled processes, as when global economic structures intersect with local status hierarchies and national political structures".[54]

Indem der Fokus einerseits auf die Intersektionen und die Kräfte gerichtet wird, die Ungerechtigkeit hervorbringen, und andererseits Handlungsmacht von politischen Bewegungen und deren Kämpfen als zentrale Momente einer neuen Gerechtigkeitstheorie anerkannt werden, sind Ungerechtigkeit, Ausschluss dann zentral an (transnationale) Bewegungen, an einen produktiven Antagonismus gebunden, der lokale und nationalstaatliche Grenzen überschreitet und den Konflikt zwischen Souveränität und Gastfreundschaft bewegt.

Auch Seyla Benhabib bewegt das Paradox demokratischer Legitimität, die Spannung zwischen Souveränität und Gastfreundschaft, konstitutionellem Universalismus und (territorialer, nationalstaatlicher) Souveränität (Benhabib 2008:31). Gegen Sichtweisen, die Motivation von Migration auf ökonomische Gründe reduzieren und distributive Rechte über Rechte auf Mitgliedschaft in einer politischen Gemeinschaft privilegieren, hat Seyla Benhabib überzeugend argumentiert, dass gerechte Mitgliedschaft jedoch die Anerkennung der Rechte von Migranten und Asylsuchenden auf Aufnahme und Gastfreundschaft, auf durchlässige Grenzen, Maßnahmen gegen den Verlust der Staatsbürgerschaft und des Rechts eines jeden Menschen „Rechte zu haben" (Hannah Arendt) einschließt, als Rechtssubjekt anerkannt zu werden, das unabhängig von Mitgliedschaft qua Geburt mit unveräußerlichen Rechten ausgestattet ist (Benhabib 2004:3).

---

54 Fraser (2010:370), siehe Friese/Mezzadra (2010).

In dem Versuch, universelle (moralische) Verpflichtungen in gangbare politische Formen zu übersetzen, verlangt der kritische Kosmopolitismus die Anerkennung der Rechte von Migranten auf Aufnahme und Gastfreundschaft, offene Grenzen und gerechte Mitgliedschaft: „Every order of citizenship, every order of membership generates classification and exclusion", stellt Seyla Benhabib fest und zunächst von dem „inevitable aspect of the democratic paradox of membership" (Benhabib 2008:162) ausgehend, eröffnet sie eine Wiederlektüre von Kant und einen erneuerten Kosmopolitismus, der ein „reclaiming and the repositioning of the universal – its iteration – within the framework of the local, the regional or other sites of democratic activism and engagement" beinhaltet (Benhabib 2004:23-4). Mit und gegen den politischen Liberalismus argumentiert sie, dass Migration die Grundlagen liberaler Demokratien beileibe nicht angreift, sondern im Gegenteil diese eher vertieft, stärkt und dynamisiert (2004:90). Ohne den Konflikt zwischen Souveränität und Universalismus aufzulösen zu können, situiert sie das

> „right of hospitality [...] at the boundaries of the polity; it delimits civic space by regulating relations among members, strangers and bounded communities. It occupies that space between human rights and civil and political rights, between the rights of humanity in our person and the rights that accrue to us insofar as we are citizens of specific republics" (Benhabib 2008:22).

Dagegen hat Bonnie Honig eingewendet, dass das Prinzip des Universalismus die „Perspektive bestimmt, von der aus Partikularität beurteilt wird" (2008:110) und eine solche normativ-universalistische kosmopolitische Version zudem durch Habermas' Perspektiven überdeterminiert ist, die „state-sponsored violence and injustice" ignoriert (Honig 2008:115-6). In Auseinandersetzung mit diesen Ansätzen versucht Bonnie Honigs *Democracy and the Foreigner* (2001) die konzeptionellen Grenzen des Liberalismus und postnationaler Politik aufzuzeigen, wenn diese „wissentlich oder unwissentlich die klassischen Positionen re-artikulieren, die Fremdheit als Problem sehen" (Honig 2001:2). Der Rekurs auf die noch in Rousseaus Vertragstheorie evozierte Figur des „foreign founder", einer Figur, die eine politische Gemeinschaft, wenn schon nicht (neu) begründet, so doch immer auch erst schafft, ist eine ursprüngliche ethnisch reine, homogene politische Gemeinschaft doch eine Konstruktion, erlaubt dann auch die Verkehrung der bekannten Perspektive, mit der Fremdheit vordringlich als „Problem“ erscheinen muss. Statt zu fragen „How should we solve the problem of foreignness? And ‚What should ‚we‘ do about ‚them‘?“, fragt sie: „What problems does foreignness solve for us?“ (2001:1, 2, 4) Nun ist eine theoretische Position, die meint, das ‚Problem‘ Fremdheit aus der Welt zu schaffen und mit dem Hinweis auf deren sozialer Konstruktion politische Problematiken und die „politics of foreignness“ (2001:34) zu entschärfen, natürlich selbst hoch problematisch (hieße das doch in der Konsequenz, Differenz und Fremdheit zu neutralisieren oder gar zu negieren, paradoxerweise selbst die Erfahrung, das Vermerken von Fremdheit dementieren zu müssen und zugleich das Politische zu evakuieren).[55]

Gegen die nationale politische Organisation schlägt sie einen „democratic cosmopolitanism“ vor, der jenseits staatlicher Grenzen agiert und auf „resources, energies, and accountability of an emerging civil society“ gründet, lokale Handlungsmacht (*empowerment*) fördert und einen Kosmopolitismus von unten hervorbringt (2001:13). „An alternative democratic cosmopolitics, oriented by the unconditional order of hospitality“ fördert, so argumentiert Honig an anderer Stelle, „antagonistische Kosmopolitiken“,[56] deren Praktiken von sozialen Bewegungen entwickelt werden, die jenseits staatlicher Souveränität und nationalstaatlicher Institutionen agieren und staatliche Souveränität durch die Souveränität transnationaler politischer Bewegungen und politischen Handelns untergraben (Honig 2008:117). Damit wird die Frage unausweichlich, wie und ob an Derridas Fassung unbedingter Gastfreundschaft antagonistische Praktiken angebunden werden können.

55 Auf diese Frage wird noch zurückzukommen sein. Problematisch ist zugleich die Verschmelzung ‚empirischer Evidenz‘, wie bspw. die von Girard analysierten Bedeutungen des Sündenbocks und seiner sozialen Funktionen, die der Wiederherstellung der symbolischen Ordnung und der Trennung zwischen ‚wir‘ und ‚ihnen‘ dienen, mit einer normativen Position, die solcherart soziales Unheil aus der Welt schaffen möchte.

56 Die Fassung von Chantal Mouffe wird in Kapitel 7 ausführlicher dargestellt.

Dekonstruktion

Die Dekonstruktion verlässt die eben skizzierten Diskussionen (kann den Spannungen und Aporien der Gastfreundschaft aber auch nicht ausweichen). In engem Bezug auf Emmanuel Lévinas exploriert Derrida „the idea of a receptiveness to the arrival of an other which breaks through any prior assignment of roles, duties, conventions. Hospitality, here, stands alongside forgiveness, confession, bearing witness, gift relations, mourning, justice, friendship“ (Dikeç/Clark/Barnet 2009:3).

Derrida geht es, ähnlich wie in seinen Bemerkungen zu den unausweichlichen Aporien der Gabe, um das Denken einer absoluten Gastfreundschaft, ohne das Gastfreundschaft, die Aufnahme eines Anderen (und eben nicht des Anderen) unmöglich ist. Unbedingte Gastfreundschaft, die weder politisch noch rechtlich gedacht wird, ist die ‚Bedingung der Möglichkeit‘ von Gastfreundschaft, ohne die selbst die Normen der Gastfreundschaft nicht zu bestimmen wären (Derrida 2006:170).

„Absolute Gastfreundschaft“, wie sie hier gedacht wird, verlangt die Verpflichtung zur *bedingungslosen* Aufnahme des Anderen, sie verlangt ihn „bei mir“ (*chez moi*) aufzunehmen (doch was heißt ‚chez moi‘?), ihm einen Ort zu geben (*donner lieu*), ohne nach „Identität, Name, Pass, Arbeitsfähigkeit oder Herkunft“ zu fragen. Die unbedingte Öffnung, der gastfreundliche Empfang eines Anderen, des „absolute, unknown, anonymous“ verweigert sich sowohl dem ökonomischen Pakt, wie ihn Benveniste beschrieben hat, als auch den konventionell akzeptierten Gesetzen der Gastfreundschaft (Derrida/Dufourmantelle 1997:29). Wie die Gabe verlangt Gastfreundschaft also weder Reziprozität noch die Identifizierung in einem Namen:[57] „Unconditional hospitality asks for a giving without limit to the other, an infinite openness that both enables and jeopardizes one's capacity to host another“ (Honig 2008:105).

Dieses Verständnis setzt sogleich die juristisch-politische Ordnung und die Souveränität des Nationalstaats aus, es bricht mit den Einschränkungen, den Gesetzen, die der Gastfreundschaft Grenzen setzen, ist das Gesetz der Gastfreundschaft diesen Gesetzen doch „aussi étrangement hétèrogène que la justice est hétérogène au droit dont elle est pourtant si proche, et en verité

57 Derrida/Dufourmantelle (1997:29). Judith Still (2011) hat den Gender-Aspekt von Freundschaft und Gastfreundschaft ausführlich bearbeitet.

indossiciable" (Derrida/Dufourmantelle 1997:29). Auch in dieser Fassung werden die schon angezeigten Spannungen nicht aufgelöst, sind *das* Gesetz in seiner einzigartigen und universalen Gültigkeit, seiner „universellen Singularität" und *die* (lokalen, pluralen, verorteten, historischen) partikularen Gesetze doch in eine unauflösliche Antinomie eingespannt (Derrida/Dufourmantelle 1997:73), stehen auf der einen Seite unbedingte Gastfreundschaft, die das Recht ebenso bricht, wie sie Pflicht und Politik fremd ist und auf der anderen die Gastfreundschaft, die sich dem Recht und der Pflicht beugt:

„L'antinomie de l'hospitalité oppose irréconciliablement *La* loi, dans la singularité universelle, à une pluralité qui n'est pas seulement une dispersion (*les* lois) mais une multiciplité structurée, déterminée par un processus de partition et de différenciation: par *des* lois qui distribuent différemment leur histoire et leur géographie anthropologique" (1997:73).

Das Gesetz der Gastfreundschaft zeigt dann unaufhörlich, aber unversöhnlich auf die Grenzen einer eingehegten Gastfreundschaft, die in den Gesetzen niedergelegt und bestimmt werden: „il y a une histoire de l'hospitalité, une perversion toujours possible le *La* loi de l'hospitalité (qui peut apparaîtrc inconditionnclle) ct *des* lois qui vicnnent la limitcr, la conditionner en l'inscrivant dans un droit" (Derrida 1997a:43). Das Gesetz (*nomos*), das über den Gesetzen (*nomoi*) steht, die jenem widersprechen und gleichwohl an jenes appellieren, ist „illégale, transgressive, hors la loi." Absolute Gastfreundschaft ist damit ohne *nomos*, „a-nomos" (Derrida/Dufourmantelle, 1997:73), ohne festen Ort und doch fordert sie einen Ort heraus, einen spezifischen Ort, fordert sie doch, den Anderen fraglos *chez moi* aufzunehmen.

Was also, heißt *chez moi* genau? Wer und welcher Ort sind angesprochen? Von der Übersetzung hängt ein genaueres Verständnis ab: Bei mir, bei mir zuhause, daheim, in meinen eigenen vier Wänden? Oder bei uns, in meinem Land, meiner Heimat, wo ich zuhause bin? Wenn die historischen Gesetze der Hospitalität Ethos, Habitat, *ethea* abgrenzen und bestimmen, was Hegel Sittlichkeit genannt und an die Familie, die bürgerliche Gesellschaft, den Nationalstaat gebunden hat (Derrida/Dufourmantelle 1997:43-44), dann steckt *chez moi* offenbar den Raum der Sittlichkeit ab, das was innerhalb der Sittlichkeit verortet ist: Die Familie, Abstammung, Zugehörigkeit, die bürgerliche Gesellschaft, der Staat. Die Gesetze der Gastfreundschaft bestimmen so auch den Fremden, den Gast, also denjenigen, der nicht diesem Raum und seinen Sprachen zugehört, ebenso wie sie durch Sittlichkeit und die Zugehörigkeit zu einer (patriarchalen) Familie, einer Abstammungsgruppe, einem Namen, einer Nation, einem Staat Grenzen einsetzen.

„Ou bien l'hospitalité est inconditionelle et sans limite ou elle n'est pas“ so Derrida im Gespräch mit dem Soziologen Michel Wieviorka (1999a:148) und er fügt an: „S'il n'est nullement besoin d'ajouter une dimension théologique à cela, il reste néanmoins possible qu'un tel discours aboutisse à une théologie pour peu que l'on donne à l'hospitalité un caractère sacré et qu'elle relève de la religiosité (à différencier de la religion positive)“ (1999a:149).

Im Namen dieses „höheren Gesetzes“ (ebd.) kann dann die Ablehnung solcher Gesetze legitimiert werden, die der Gastfreundschaft Grenzen setzen. Der theologische Bezug, die Bindung von Gastfreundschaft an das Heilige und religiöse Bindungen kann hier kaum abgewiesen werden und verweist auf ein Erbe, das wir in der Bindung von Gastfreundschaft an das Heilige schon gesehen haben.

Doch ist Gastfreundschaft wie die Gabe nicht von der Erwartung und dem moralischen Anspruch erfüllt, eines Tages womöglich erwidert zu werden und etabliert sie so nicht nur eine Schuld und eine Verpflichtung, sondern auch ein gegenseitiges soziales Band, wie Marcel Mauss in seiner „allgemeinen Theorie der Verpflichtung“ feststellt (1975:26)? Oder im Gegenteil, ist die Gabe der Gastfreundschaft eine „unmögliche Gabe“ (Derrida 1993:22-3)? Folgen wir Mauss, so könnte man *erstens* einwenden, dass die suspendierte Gegenseitigkeit die Möglichkeit einer (offenen) sozialen Beziehung, eine gegenseitige Bindung zwischen Gast und Gastgeber unmöglich macht. *Zweitens*, dass die Spannung zwischen dem göttlichen Gesetz (*jus divinum*) als absoluter, unumstößlicher Norm im Namen einer ethischen Forderung besteht, wieder eingeführt wird und Gastfreundschaft auf einer politisch-theologischen Grammatik ruht (die Kant doch aus dem Recht der Hospitälität verbannt hatte). Im Anschluss daran kann man *drittens* fragen, ob Ethik hier nicht vor dem Politischen privilegiert wird, bleiben das Recht und politische Praktiken doch unausweichlich hinter der uneinholbaren Bestimmung der Unbedingtheit (als Bedingung der Möglichkeit von Gastfreundschaft) zurück.

Die Beziehung zwischen Geben, Nehmen und Verlangen wird nicht nur in der rechtstheoretischen Debatte um Recht und Pflicht an den *Austausch* gebunden. Onora O'Neill hat zu Recht argumentiert, dass theoretische Begriffe oder ethisch begründete Forderungen nach Verantwortung und/oder Pflicht abstrakt bleiben, solange sie nicht an spezifische Akteure und Institutionen gebunden sind.[58] Auch Verantwortung (als Antwort auf eine Forderung) erhält ein Versprechen und Pflichten, ethisch und moralische Verpflichtungen – diese sind jedoch an eine absolute Setzung gebunden und werden durch diese Nicht-Ordnung gesichert – aber sicherlich enthält sie keine *Rechte*. Die Antwort auf eine Forderung kann gegeben werden oder eben auch nicht, aber sie ist weder Anspruch, ein Recht, Rechte zu haben (oder ein Recht, zu einer Art organisierten Gemeinschaft zu gehören, wie Hannah Arendt anfügt), noch kann diese durch das Recht erzwungen oder eine Entscheidung angefochten werden. Man mag dann fragen, ob es so etwas wie das ‚Recht auf Verantwortung' überhaupt geben kann, wer ist verantwortlich, wer sollte es ausüben, wer kann es erzwingen? Kann die Übernahme von Verantwortung erstritten oder Verantwortungslosigkeit, die verweigerte Antwort angefochten werden? Wer sind die Akteure? Und auch wenn Verantwortung – die ja nicht zuletzt eine starke theologische

58 O'Neill (1998:202-8); Gosepath/Lohmann (1998). Für eine „kontraktuelle" liberale Version, in der Immigranten sich geltender Gesetze und grundlegender Normen verpflichten, vgl. Miller (2008). Für eine soziologische Diskussion der Pflicht zur Unterstützung der Armen und deren Recht, eine solche zu erhalten, vgl. Simmel (1992c:512-32), der auch auf das Paradox hingewiesen hat, dass „prinzipiell [...] auch der Empfangende ein Gebender (ist), und es geht ein Wirkungsstrahl von ihm auf den Schenkenden zurück, und dies eben macht das Geschenk zu einer Wechselwirkung, zu einem soziologischen Ereignis" (1992c:532). An dieser Stelle müsste eine genauere Diskussion der Beziehungen zwischen Rechten und Pflichten anschließen, die hier, auch wegen ihrer historischen Dimension, nicht geleistet werden kann. Welche Rechte hat ein Nicht-Bürger und welche Pflichten? Besteht ein Recht auf die ‚eigene' Kultur, auf Herstellung gleicher Chancen? Wie lassen sich diese Pflichten – also etwa ‚Integration', gar die Übernahme von Sprache, Werten, Überzeugungen begründen? Diese Fragen bestimmen ja die kontrovers geführten Diskussionen um Migration, ‚Integration' und multikulturelle Gesellschaften.

Bindung kennt – auch an den Tausch, eine Gegenleistung gebunden ist, so kann diese doch keine Garantie, gar eine Rechtsgarantie nachweisen.

Mit dieser absoluten Setzung, der Wirkung des neo-theologischen Bezugs und der unüberbrückbaren Aporie zwischen unbedingter und bedingter Gastfreundschaft, verliert sich jedoch kaum die grundlegende Spannung zwischen Universalismus und Partikularität. Haben sich die Ambivalenzen der Sprachen von „Gastfreundschaft" verschoben, die den Gast zwischen Freund und Feind ansiedeln? Umfasst der Antagonismus die Gegenspieler Freund und Feind oder ist dieser unentscheidbarer Teil im Herzen der Aporie? Bringt die Ankunft des Fremden, bringt die Forderung nach Gastfreundschaft den Gastgeber nicht in die ambivalente Position eben genau der Unentscheidbarkeit zwischen Freund und Feind? Im Sinne Derridas birgt Gastfreundschaft ja auch ein unkalkulierbares Risiko, raubt der Andere die Sicherheit, eigene Gewissheiten, macht den Gastgeber zum „hostage", zur Geisel und nimmt damit natürlich die Ethik von Emanuel Lévinas auf.

Nun ist Hospitalität/Hostilität hier kaum in eine binäre Opposition eingespannt, die an einem Pol *demos/ethnos*, politische Gemeinschaft, kurz Partikularität verortet und dem anderen Pol Gastfreundschaft als universalistische, normative kosmopolitische Forderung einfach gegenüberstellt (damit widersetzt sich diese Fassung auch entschieden einer einfachen Vereinnahmung in manch sozialwissenschaftlicher Adaption, in der Gastfreundschaft zu einem normativen Leitfaden, einer regulativen Idee, zu einem Gadget der Heroisierung des Anderen, seiner Stimme und der Anerkennung von Differenz wird – oder konkrete Praktiken im Hinblick auf ihre Übereinstimmung mit unbedingter Gastfreundschaft abgeklopft werden).[59]

Damit zeigt sich eine grundsätzliche Problematik, den der Hiatus zwischen einer philosophischen Fassung und ihrer politischen und ‚pragmatischen' Bedeutung etabliert. Ist absolute Gastfreundschaft von einer Praxis der Gastfreundschaft gleichsam abgeschnitten oder kann sie solche legitimieren? Unbedingte Gastfreundschaft liegt jenseits der Grenzen von Gastfreundschaft, des Rechts, der Politik, eines souveränen Staats, sie ist jedoch Bedingung der Möglichkeit, eines Rechts und der Politik der Gastfreundschaft und schreibt sich diesen, den Bedingungen dennoch ein:

59 Vgl. hier jüngste anthropologische Versuche bei Candea (2012) oder Shyrock, (2012).

„Unbedingte Gastfreundschaft ist dem politischen, rechtlichen, sprich: ethischen Blick transzendent. Aber, und hier das Untrennbare, ich kann nicht die Tür öffnen, mich dem Kommen des Anderen aussetzen und ihm, was immer es sei geben, ohne ihm diese wirkliche Gastfreundschaft zu offerieren, ohne etwas Bestimmtes konkret zu geben. Diese Bestimmtheit muss also das Unbedingte in die Bedingungen wieder einschreiben. Ohne dies gibt sie nichts. Was unbedingt oder absolut bleibt, steht in Gefahr, nichts zu sein“ (Derrida 2006:171).

Nun appelliert absolute Gastfreundschaft ja nicht an das Recht, die Gesetze und schließt Politiken der Gastfreundschaft dennoch nicht aus – nicht zufällig ist der Anlass seiner Bemerkungen zu Gastfreundschaft und Kosmopolitismus ja der Aufruf des Internationalen Parlaments der Schriftsteller 1996 zu „villes-refuges“ mit denen er eine lokale, lokalisierte Kosmopolitik vertritt, in der die Stadt den Flüchtlingen ihre Tore öffnet. Doch wie kann, wie soll eine Beziehung zwischen „Ethik und Politik, Ethik und Gerechtigkeit oder Recht“, einer „notwendigen Beziehung“ geschaffen werden, wie Derrida in Auseinandersetzung mit Lévinas betont:

„*Il faut ce rapport,* il doit exister, il faut déduire une politique et un droit de l'éthique. Il faut cette déduction pour déterminer le ‚meilleur‘ ou le ‚moins mauvais‘, avec tous les guillemets qui s'imposent: la démocratie est ‚meilleure‘ que la tyrannie. Jusque dans sa nature ‚*hypocrite*‘, la ‚*civilisation politique*‘ reste ‚meilleure‘ que la barbarie“ (Derrida 1997b:198).

Es stellt sich also die Frage, wer – jenseits von Mitgliedschaft und Staatszugehörigkeit, Staat, Institution und Recht – dann die Subjekte der ‚politischen Aushandlung‘ der Gesetze sein können, sein sollen, die jene ‚absolute Gastfreundschaft‘ pervertieren, sowie die Reichweite eben jener. Anders gesagt: Kann man im Angesicht der Aporie, der Weglosigkeit im Namen unbedingter, unerreichbarer Gastfreundschaft intervenieren, eine Politik der Gastfreundschaft und das ‚Recht‘ auf Gastfreundschaft einfordern?

„Bedingungslose Gastfreundschaft“ widersetzt sich der Ordnungsmacht der Gesetze und verlangt, den Fremden nicht zu bestimmen. Dennoch kann man fragen, ob der Fremde nicht genau dadurch bestimmt wird, dass er in dieser Ethik zum namenlosen Gegenüber einer reinen, unbedingten „absoluten Gastfreundschaft“ wird, der Gast*geber* im buchstäblichen Sinne unseres Wortes „gibt“ (ohne doch zu geben) und reine Gastfreundschaft, die suspendierte Reziprozität, eine je spezifische Sprache der Gastfreundschaft ebenso ausschließt, wie sie die Ambivalenzen von Gastfreundschaft einebnet und ihnen damit nicht gerecht wird. Denn der Fremde wird ja nur im Hinblick auf einen Anderen, nämlich den Gastgeber, zum Gast und „absolute Gastfreundschaft“ wird so – paradoxerweise – zur Fortschreibung des Satzes: „Wir brauchen keine Gäste.“ Anders gesagt, absolute Gastfreundschaft, die meint, mit dem – vermeintlichen – Kalkül, der Ökonomie des Paktes zu brechen, setzt diese und ihre Macht nur umso deutlicher ein, indem sie den Anderen in nie einlösbarer Schuld und unlösbarer Bindung belässt, oder ihn tatsächlich zum Verräter an Gastfreundschaft macht. Wenn es der Gastfreundschaft – gleich der Freundschaft – darum geht, „weder *etwas* noch *nichts* zu verlangen“ (Bahr 1994:221), dann wird absolute Gastfreundschaft zu einer seltsamen Leerstelle, in der ihre Anerkennung, ja selbst die Erinnerung an Gastfreundschaft sich verflüchtigt oder: schlicht und einfach nichts mehr bedeutet. Der Fremde wird zum Gast sowohl in Bezug auf einen anderen, der ebenso Gast*geber* ist wie er den Gast *empfängt*, Gastfreundschaft interveniert (als Drittes? Als *xenia*? Als *symbolon*?), aber auch dort, wo man sich nicht nur dem Anderen und seiner unersetzbaren Einzigartigkeit verpflichtet, sondern auch dem ‚Pakt‘, der Verständigung wenn nicht garantiert, so doch zumindest ‚verspricht‘.

Was mit dem Begriff Gastfreundschaft thematisiert ist, betrifft so nicht nur den Einzelnen und eine Verbindlichkeit, sondern immer auch die Frage, in welcher, mit welcher Sprache ein Fremder, ein Anderer angesprochen wird, was mit dem Begriff thematisiert ist, berührt die Frage nach den Praktiken, Normen, Werten, den historischen, kulturellen und sprachlichen Signifikationen, kurz: „dem Ethos“ und damit auch dem,[60] was Fremd-sein und Heimisch-sein bedeutet. Gastfreundschaft betrifft also gleichzeitig die Frage nach dem Heimischen, das zu einer Grenze wird, die sich etabliert, weil sie *einen* Fremden zu *dem* Fremden *sui generis* macht.

Was es unter heutigen Bedingungen zu entwickeln gilt, ist der Entwurf einer „Politik der Gastfreundschaft“, der weder die Ambivalenzen der Sprachen der Gastfreundschaft in einem absoluten Begriff einebnet und

60 Derrida/Dufourmantelle 1997:117. In Bezug auf Lévinas: „le langage *est* hospitalité […] l'éthique est hospitalité“ stellt Derrida fest und fragt: „*cultiver l'étique de l'hospitalité*, ce langage n'est-il pas […] tautologique?“ (1997a:41-2).

damit auch verfehlt, noch die Emphase von Identität und Differenz fortschreibt. Gastfreundschaft meint den Aufschub deutlicher Zugehörigkeiten und entwickelt sich in einem Raum, der weder Verausgabung, Hingabe (oder die „reine Gabe") verlangt noch gewinnsüchtigen Nutzen und Vorteil kalkuliert, sondern die einen Raum *eröffnet* und Formen des Austauschs *ermöglicht*, die aus einer singulären Begegnung hervorgehen – die damit aber auch nicht *Verbindlichkeiten* tilgen, ohne deren *Vermerken* Gastfreundschaft gar nicht bestehen kann. Genau diese besonderen Orte sollten hervorgehoben werden, Orte, die die konventionellen Trennungen zwischen innen und außen, Inklusion und Exklusion, Zugehörigkeit und Fremdheit ebenso durchkreuzen, wie sie eine antagonistische Dimension in postkolonialen Kontexten offenbaren.

Lampedusa – Verbindungen und Heterotopien

> In queste mura non ci si sta che
> di passaggio. Qui la meta è partire
> GIUSEPPE UNGARETTI/LUCCA

> Non fu il mare a raccoglierci, noi
> raccogliemmo il mare a braccia aperte
> ERRI DE LUCA/SOLO ANDATA

In Anlehnung an Arjun Appadurai (1996) kann man das Mittelmeer als ‚Seascape' sehen. Es trennt, seine Schiffe schaffen aber auch vielfältige Verbindungen (Horden/Purcell 2000:3-9). Kaum zufällig ist das

> „Schiff für unsere Zivilisation vom 16. Jahrhundert bis in unsere Tage nicht nur das größte Instrument der wirtschaftlichen Entwicklung gewesen […], sondern auch das größte Imaginationsarsenal. Das Schiff, das ist die Heterotopie schlechthin. In den Zivilisationen ohne Schiffe versiegen die Träume, die Spionage ersetzt das Abenteuer und die Polizei die Freibeuter" (Foucault 1992:46).

Als bewegter, fortbewegter „Gegenraum", der für die wartenden *harragas* die Grenze zu einem anderen Ufer des Lebens verschiebt und aufzuheben scheint, wird das Schiff sowohl Mittel zur Flucht aus den Umständen als auch zum Symbol für Aufbruch und den Anspruch auf Freiheit.

So beschwört eine der populären Hymen der *harragas*, *Partir loin*, ein Lied des Rappers 113/RimK und des französisch-algerischen *Raï*-Musikers Reda Taliani, das Schiff („*y'al babour, y'al mon amour*") und zeigen die Videoclips, die *harragas* auf YouTube weltweit verbreiten, immer und immer wieder Schiffe als hochgradig aufgeladene Symbole für (un/erreichbare) Verbindungen und das Versprechen eines anderen Lebens, von dem man doch ausgeschlossen ist. Musik, „traveling sounds" (Chambers 2002) und digitale Räume erlauben die grenzüberschreitende Auseinandersetzung mit der eigenen Situation, die Verhandlung von Gerechtigkeit, politische Mobilisierung und artikulieren die transnationale soziale Imagination, Subjektivität und Selbstermächtigung. Diese populäre Musik drückt Erfahrungen, Hoffnungen, Wünsche und Ängste, Zugehörigkeit und Dissens aus, kurz: sie artikuliert soziale und kulturelle *imaginaires*.[1] Diese „constructed landscape[s] of collective aspirations" werden, wie Arjun Appadurai (1996:31) feststellt, sicherlich nicht nur durch Bilder oder visuelle Repräsentationen geschaffen. Musik spielt natürlich ebenfalls eine Rolle in der Schaffung von Subjektivität. Als solche ist die „imagination [...] central to all forms of agency, it is itself a social fact" (1996:31). In diesem populären transnationalen Raum werden Entfremdung, Hoffnungslosigkeit, die Lebenseinstellungen einer Generation deutlich, die nichts zu verlieren hat und „auf der Suche nach Glück" ist, wird nicht nur in den Zeilen von *Partir loin* das Verlangen artikuliert, vor der persönlichen, sozialen und politischen Situationen zu flüchten – ist man doch „mit Dieben aufgewachsen", führt ein „hartes Leben", das, hat man in der verallgemeinerten Korruption keine „Schultern", ohne Alternativen und Auswege scheint und nur die Flucht in ein „Eldorado" erlaubt, wenn auch in der „economy class".[2] In diesen Lie-

1 Dementsprechend ist Musik Teil eines „sozialen und kulturellen Settings", eine Form von Transgression oder rastloser Wanderung zwischen dem Ästhetischen, dem Sozialen und dem Politischen (Said 1991:xv).

2 Eine Interpretation dieser Videos und der vollständige Text von *Partir loin* finden sich in Friese (2012a). Das Video wurde am 24.10.2009 auf YouTube hochgeladen und bis Anfang März 2014 von nicht weniger als 4.266.965 Nutzern gesehen (http://www.youtube.com/watch?v=DLMkUr_GIIc, 5.3.2014). Eine knappe Darstellung (digitaler) transnationaler kultureller Produktionen und der Rolle von Musik für Protest und Dissens in den Ländern des Maghreb findet sich bei Friese 2014.

dern und Videos wird das Schiff zum Teil eines dichten symbolischen Gewebes und zum „Code einer Utopie“ (Böhme 2006:333), eines in ein Anderswo verschobenen Lebens, der Unterbrechung eines banalen Alltags, dessen Normalität aus endlosem Warten, Armut, Marginalisierung und Verkennung besteht. Als marginaler Gegenraum ist es Mittel und zugleich Symbol des Aufbruchs in eine andere Welt und verweist doch auf bestehende soziale Räume und ihre Beschränkungen. Schon für Blumenbergs (philosophische) Rekonstruktion des Topos vom *Schiffbruch mit Zuschauer* (1988) wird die Seefahrt zur Metapher für Grenzüberschreitungen und auch in Paul Gilroys Darstellung des *Black Atlantic* spielt das Schiff eine zentrale Rolle, zeugt es doch von einem „lebendigen mikrokulturellen, mikropolitischem Raum in Bewegung“, der gleichwohl koloniale Expansion zusammenfasst (1993:4).

Das Mittelmeer erlaubt jedoch nicht nur Verbindungen, es ist auch ein befestigter Grenzraum, der Mobilität zu kontrollieren und verhindern sucht und unterschiedliche Akteure, Diskurse, Bilder zu einem komplexen „Grenzregime“ zusammenbindet. Der Begriff

„allows rooms for gaps, ambiguities and outright strains: the life of a regime is a result of continuous repair work through practices. Finally, the idea of a ‚migration regime‘ helps to stress the interdependence of observation and action. Migration regimes are rooted both in ways of observing and acting. The overall structure of the migration will determine how flows – regardless of their ‚true‘ nature – will be observed and acted upon. Similar flows will be observed very differently within different regimes. Differential treatments will feed back in different ways of observing“ (Sciortino 2004:32; Transit Migration Forschungsgruppe 2007:13-14).

Das Grenzregime umfasst komplexe institutionelle Strukturen, Diskurse, Standpunkte, Beobachtungen und Wissensbestände, Praktiken und Akteure, die unterschiedlichen Traditionen, juristischen Referenzpunkten und historischen Traditionen verpflichtet sind und sich nicht einer zentralen Logik unterwerfen oder einer alles bestimmenden Makrostruktur einschreiben.

Die folgenden Abschnitte zeichnen das Grenzregime und die Spannungen der Gastfreundschaft an den Heterotopien, den „anderen Räumen“, an Orten, Gegenständen, an den Wegen und Verbindungen nach, die Lampedusa mit den Ländern Nordafrikas und der Subsahara verbinden. Diese postkolonialen Räume können von machtvollen politischen Beziehungen und wirtschaftlichen Interessen, lokalen Perspektiven, Konflikten und Auseinandersetzungen nicht getrennt werden, die unterschiedliche Handlungsmöglichkeiten, ein weites Netz widerstreitender Symbolisierungen und Diskurse schaffen und auch und gerade Grenzen der Gastfreundschaft anzeigen.

4. DIE INSEL: ALTE VERBINDUNGEN UND NEUE GRENZEN

Historische Verflechtungen

Lampedusa spiegelt die bewegten und verflochtenen Geschichten des Mittelmeers, begegneten sich hier doch nicht nur die Geschichte von Spanien, Neapel, Venedig und der Adriaküste, sondern auch die von Konstantinopel, der griechischen Inselwelt, Malta und Nordafrika. Lampedusa zeugt von den Handelswegen, dem Austausch von Gütern und den vielfachen historischen Vernetzungen von Städten und Regionen, ihren interkulturellen Verbindungen und Begegnungen.[3]

Mit der Herrschaft der spanischen Vizekönige begann im 16. Jahrhundert die innere Kolonisierung Siziliens. Ein zentrales Motiv war zum einen die Sicherung der Kontrolle über das Territorium, die innere Befriedung und die Abwehr von Vagabunden und Banditen, zum anderen der Schutz der Schifffahrt und der Küste vor nordafrikanischen Piraten. Am Hafen von Livorno erinnert daran noch heute eine eindrucksvolle, von Ferdinando I de' Medici 1601 in Auftrag gegebene Statue der in Ketten gelegten *Quattro Mori*, die das Zeichen des Sieges über die Piraten durch die Zeit trägt. Zwar war Lampedusa kein direkter Umschlagplatz, lag aber auf den Routen der Sklavenschiffe, die von Tunesien oder von Tripolis u.a. die europäischen und die östlichen Sklavenmärkte des osmanischen Reiches bedienten.

Aufgrund der günstigen Lage zwischen Sizilien, Malta und der nordafrikanischen Küste war Lampedusa – auch wegen ihres natürlichen Hafens – ein Landungsort für Kriegsflotten und Handelsschiffe, die sich dort mit Proviant versorgten, die lange Zeit unbewohnte Insel bot Freibeutern, ent-

3 Diese Geschichte habe ich an anderer Stelle nachgezeichnet (Friese 1996).

kommenen Sklaven und Schiffbrüchigen Zuflucht und wurde so auch zu einem Ort, an dem unterschiedliche Regionen – und Religionen – des Mittelmeeres sich trafen.[4] Doch erst in der Mitte des 19. Jahrhunderts wurde Lampedusa – einstiges Feudalgut der Familie Tomasi – systematisch besiedelt. Im Jahre 1843 hatte man die bisherigen maltesischen Pächter von der Insel vertrieben und ließen sich 120 sizilianische Familien auf dem Eiland nieder, denen man für dieses Unternehmen Land, Unterkunft und Einkommen versprochen hatte. Die ersten Siedler widmeten sich zunächst vorwiegend der Landwirtschaft, eroberten nach der weitgehenden Abholzung der Insel und der damit verbundenen Verkarstung des Bodens dann das Meer, und wurden zu Fischern, die die reichen Fischgründe um die Insel und vor der nordafrikanischen Küste ausbeuteten und damit auch neue Verbindungen herstellten.

Der Handel brachte Lampedusa in regen Austausch mit anderen Regionen des Mittelmeeres. Schon kurz nach der Ansiedlung begann ein Aufschwung in den Handelsbeziehungen mit dem sizilianischen Festland, Malta und die Schwammfischerei vor der Küste Tunesiens schuf neue Beziehungen. Diese Ressource, deren Ausbeute Lampedusa sich besonders mit griechischen Schwammfischern teilen musste, schaffte weitere Verbindungen zu den Regionen des Mittelmeers. Der Fischhandel und der Bootsbau verbanden die Insel zudem mit der Adria (Istrien) und Lampedusa wurde zu einem kleinem Handelsplatz mit seinen vielfältigen Transaktionen, in dem Menschen unterschiedlicher Herkunft sich trafen, austauschten und Gewohnheiten sich vermischten. Die nordafrikanische Küste, Malta, der griechische Archipel, die sizilianischen Inseln bildeten einen Raum, den nicht nur Handel und wirtschaftliche Interessen zusammenbanden.

4 Erwähnt sei hier nur der Ort, an dem zwei Religionen des Mittelmeeres in Verbindung traten, den Moslems und Christen sich gemeinsam teilten und der bis heute in der lokalen Erinnerung lebendig geblieben ist, nämlich „eine Grotte und eine nach der Madonna benannte alte Kirche […], die durch ein hölzernes Gitter […] geteilt ist, in der ersten sind Steinsitze, und in der zweiten sind ein Altar mit der Statue der Madonna von Trapani und ein Taufbecken. Des Weiteren eine andere Grotte, die früher Moschee und heute Marabutgrab genannt wird, weil dort eine türkische Person begraben ist, die einst Schiffbruch erlitt" (Friese 1996:62-3).

Weitere Verbindungen schuf dann die Technik. Ab 1912 hat die Insel ein Telegraphenkabel und 1963 wurde die Telefonleitung installiert. Mitte der 1960er Jahre wurde, strategisch-militärischen Überlegungen folgend, mit dem Bau der Flugpiste begonnen (auf der Insel befand sich eine amerikanische LORAN-Basis, Teil eines dichten Netzes von Navigationsinstallationen, Militärstützpunkten, Abhörstationen rund um das Mittelmeer). Schließlich wurde Anfang der 1980er diese Flugpiste verlängert und erweiterte die Infrastruktur für den Tourismus. Mit dieser mittlerweile wichtigsten Einnahmequelle der Insel wurden erneut vielfache nationale und internationale Verbindungen geschaffen.

Die alten Geschichten, in denen die Fischer nach der Fangzeit den auf der Insel zurückgebliebenen Familien die (geschmuggelten) Waren aus Nordafrika mitbringen, zeugen von ständiger Bewegung zwischen Orten, die durch die Takte von Kommen und Gehen, Abfahrt und Ankunft ihren jahreszeitlichen Rhythmus erhielten. Die Fischerei, der Handel, Freunde und Verwandte erlaubten persönliche Beziehungen und rückten die Ferne in die Nähe. Europäischer Kolonialismus und die Schwammfischerei ließen bereits Ende des 19. Jahrhunderts in Tunesien und Algerien kleine Gemeinschaften von Lampedusani entstehen. Die Städte Sfax, La Calle und Bona wurden zu Stützpunkten für diejenigen, die ihr Glück in den Kolonien versuchen wollten. Sie trafen dort u.a. auf die Nachfahren der französischen Siedler, die Not und Armut entgehen wollten und ein besseres Leben suchten – hatte die II. Französische Republik ihnen doch seit 1848 Mittel zur Verfügung gestellt. In den nordafrikanischen Küstenstädten kreuzten sich Ausweglosigkeiten, Träume, Versprechungen und Versuche. Einige Kinder der ersten Siedler von Lampedusa, die auf der Suche nach dem anderen Leben nach Nordafrika gezogen waren, haben sich dort eingerichtet und Familien gegründet. Diese familiären Bindungen werden erst durch den Zweiten Weltkrieg und mit der Ausweisung der italienischen Staatsangehörigen im Zuge der unabhängig werdenden Staaten Nordafrikas abgeschnitten – und: Mittlerweile verlaufen die Wege auf der Suche nach Zukunft nicht mehr von Nord nach Süd, sondern von Süden nach Norden. Doch in den Hafenstädten Tunesiens – besonders in Sfax und Madhia – erinnert man sich noch der Sizilianer, kennt die Straßen und Viertel, die sie einst bewohnten, zeigt man die alten Treffpunkte der Fischer.

Lampedusa war mit den Regionen des Mittelmeeres verbunden, aber die Insel hatte auch deutliche Grenzen in ihrem Inneren. Im Jahre 1872 hat das geeinigte Italien dort eine Strafkolonie für Verbannte errichtet. Die Kolonie fasste in der ersten Zeit ihres Bestehens bis zu 500 Menschen in ihrem Regime zusammen. Man hat die Verbannten in kargen Baracken untergebracht (eines dieser Gebäude dient heute als Museum und provisorische Unterkunft, wenn das Aufnahmelager aus allen Nähten platzt), man hat sie mehr als schlecht ernährt und gekleidet, auch wurden sie nicht nur zu gemeinnützigen Arbeiten herangezogen, sondern so mancher Landbesitzer machte sich auch gerne ihre billige Arbeitskraft zunutze (Friese 1996:157-63).

Nach dem Faschismus ist die Verbannung aus dem Strafrecht verschwunden, mit dem Aufnahmelager für die auf Lampedusa Gestrandeten hat die Insel – seltsame Wiederkehr – allerdings erneut eine Institution, in der Menschen isoliert und verwahrt werden und beherbergt Fremde, zu deren Kontrolle, zu deren Abwehr man einen abgegrenzten Ort geschaffen hat. Die einstige Gastlichkeit, die Gestrandeten Zuflucht und Schutz bot, ist, so scheint es, verschwunden. Doch die Erinnerungen, die vielen Geschichten der Insel sprechen durchaus nicht von Abgrenzung, sondern viel eher von gastlicher Aufnahme, selbstverständlicher Solidarität und spontaner Hilfe. Lampedusa hat eine lange Tradition der Aufnahme von Flüchtlingen und Gestrandeten und die Fischer können auf eine dramatische Chronik der Rettung Schiffbrüchiger zurückblicken, der Ethos von Fischern fragt kaum nach Herkunft, Name und Nationalität der Verunglückten und nahm die Unglücklichen gastfreundlich auf. Mittlerweile sind diese lokalen Praktiken Teil des Migrationsregimes, seiner Akteure und juristischer Normen geworden, die ‚unbedingte' lokale Gastfreundschaft einschränkt.

Mobilität, Governance und Akteure

Die Praktiken der Gastfreundschaft und ihre Grenzen sind an nationale und internationale politische Beziehungen, an Rechtsnormen und ihre konkrete Artikulation vor Ort gebunden, sie beeinflussen alltäglich die Beziehungen zwischen Ankommenden und Ansässigen, sie legen die Orte fest, die den Fremden zugewiesen werden, sie öffnen oder schließen Handlungsmöglichkeiten. Zugleich bestimmt die Implementation dieser Migrationspolitiken den Status der Ankommenden und teilt sie in Flüchtlinge, Asylbewerber und ‚Illegalisierte'.[5] Die Verträge von Schengen und Maastricht garantieren die Freizügigkeit europäischer Staatsbürger. Doch mit der Einführung des Visasystems, des Datenaustausches, den biometrischenen Informationssystemen (*SIS*), dem jüngst etablierten und satellitengestützten Grenzüberwachungssystem *Eurosur* wurden,[6] und das ist die andere Seite

5 Staatsgrenzen, Staatsbürgerschaft und rechtlicher Status bestimmen die alltäglichen Überlebensstrategien und tragen, wie De Genova (2002) am Beispiel mexikanischer Migranten gezeigt hat, zur alltäglichen „Produktion von Illegalität" bei (vgl. Bogusz 2004; Chavez 1991, 1994; Jordan/Düvell 2002, 2003). Im Jahre 2002 wurde in Italien der Aufenthalt von über 600.000 ‚Papierlosen' legalisiert.

6 Mittlerweile etabliert sich ein unheimliches Überwachungszenarium, das den Panoptismus aufnimmt (vgl. Bigo 2010), einer Krisenlogik einschreibt und sich der Militärtechnologie bedient, um Bewegung, die Ansammlung von Menschen zu erkennen und zu kontrollieren. Von der EU (werden unter dem EU-FP7-Programmen 2013-2014) u.a. gefördert *Low Time Critical Border Surveillance* (LOBOS). „LOBOS aims to bridge the gap between the research in Earth Observation and the operational set up envisaged in the concept of *operation for Copernicus support to EUROSUR*. The project will develop five ‚low time critical' pre-operational services in the areas of port monitoring, coastal monitoring, reference mapping and updates, ambient change detection and punctual area third country monitoring" (http://www.copernicus.eu/pages-principales/projects/other-gmes-projects/security/?no_cache=1&print=1, 5.3.2014, Hvhbg. HF). Daneben zielt SAGRES (*Eurosur Service Activations for Growing Eurosur Success*) auf die Überwachung von Schiffen auf hoher See und in den Häfen von Drittstaaten. „The pre-operational services will be delivered to Frontex via EUSC and EMSA. Dieses am 1.1.2013 gestartete und auf 24 Monate angelegte EU-Programm (EU, FP7) kann auf folgende Partner zählen, das, neben Grenzschutz und Militär, Forschungseinrichtungen und private Firmen zusammenbringt. Partner sind: „GMV Aerospace and Defence S.A.U. (Spain), European Satellite Centre (Spain), GMV-SKY (Portugal), DLR (Germany), Spot Image SA (France), Fraunhofer FKIE (Germany), Guarda Nacional Republicana (Portugal), Centre for Maritime Research and Experimentation (NURC), (Italy), National Space Centre (Ireland), Spot Image Hellas (Greece), European Space Imaging (Germany), Infoterra GmbH (Germany), Engineering ENG (Italy), HISDESAT (Spain), KEMEA (Greece), CNR (Italy), GUARDIA CIVIL

dieser Freiheit, für Bürger außerhalb der EU die Bedingungen für Mobilität eingeschränkt, wurde ein postkoloniales Grenzregime geschaffen, mit dem Bewegung zunehmend technologisch überwacht und zugleich den Regeln des Managements und einer Effizienzlogik unterworfen wird.[7] Diese Techniken der Gouvernementalität verbinden das geltende Sicherheitsdispositiv, Überwachung, Krisenlogik und Militärtechnologie. Gouvernementalität und ihre Technologien haben, wie Foucault feststellt, die „Macht sterben zu lassen" (2001:291). Zugleich zeigt diese vermeintlich unpolitische, am Management von ‚Problemen', an technokratisch-technologischen Lösungen orientierte neoliberale *Governance* die Paradoxien des dichten Gewebes von unterschiedlichen Machtbeziehungen, Strategien und Konflikten, die paradoxerweise auch das geschaffen haben, was zu verhindern und kontrollieren sie doch angewiesen sind: undokumentierte Mobilität.

„In recent years, irregular migration from sub-Saharan Africa to North Africa and Europe has received extensive media attention. Alarmed by these images, the issue has also been put high on the policy agenda of the EU and its member states, which have exerted pressure on North African countries to clamp down on irregular migration occurring over their territory through increasing border controls, toughening migration law, re-admitting irregular sub-Saharan migrants from Europe and deporting them from their own national territories" (de Haas 2007:1).

Die Ordnung von Zirkulation ist daher ein wichtiger Teil der politischen und ökonomischen Beziehungen zwischen der EU und der Anrainerstaaten des Mittelmeeres geworden. Derzeitige Bemühungen verfolgen eine doppelte Strategie, um unerwünschte Mobilität zu kontrollieren und einzudämmen: Sie zielen auf die Verschiebung, die Externalisierung von Grenzen und gleichzeitig auf ihre umfassende, totale Kontrolle und Multiplikation.[8]

(Spain)." (Copernicus. The European Earth Observation Programme. Database of Projects, http://www.copernicus.eu/pagesprincipales/projects/project-database/database-of-projects/?idproj=277&what=-1&page=15, 5.3.2014).

7 „Moving the controls of borders" – die Rolle des privaten Sektors im Schengener Visasystem hat u.a. Guild (2001) untersucht.

8 Vgl. hier nur den Bericht von Migreurope (‚Aux bords de l'Europe. L'externalisation des contrôles migratoires. Rapport 2010-2011', http://www.migreurop.org/IMG/pdf/Migreurop-rapportoct2011.pdf, 18.9.2013). Bereits auf dem EU-

Im Zuge dieser Bemühungen wurde die Zusammenarbeit mit den ehemaligen Kolonien verstärkt. Auch hat sich ein dichtes und fast undurchschaubares Geflecht von Think-tanks, Forschungsinstituten, IGOs und NGOs gebildet, die versuchen, die politische Agenda zu beeinflussen und die zugleich um öffentliche Aufträge und Projektgelder konkurrieren. Diese Organisationen haben zugleich gewichtige ökonomische Interessen und sind zentraler Teil der mittlerweile entstandenen Migrationsindustrie.[9]

Die wichtigsten der im Mittelmeerraum arbeitenden Organisationen sind neben *The International Catholic Migration Committee* (ICMC)[10] die

---

Treffen in Thessaloniki (2003) hatte Großbritannien die Schaffung von *Transit Processing Centers* und die Exterritorialisierung des Grenzmanagements vorgeschlagen. Der Vorschlag wurde damals noch abgelehnt wurde aber – gegen Frankreich und Spanien – von Deutschland, Großbritannien und Italien auf dem Treffen in Florenz (2004) wieder aufgenommen. In der Folge hatte die Europäische Kommission fünf Pilotprojekte des *Europäischen Rats für Justiz und Inneres* (JHA) für die bereits existierenden Einrichtungen in Tunesien, Libyen, Marokko und Mauretanien vorangetrieben, die auch die nationale Gesetzgebung für Asylverfahren beinhalteten. Diese Vorschläge wurden in Kooperation mit dem *UNHCR* im Den Haager Programm weiter verfolgt und beinhalteten auch Studien zu diesen Einrichtungen.

9 Die entstehende Migrationsindustrie und ihre Migrationsmärkte waren lange Zeit ein blinder Fleck der Forschung, vgl. jüngst Betts (2011) und die Beiträge in Gammeltoft-Hansen/Nyberg-Sørensen (2013).

10 Die beeindruckende Liste der Geldgeber umfasst u.a.: „Belgian Bishops Conference, Canadian Catholic Organization for Development and Peace, Catholic Agency for Overseas Development (CAFOD), Caritas Germany, Caritas Italy, European Commission, European Commission Humanitarian Aid Office (ECHO), European Refugee Fund (ERF), Ford Foundation, German Federal Ministry for Economic Cooperation and Development (BMZ), International Rehabilitation Council for Torture Victims (IRCT), Italian Bishops Conference, MacArthur Foundation, Misereor, Oak Foundation, Swiss Federal Department of Foreign Affairs, The United Nations Children's Fund (UNICEF), United Nations Educational, Scientific and Cultural Organization (UNESCO), UN Population Fund (UNFPA), UN Office for the Coordination of Humanitarian Affairs (UNOCHA/ERF), United Nations High Commissioner for Refugees (UNHCR), US Conference of Catholic Bishops (USCCB), US Department of State, Bureau

International Organization for Migration (IOM) und das *International Centre for Migration Policy Development* (ICMPD). Im Jahre 2002 wurde der *5+5 Dialogue on Migration in the Western Mediterranean* ins Leben gerufen und erlaubte den „partner and observer institutions“, der *International Organization for Migration* (IOM), der *International Labour Organization* (ILO) und dem ICMPD, ein politisches Forum aufzubauen, das dem Austausch von Informationen, dem „joint management of international borders, agreed forms of labour migration, migration for development, and protection of the rights of migrants“ dient.[11]

Die IOM ist einer der zentralen Akteure dieser Migrationsindustrie, sie folgt den Politiken der Geberländer, sucht, eigene Arbeitsfelder zu entwickeln, und spielt eine zentrale Rolle in der Ausweitung des europäischen Migrationsregimes in die ehemaligen Kolonien (Caillault 2012:148). Durch „partnerships with relevant governmental, multilateral and private sector industry partners“[12] gehört die IOM zu den wichtigsten Motoren der

---

of Population, Refugees, Migration (BPRM), US Department of State, Office to Monitor and Combat Trafficking in Persons (GTIP)“ (ICMC ‚In appreciation of our donors‘, http://www.icmc.net/appreciation-our-donors, 7.6.2012).

11 IOM (http://www.iom.int/cms/en/sites/iom/home/what-we-do/regional-processes-1/rcps-by-region/5--5-dialogue.html, 24.9.2013). Die zehn Mitglieder sind Algerien, Frankreich, Italien, Portugal, Spanien, Malta, Libyen, Mauretanien, Marokko und Tunesien.

12 Das „Department of Migration Management is responsible for the development of policy guidance for the Field; the formulation of global strategies; standard-setting, quality control; and knowledge management relating to ‚mainstream‘ migration sectors, including labour and facilitated migration, migration and development, counter-trafficking, assisted voluntary return, migration health, assistance for vulnerable migrants, immigration and border management and overall capacity-building in migration management. In addition, the Department also manages the IOM Development Fund and is responsible for reviewing, endorsing and managing multi-region and global projects. The Department provides technical supervision of project review and endorsement to experts in the Field. It is also responsible for maintaining operational partnerships with relevant governmental, multilateral and private sector industry partners in coordination with the Department of International Cooperation and Partnerships“ (IOM,

Externalisierung und Exterritorialisierung europäischer Grenzen, des sogenannten Grenzmanagements und implementiert die Politiken, welche die Organisation gleichzeitig zu beeinflussen und zu bestimmen sucht.

Die dezentrale organisatorische Struktur verfügt über kein festes jährliches Budget, sondern konkurriert um Projektgelder und Geberländer, sie ist von „öffentlichen Geldern abhängig, die akquiriert werden müssen“ (Caillault 2012:143). Als der wichtigste Global Player in diesem expandierenden Sektor der Migrationsindustrie bietet die intergouvernmentale, transnationale Organisation Service für Migrationsmanagement. „Membership increased from 67 States in 1998 to 146 States in 2012 and continues to grow. Total Expenditure increased from US$ 242.2 million in 1998 to US$ 1.3 billion in 2011,“ so die offizielle Verlautbarung.[13] Die IOM schafft sich ständig neue Tätigkeitsfelder, so weiteten die EU und die IOM ihre Kooperation bspw. während der arabischen Revolutionen aus, um „at-risk communities“ zu stabilisieren, „migration management“ bereitzustellen, voranzutreiben und die „transitions in Egypt, Tunisia and Libya“ zu begleiten. Im Dezember 2011 konnte in Tunis dann eine Übereinkunft unterzeichnet werden, mit der die IOM von der EU 9.9 Mill. Euro erhielt, um ab 2012 ein dreijähriges Programm durchzuführen, das Transitionsprozesse und „sustainable recoveries in Egypt, Tunisia and Libya“ unterstützen soll: „More specifically […] IOM will seek to address emerging migration-related challenges in each target country.“[14]

Mittlerweile haben multilaterale Kooperationen mit Libyen und Tunesien in Migrationsfragen eine konsolidierte Tradition. Tunesien war der

---

‚Migration Management.‘ http://www.iom.int/cms/en/sites/iom/home/aboutiom-1/organizational-structure/migration-management.html, 5.3.2014).

13 IOM (http://www.iom.int/cms/about-iom/organizational-chart, 21.9.2013).

14 IOM ‚Cooperation to Stabilize At-risk Communities and Enhance Migration Management to Support Transitions in Egypt, Tunisia and Libya‘, 2011 (http://www.iom.int/jahia/Jahia/media/press-briefing-notes/pbnAF/cache/offonce/lang/en?entryId=31118, 4.10.2012). Die neue Regierung Tunesiens und IOM arbeiten besonders gegen ‚Menschenhandel‘ zusammen (IOM Tunisia/République Tunisienne, 2013, ‚Baseline study on trafficking in persons in Tunisia: assessing the scope and manifestations.‘ http://reliefweb.int/sites/reliefweb.int/files/resources/Baseline%20Study%20on%20Trafficking%20in%20Persons%20in%20Tunisia.pdf, 6.9.2013).

Gastgeber der ersten Zusammenkunft des 5+5-Dialogs im Jahre 2002 und die seit 2003 regelmäßigen Treffen zwischen der IOM und Libyen führten zu einem „one-year plan of action, scheduled to begin in late 2004, under the Programme for the Enhancement of Transit and Irregular Migration Management in Libya – *TRIM*" (Hamood 2006:24). Vorgesehen waren u.a. Programme zur freiwilligen Rückkehr und dem „enhancement of three reception centres" (2006:24), die Anteil an der Externalisierung des europäischen Lagersystems in die früheren Kolonien haben. „Engaging Business and Civil Society", so beschreibt die IOM (2006) ihr Engagement, bindet ökonomische Interessen zusammen und sucht zugleich gesellschaftlichen Konsens.

Neben der IOM ist ein weiterer Akteur und Konkurrent um öffentliche Gelder in diesem Bereich tätig, denn wissenschaftliche Diskurse sind zum integralen Bestandteil des Grenzregimes und der Grenzökonomien geworden. Das *International Centre for Migration Policy Development* (ICMPD) betreibt u.a. anwendungsorientierte Auftragsforschung und arbeitet zugleich maßgeblich an intergouvernementalen Zusammenschlüssen mit, die ihrerseits Migrationspolitiken entwickeln und durchsetzen. Im Jahre 2002 hatte das ICMPD maßgeblichen Anteil am intergovermentalen *Mediterranean Transit Migration Dialogue* (MTM) zwischen „migration officials in countries of origin, transit and destination along the migration routes in Africa, Europe and the Middle East", die auch und gerade Fragen „irregulärer Migration" umfassten. Als ein „dialogue in action, following the guidelines of the main global, African and European policy in combating trafficking and smuggling", kam der MTM-Dialog Jahr 2009 in seine vierte Phase. Der MTM arbeitet auch mit dem *Global Forum on Migration and Development* (GFMD), der *Union for the Mediterranean* (EuroMed), der Africa-EU *Migration, Mobility and Employment* Partnership (MME), dem Rabat-Prozess und dem 5+5-Dialog zusammen. In diesem Geflecht aus Konsultationen und Expertentreffen sieht das ICMPD seine vordringlichsten Aufgaben darin, „to contribute to the opinion-forming of state officials" und darin, „technische Zusammenarbeit" zu fördern.[15]

Grenzmanagement, Aufklärung und die „Techniken der Gouvernementalität" (Foucault 2006c:162-5) sollen Grenzübertritte verhindern noch

15 ICMPD (http://www.icmpd.org/MTM.1558.0.html, 7.8.2012), vgl. Friese (2012b).

bevor sie sich ereignen und damit mobile Menschen fixieren. Informationsbeschaffung und ihre Verarbeitung, die Generierung von Wissen über ‚illegale' Mobilität werden daher zu einer einträglichen Ressource in diesem durch Konkurrenz geprägten Geschäftszweig. Das ICMPD formuliert bündig: „In order to elaborate knowledge-based approaches to migration, be this at policy level, strategic level, or through concrete actions, *access to comprehensive and updated information* is a prerequisite."[16]

Zusätzlich wurde 2004 vom Europäischen Rat die Behörde für das „Management of Operational Cooperation at the External Borders of the Member States of the European Union" (*Frontex*) eingerichtet. Diese hat ihren Sitz in Warschau (wird nicht unerheblich von Italien finanziert), ist „intelligence driven" und soll den Mitgliedsstaaten zusätzliche „border management systems" liefern: „Its main activity is organising and managing cooperative patrol operations at external borders." Die EU-Kommission ist „the most important donor at present, funding more than 95% of the agency's budget" (Kasparek/Wagner 2012:175) und seit „its inception in 2005, its annual budget has increased rapidly from EUR 6 mln to the current EUR 82 mln. The Agency employs 290 staff", so die Selbstdarstellung von *Frontex*.[17] Die Managementbehörde hat eine *Risk Analysis Unit* aufgebaut, die mit „UNHCR, IOM, UNODC, ICMPD, INTERPOL and Europol" zusammenarbeitet, Expertenwissen schafft und bereitstellt, das Mobilität vor allem als ‚Risiko' versteht und – wir haben das schon gesehen – versucht, „Effektivität zu maximieren", „preventing cross-border crime – particularly human trafficking and smuggling – and ensuring the security of the EU's external borders by predicting future trends and proposing remedies."[18]

Schon diese wenigen Beispiele zeigen ein auf unterschiedlichen Ebenen verschachteltes System der Governance, von Techniken der Gouvernementalität, in dem konkurrierende IGOs und Akteure manifeste ökonomische Interessen am Management von Mobilität und der Implementation von Politiken haben. Zugleich generieren diese ‚Probleme', bringen sie

16 I-map migration (http://www.imap-migration.org/index.php?id=4, 7.6.2012).

17 Frontex *Press Pack*, 2011, S. 4 (http://www.frontex.europa.eu/assets/Media_centre/Frontex_Press_Pack.pdf, 28.2.2014).

18 Frontex ‚Risk Analysis' (http://frontex.europa.eu/intelligence/risk-analysis, 28.2.2014).

auf die politische Tagesordnung und bieten dann sogleich effiziente Lösungen für Probleme an, an deren Schaffung sie zuvörderst doch beteiligt waren. In diesem sich selbst verstärkenden System wird der Kampf gegen undokumentierte Mobilität zum Kampf gegen ‚Schmuggel' und verwerflichen ‚Menschenhandel', der dermaßen moralisch aufgeladen und legitimiert, dann natürlich erheblicher finanzieller Ressourcen zu seiner Bekämpfung bedarf.

Auf diese Art und Weise wurde auch

> „the concept of transit migration [...] only invented during the 1990s and publicised by certain institutions, notably IOM, ICMPD, the Council of Europe and various UN agencies. Reference to transit migration often takes form of exaggerated even alarmist reports referring to ‚waves', ‚masses' or ‚millions' of migrants heading North or West. Countries that are transited by migrants are successively integrated into a wider European policy framework of migration control. Concerns over transit migration informs migration policy making [...] Notably, readmission agreements between the EU and its neighbouring countries are a direct outcome of such dynamics" (Düvell 2008).

Als integraler Teil des Grenzregimes besteht das Migrationsmanagement aus einem Set von Diskursen und Praktiken, einer Vielzahl von Akteuren, die sich in einer komplexen, heterogenen, konkurrierenden und oftmals konfliktuellen Konfiguration zusammenfinden. Zugleich ist ein hochprofitabler Geschäftszweig zwischen formaler und informaler Wirtschaft, der seine spezifischen Diskurse und Praktiken an lokale Akteure, wirtschaftliche Interessen, Konflikte um Ressourcen und die Finanzierung durch Politik und öffentliche Hand bindet.

Bereits auf dem EU-Gipfel von Thessaloniki im Jahre 2003 hatte Großbritannien die Einrichtung von *Transit Processing Centers* außerhalb der Grenzen Europas vorgeschlagen. War dieser Vorstoß von den Teilnehmern noch verworfen worden, so wurde – gegen den Widerstand von Frankreich und Spanien – auf dem Treffen in Florenz im Oktober 2004 von Deutschland, Italien und Großbritannien erneut der Vorschlag unterbreitet, in Nordafrika Auffanglager einzurichten, die Asylanträge vor Ort prüfen sollen. Die Kommission hat im Anschluss daran fünf Pilotprojekte des europäischen *Council for Justice and Home Affairs* (JHA) bewilligt, die bereits existierende Einrichtungen in Tunesien, Libyen, Algerien, Marokko und

Mauretanien und die Asylgesetze dieser Länder betreffen. Diese Vorschläge wurden auch im Den Haager Programm (2005/C 53/1) aufgenommen, das unter Mitwirkung des *United Nations High Commissioner for Refugees* (UNHCR) eine Studie über die Einrichtung extra-territorialer Lager anregt.

Grenzen sind nicht länger einfach „Linien", die ein nationalstaatliches Territorium begrenzen, sondern „detention zones" und „filtering systems" (Balibar 2004b:111), sie funktionieren, wie auch William Walters deutlich macht, wie „gateways" und arbeiten als „firewalls differenciating the good and the bad, the useful and the dangerous, the licit and the illicit; constituting a safe, ‚high trust' interior secured from the wild zones outside; immobilizing and removing the risky elements so as to speed the circulation of the rest" (Balibar 2006:197).

Nicht zuletzt auf politischen Druck auf die Länder der ehemaligen Kolonien Europas am Mittelmeer ist die undokumentierte Ausreise aus den Ländern des Maghreb unter Strafe gestellt und wird in Marokko seit 2003, in Algerien seit 2008 und in Tunesien seit 2004 strafrechtlich geahndet. Auch sollten die Rückführungsabkommen zwischen Italien und Tunesien Einfluss auf die Wege und den Alltag der ‚Papierlosen' nehmen.[19]

Nach den 1990er Jahren wurde der Kampf gegen ‚Menschenhandel' verstärkt aufgenommen, u.a. im Protokoll von Palermo (Dezember 2000) und in der „*United Nations Convention against transnational organized crime*" (UNODC, 2004, 2010) festgelegt und wurden juristische Normen verschärft.[20] Gleichzeitig wurde die verstärkte Kontrolle des Mittelmeerrau-

19 Mit dem Gesetz vom 4.2.2004 (2004-6) sieht der tunesische Gesetzgeber für Beihilfe zu undokumentierter Migration bis zu drei Jahre Gefängnis und eine Geldstrafe bis zu 8.000 Dinar (ca. 4.000 Euro) vor. Vgl. Ben Cheïkh/Chekir (2008:6-8) und Fargues (2009). In Italien ist der Aufenthalt ohne gültige Papiere seit 2009 ein Straftatsbestand und allein zwischen August 2009 und April 2010 wurden 19.918 Personen angezeigt (Ministero dell'Interno, Rapporto sulla cri minalità e la sicurezza in Italia 2010, http://www.interno.gov.it/-mininterno/export/sites/default/-it/assets/files/21/0501_sintesi_-rapporto_icsa.pdf, 26.9.2013). Cassarino (2010) hat die Paradoxien der bilateralen Rückführungsabkommen zwischen EU-Mitgliedsstaaten und Drittländern analysiert.

20 „Smuggling of migrants" wird in Art. 3 des „Protocol against the Smuggling of Migrants by Land, Sea and Air, supplementing the United Nations Convention

mes – und damit Europas Außengrenzen – gegen ‚illegale' Einwanderung gefordert und die Kooperationen zwischen den Anrainerstaaten des Mittelmeeres verstärkt. Diese Kooperationsstrukturen wurden seit den frühen 1990er Jahren verstärkt, im Jahre 1995 mit der „Deklaration von Barcelona" institutionalisiert und 15 EU-Mitgliedstaaten verständigten sich mit zwölf südlichen Mittelmeeranrainern auf die Gründung der euro-mediterranen Partnerschaft (EUROMED). Mit dem Barcelona-Prozess und den MEDA-Programmen ab 1996 sollten nicht nur wirtschaftliche, sondern auch und gerade (sicherheits-)politische Kooperationen im Mittelmeer gefördert werden.[21]

Im August 2004 hat man auch die bilateralen Beziehungen zwischen Italien und Libyen verbessert und die gemeinsame Überwachung der Küsten beschlossen.[22] Daraufhin wurde u.a. auf Drängen Italiens im Oktober 2004 das EU-Waffenembargo aufgehoben, was dem Diktator erlaubte, modernste Überwachungsanlagen und Schnellboote anzuschaffen und unter italienischer Leitung die örtlichen Polizeikräfte zu schulen. Im Anschluss an diese Vereinbarungen wurden mehr als tausend Menschen von Lampedusa aus nach Tripolis ausgeflogen und dort in Aufnahmelager gebracht (eine Praktik, die u.a. UNHCR, Amnesty International und Human Rights Watch deutlich kritisierten). Ende Dezember 2007 wurde nach längeren Verhandlungen zwischen Italien und Libyen in Tripolis ein Protokoll unterzeichnet, das nicht nur ‚Reparationen' für die verheerenden Folgen des italienischen Kolonialsystems, sondern auch die bilaterale Zusammenarbeit, besonders die „Zusammenarbeit gegen kriminelle Organisationen des Menschenhandels und der Ausbeutung illegaler Immigration" und gemeinsame

against Transnational Organized Crime", definiert als „the procurement, in order to obtain, directly or indirectly, a financial or other material benefit, of the illegal entry of a person into a State Party of which the person is not a national or a permanent resident" (United Nation Office on Drugs and Crime 2010:1). Vgl. hier nur Gallagher (2001).

21 Im März 2008 beschloss der Europäische Rat auf dem EU-Frühjahrsgipfel die Mittelmeerunion, die dann im Juli gegründet wurde (‚44 Staaten schließen sich zusammen', http://www.eu-info.de/europa/mittelmeer-union/, 5.3.2014).

22 „Gaddafi ist ein großer Freund von mir und von Italien, er ist ein Leader der Freiheit, ich bin froh hier zu sein", so Silvio Berlusconi in Tripolis im Oktober 2004 (zit. nach Travaglio 2011).

Patrouillen vor der Küste vorsah, die, wie schon die Abkommen mit Albanien zuvor, „die Routen der *clandestini* faktisch auf Null stellen" sollte.[23]

Frontex spielte eine zentrale Rolle in dem italienisch-libyschen Protokoll und Frontex-Vertreter haben Libyen 2007 einen Informationsbesuch abgestattet und dort auch die Auffang- und Abschiebelager besucht. Die Zustände dort wurden diplomatisch als „nicht befriedigend" beschrieben, aber dennoch konnte man anerkennend immerhin feststellen, dass „throughout the mission, the members of the mission were treated to *extremely warm hospitality* by the *Libyan hosts*, and useful operational contacts have been established which it is hoped will advance future cooperation on border security issues" (Frontex, Hvhbg. HF).[24]

Großzügige Gastfreundschaft weckt – ironischerweise – die Hoffung auf Zukunft und eine kommende Zusammenarbeit in Fragen der Grenzsicherheit, die Gastfreundschaft doch ausschließen soll. Nach dem Fall des Regimes – das nun sicherlich nicht für die Einhaltung der Menschrechte bekannt war, so hat Libyen die Genfer UN-Flüchtlingskonvention nicht unterzeichnet – wurden bilaterale Kontakte zwischen Italien und der (provisorischen) Regierung wieder aufgenommen, nicht zuletzt um ‚illegale' Mobilität einzudämmen.

Das Freundschaftsabkommen wurde schließlich am 30.8.2008 zwischen dem Ministerpräsidenten Silvio Berlusconi und „dem *leader* der Revolution, Muammar El Gheddafi" in Bengasi unterzeichnet. Art. 19 sieht „die Intensivierung der Zusammenarbeit im Kampf gegen Terrorismus, organisierte Kriminalität, Drogenhandel und illegale Immigration" vor. Man verständigte sich auf „die Realisierung eines Kontrollsystems der Land- und Seegrenzen", das von italienischen Firmen installiert und zur Hälfte von Italien und zur anderen Hälfte von der EU bezahlt werden solle und sich

23 Ministero dell'Interno, Comunicati Stampa, L'accordo Italia-Libia sul pattugliamento: i contenuti, 29.12.2007 (http://www.interno.gov.it/mininterno/export/sites/default/it/sezioni/sala_stampa/comunicati/0866_2007_12_29_I_contenuti_dellxaccordo_con_la_Libia.html, 26.9.2013).

24 Frontex-Led EU Illegal Immigration Technical Missions to Libya, 28 May - 5 June 2007 (http://www.statewatch.org/news/2007/-oct/eu-libya-frontex-report.pdf, 14.3.2014).

dabei auf *Memorandum of Understanding* aus dem Juli 2007 berufen konnte.[25]

Die Bemühungen wurden weitergeführt. Im Oktober 2010 schloss die EU-Kommissarin Cecilia Malmström in Tripolis eine Vereinbarung, mit der die EU rund 50 Mill. Euro für „Hilfe und technische Ausrüstung" bereitstellte, die u.a. der gemeinsamen „Bewältigung der Herausforderungen des Migrationsmanagements", d.h. der Grenzüberwachung dienen sollten.[26] Zwar hatte die italienische Politik durch das ‚Freundschaftsabkommen' mit dem libyschen Diktator versucht, diese Route über das Meer zu unterbrechen.[27] Diese Bemühungen wurden jedoch nicht von langem ‚Erfolg' ge-

25 Camera dei Deputati, XVI Legislatura, Disegno di legge, N. 2041, Ratifica ed esecuzione del Trattato di amicizia, partenariato e cooperazione tra la Repubblica italiana e la Grande Giamahiria araba libica popolare socialista, fatto a Begasi il 30 agosto 2008, *Presentato il 23 dicembre 2008*, (http://www.camera.it/_dati/leg16/lavori/schedela/apritelecomando_wai.asp?codice=16pdl0017390, 14.3.2014).

26 ‚Besuch der EU-Kommissare Malmström und Füle in Libyen zur Förderung einer engeren Zusammenarbeit', 4.10.2010 (http://europa.eu/rapid/pressrelease_IP-10-1281_de.htm, 5.3.2014).

27 Nach dem Kriminalitätsbericht des italienischen Innenministeriums aus dem Jahre 2007 gelang es im Jahre 2004 genau 13.594 Menschen, im Jahr 2005 genau 22.824, 2006 dann 21.400 und im ersten Trimester 2007 1.262 Menschen über den Seeweg nach Sizilien zu gelangen (Ministero dell'Interno, 2007:334, Rapporto sulla criminalità, http://www.interno.gov.it/mininterno/export/sites default/it/assets/files/14/0900_rapporto_criminalita.pdf, 26.9.2013). Das Innenministerium hat folgende Zahlen veröffentlicht: Demnach kamen im Jahr 2005 22.591, im Jr 2006 20.927 und 2007 16.482 Menschen auf dem Seeweg nach Sizilien (Ministero dell'Interno, Communicati Stampa, 29.12.2007, http://-www.interno.gov.it/mininterno/export/sites/default/it/sezioni/sala_stampa/comunicati/0865_2007_12_29_libia_meno_sbarchi.html, 24.9.2013) und so konnte der Vertreter des Außenministeriums stolz erklären: „Seit dem Inkrafttreten des Vertrags sind seit dem 1. Mai diesen Jahres 1.116 *clandestini* an unseren Küsten angelandet. Im Vergleich zum Vorjahr ist das fast ein Zehntel weniger. Dieser Rückgang wurde nur deshalb möglich, weil Libyen seine Kontrollen vor der Küste verstärkt hat" (Ministero degli Affari Esteri, ‚Intervista al Sottosegretario Mantica: Ma Europa e Onu ci hanno lasciato soli', 22.8.2009, http://www.esteri.

krönt: Mit den Ereignissen in Tunesien und Libyen waren bis Ende Juli 2011 bereits 24.769 „Migranten aus Tunesien" und „23.267 aus Libyen" in „Italien angelandet", so erklärte der Innenminister Maroni (*Lega Nord*) in einer Pressekonferenz, auch wenn der italienische Außenminister Frattini Mitte Juli den Abschluss einer neuen Vereinbarung mit der provisorischen Regierung Libyens verkündet hatte, nach der die Küstenüberwachung erneut gemeinsam geregelt und undokumentierte Mobilität schon an den Küsten Libyens verhindert werden sollten.[28]

Das Protokoll des Treffens der Ministerin Annamaria Cancelleri vom 3. April 2012 mit ihrem libyschen Amtskollegen bekräftigte erneut gemeinsame Anstrengungen, „organisierter Kriminalität" entgegenzutreten. Man berief sich auf die Konvention von Palermo und bereits bestehende Vereinbarungen gegen „human trafficking", vereinbarte die verstärkte Zusammenarbeit der Polizei beider Länder, die Einrichtung von „cross-border information systems" und die Einrichtung eines „Center of First Aid" für „illegale Immigranten" in Kufra und anderen Landesteilen.[29] Nach der Verurteilung Italiens durch den *Europäischen Gerichtshof für Menschenrechte* im Jahre 2012 war die Zusammenarbeit bei Refoulement in diesem Protokoll – zumindest explizit – nicht erwähnt.

Zuvor war die Ministerin im März 2012 nach Tunesien gereist, um mit den tunesischen Innen- und Außenministern besonders Fragen der Migration anzusprechen. Mit Befriedigung konnte festgehalten werden, dass die „operative Kooperation" zwischen beiden Ländern zur „Bekämpfung illegaler Immigration zur See vor den Küsten Tunesiens, die am 31. Dezember

---

it/MAE/IT/Sala_Stampa/ArchivioNotizie/Interviste/2009/08/20090824_Mantica Libia.htm, 24.9.2013).

28 Ministero dell'Interno, Communicato di stampa, 12.8.2011 (http://www.interno.it/mininterno/export/sites/default/it/sezioni/sala_stampa/comunicati/comunicati_2011/0783_2011_08_12_-Ferragosto_2011.html_8783073.html, 22.8.2011). und ANSA ‚Immigrazione: domani accordo Frattini-Cnt. Intesa per prevenire e contrastare flussi di clandestini', 16.6.2011 (http://www.ansa.it/web/notizie/collection/rubriche_politica/06/16/visualizza_new.html_816611304.html,8.9.2011).

29 Ministero dell'Interno, Processo verbale della riunione tra il Ministro dell'Interno delle Repubblica Italiana ed il Ministro dell'Interno della Libia, 3.4.2012 (http://www3.lastampa.it/cronache/sezioni/-articolo/-lstp/458843/ 4.10. 2012).

2011 beendet wurde, eine abschreckende Wirkung auf Boote der *clandestini* hatte und die lokalen Behörden eingriffen, noch bevor diese in Seenot gerieten.“[30]

Diese Zusammenarbeit konnte sich auf bereits bestehende Vereinbarungen berufen. Bereits im April 2010 hatte sich die Unterstaatssekretärin Stefania Craxi mit dem Außenminister des tunesischen Regimes getroffen und die bilaterale Vereinbarung aus dem Jahr 1998 zur „Rückführung irregulärer Migranten“ erneuert. „Von Seiten der tunesischen Regierung gibt es den politischen Willen, den derzeitigen Notstand (*emergenza*) zu überwinden“ und „3.000 Tunesier“, die in italienischen Aufnahmelagern sitzen, wieder aufzunehmen. Zugleich bestätigte man die Aufnahmequote von 4.000 legalen Arbeitsmigranten. Der offizielle Menschenhandel wurde mit 5 Mill. Euro besiegelt, der die „Anstrengungen der Tunesier gegen irreguläre Migration“ belohnen, die Überwachung der Küsten und polizeiliche Ermittlungen unterstützen sollte. Am nächsten Tag traf man sich in trauter Runde mit den Diktatoren in den Ex-Kolonien dann zur 8. Konferenz der Außenminister der Mittelmeerländer (5+5).[31] Im April 2011 wurden mit der tunesischen Interimsregierung Regelungen zur Rückführung getroffen.

Auch mit Ägypten konnten Vereinbarungen geschlossen werden. In Antwort auf eine parlamentarische Anfrage berichtete der italienische Unterstaatssekretär für Inneres, dass mit der Europäischen Kommission das Projekt „Sahara Med“ begonnen werden soll; am 30. Mai hatte der italienische Botschafter in Kairo den italienischen Innenminister bereits über seine Gespräche mit dem ägyptischen Amtskollegen informiert, in denen der ägyptischen Seite Hilfe in Aussicht gestellt wurde, um eine moderne und effiziente Polizei aufzubauen. Mit den Geldern aus dem Ministerium für internationale Zusammenarbeit wurden „30 Personal-Computer mit arabi-

---

30 Legislatura 16 Risposta ad interrogazione scritta no. 4-06711, Risposta all'interrogazione n. 4-06711, Fascicolo n.171, Risposta. - Il dialogo con i Paesi nord africani, primi fra tutti Libia, Tunisia e Egitto, costituisce obiettivo strategico del Governo. *Il Sottosegretario di Stato per l'interno* Ruperto, 14.6.2012.‘ (http://www.senato.it/japp/bgt/showdoc/frame.jsp?tipodoc=Sindispr&leg=16&id=667145, 5.3.2014).

31 Ministero degli Esteri (2010) ‚Immigrazione: Sottosegretario Craxi a Tunisi, superare emergenza irregolari.‘ (http://www.esteri.it/MAE/IT/Sala_Stampa/ArchivioNotizie/Approfondimenti/2010/04/20100414_CraxiTunisi, 27.8.2010).

scher Tastatur, 30 Drucker, 10 Scanner und 20 Handmetalldetektoren [...] sowie 6 Geländewagen und 6 *Pick-ups* angeschafft", die in „Wüstenzonen patrouillieren" sollen.[32]

Auch auf dem jüngsten Gipfel der Staats- und Regierungschefs der EU und Afrikas im April 2014 wurde beschlossen, die Zusammenarbeit gegen Menschenhandel und ‚illegale Einwanderung' zu verbessern und eine „Erklärung über Migration und Mobilität" verabschiedet. Die postkolonialen Beziehungen der politischen und wirtschaftlichen Eliten und der staatlich organisierte Menschenhandel, der Wirtschaftszusammenarbeit an die Eindämmung von Mobilität und das einträgliche Management bindet, werden sich nicht nur hier deutlich.[33] In Anlehnung an Foucault (2006c:165) kann man sagen, dass sich diese „Gouvernementalität" auf ein Ensemble von Praktiken und Modellen stützt, in denen „christliche Pastoral" (der humanitäre Diskurs und der Rekurs auf Moral und Ethik), „diplomatische" Bemühungen (bi- bzw. multilaterale Vereinbarungen), „militärische" und polizeiliche Techniken der Überwachung und schließlich auch wissenschaftliche Diskurse sich durchdringen. Das Grenzregime schafft ein dichtes Netz von Beziehungen, es beschäftigt ein Heer von Ministern, Diplomaten, Übersetzern, Unterhändlern, Staatssekretären, Protokollführern, Kommissionsmitgliedern, Parlamentariern, Sicherheitskräften, Wissenschaftlern, Journalisten, Mitarbeitern von NGOs, Sozialarbeitern, Kooperativen, Gewerkschaften, Menschenrechtsaktivisten. Dieses Ensemble an Akteuren wird kaum gelenkt von einer kohärenten Logik, der unsichtbaren Hand des segensreichen Marktes, die jeweiligen Akteure verfolgen unterschiedliche, eigene (institutionelle) und politische Interessen, sie sind historischen Kontingenzen unterworfen und aus diesem Zusammenspiel entstehen notwendigerweise unintendierte Effekte. Zugleich gibt es in diesem Gewebe neogouvernementaler Strategien und Diskurse nicht nur Versuche, Mobilität einzuschränken, sondern auch und gerade machtvolle, gewichtige ökonomische Interessen, ist neoliberales Wirtschaften auf rechtlose und billige

---

32 Senato della Repubblica Italiana, Legislatura 16 Risposta all'interrogazione n. 4-06711. 14.6.2012, *Il Sottosegretario di Stato per l'interno Ruperto* (http://www.senato.it/japp/bgt/showdoc/frame.jsp?tipodoc=Sindispr&leg=16&id=667145 27.9.2013).

33 Tatsächlich sind die Exkolonien kaum Europas ohnmächtige Abhängige und gerade die Verhandlungen über bilaterale Verträge machen das deutlich.

Arbeitskräften in Landwirtschaft und Dienstleistungsgewerbe angewiesen und hat sich eine Migrationsindustrie entwickelt, die an den unterschiedlichen Aspekten von Mobilität ein vitales ökonomisches Interesse hat. Weit davon entfernt, diese Form von Mobilität ‚effizient' zu kontrollieren und zu unterdrücken, haben die vielfältigen Bemühungen des Migrationsmanagements dazu geführt, dass die Routen über das Meer sich beständig verschieben.

Thalassographien: Routen und Kontrolle

Die gegenwärtigen Routen haben einen unheimlichen historischen Hintergrund, der an den Sklavenhandel und das erinnert, was Paul Gilroy (1993) den *Black Atlantic* genannt hat und analog dazu auch die Beziehungen zwischen Europa und den nordafrikanischen Ländern bestimmt. Auch wenn die Erfahrung der nordafrikanischen *harragas* sich erheblich von der Situation der Undokumentierten aus den Ländern der Subsahara und des Horns von Afrika – auch und gerade wegen deren Erfahrungen mit Rassismus in den Ländern Nordafrikas – unterscheidet, so könnte man tatsächlich von einem *Black Mediterranean* sprechen, dessen Beziehungen, Durchdringungen, Vermischungen, Verbindungen die Gegenwart dieser Räume bildet.[34] Diese Beziehungen etablieren sich nicht nur in den Designs zur Kontrolle von Mobilität, den bilateralen Beziehungen zwischen Staaten. Sie zeigen sich auch in den sich durchkreuzenden Praktiken der sozialen Imagination, gemeinsamen Bildern, Symbolisierungen und in den schon angesprochenen Beziehungen zu Fremden, zu Nicht-Bürgern und den Artikulationen von Gastfreundschaft. Zudem verbinden sie die Erinnerung an die Sklavenrouten des Mittelmeeres und die Sklaverei, die, wie Émile Benveniste gezeigt hat, eine sprachliche und historisch wirksame Nähe des Sklaven zum Fremden herstellt: „The free man, born into a group, is opposed to the stranger (Gr. *xénos*), that is to say to the enemy (Lat. *hostis*), who is liable

34 Die politisch überaus heikle und seh umstrittene Frage nach der Verwicklung islamischer Länder in das System der Sklaverei kann hier nicht diskutiert werden. Vgl. in diesem Kontext die Arbeiten von Chebel (2007) und die Akten des ersten von der UNESCO organisierten internationalen Kolloquiums in den arabisch-muslimischen Ländern, das 2007 in Rabat und Marrakesch stattfand.

to become a guest (Gr. *xénos*, Lat. *hospes*) or my slave if I capture him in war (Gr. *aikhamálotos*, Lat. *Captivus*)“ (Benveniste 1973:289).

Er bindet das Wort ‚Sklave‘ sowohl an den Fremden als auch an den Gast, denn der „slave was identified with the stranger“, ist er doch rechtlos und steht außerhalb der Gemeinschaft. Dennoch zeigt das Begriffsfeld, wie die griechischen Begriffe „*doûlos*, *dmõs* oder der lat. *famulus* (daher *familia*, die Diener, die in einem Haus leben)“ eine Bindung an das Haus, den Haushalt, und umfasst alle, die ihn ausmachen (1973:289). In Tunesien werden Schwarze noch heute oft als *abd* (Sklaven) bezeichnet, an vielen Orten gibt es in den Städten noch die *suks al abid*, kann man sich der Stätten erinnern, an denen sie begraben wurden oder es wurden schwarze Dienstboten in die Familienerinnerung aufgenommen: „*Früher hatten wir alle Schwarze, jetzt gibt es hier keine mehr und mit der Zeit haben die sich auch vermischt*“, erinnert sich nicht nur ein Fischer in Kelibia und bestimmt damit auch die Beziehungen zu denjenigen, die auf dem Weg nach Europa aus den Ländern der Subsahara auch durch tunesischen Küstenstädte kommen (auch wenn die größte Zahl nach wie vor von der libyschen Küste aus in See sticht).

Die alten Handelsrouten, die den Orient und Afrika einst mit Europa verbanden (Baghdad – Aleppo – Damaskus – Kairo – Al Mahdiyya; Côte d'Ivoire – Fez – Al Madiyya – Pantelleria – Palermo) und Gewürze, Seide, Gold, Elfenbein lieferten, haben sich nicht wesentlich verändert. Auch die Routen, die einst Sklaven auf die Märkte brachten, zeigen eine unheimliche Kontinuität mit den heutigen Wegen:

> „Tripoli was always a main Mediterranean outlet of black slaves traded across the Sahara. For well over a thousand years, it was the terminus of the main caravan trails of the central desert, being supplied with slaves from the South through Fezzan and from the south-west through Ghadames. The abolition of slavery and the slave trade in Tunis and Algiers in the 1840s only confirmed this predominance“ (Wright 2007:114).

Obgleich Großbritannien (1807), Frankreich (1818), Griechenland (1841) und Tunesien (1841) den Sklavenhandel für illegal erklärt hatten, so wurden zwischen 1846 und 1856 noch 12.048 schwarze Sklaven aus Tripolis verfrachtet (2007:114) und hauptsächlich der Balkan, der ägäische Raum und Anatolien, die Provinzen des ottomanischen Reiches und der Markt der

Levante mit Sklaven versorgt (2007:121).[35] Der Sklavenhandel der Sahara – der auch und gerade Frauen umfasste, „the usual approximate ration of two female slaves traded for every male" (2007:116) – florierte weiter, war er zum großen Teil doch ein „*replacement* trade", denn die Todesrate dieser Menschen auf den langen Märschen war erheblich. Neben Tripolis waren das östlich gelegene Misurata (Qasr Ahmed, Misurata Marina) und die nahe Oase Zliten ein bedeutender Umschlagplatz und „thanks to abolition at other North African ports, Benghazi by the 1860s was the leading slave outlet on the Mediterranean, probably even busier than Alexandria" (2007:121, 115, 120, 125).

Die Frachten hatten einen jahreszeitlichen Rhythmus, der sich nach den Karawanen richtete, sich besonders im Frühjahr und Sommer konzentrierte und zwischen April und Oktober dann die mediterrane „middle passage" versorgte (war Verschiffung doch erheblich günstiger als der Überlandweg). Mit Ausnahme von Marokko „by the 1840s the Mediterranean black slave trade was [...] largely confined to the central and eastern basins under continuing Ottoman control" – und ab 1840 wurden dann meist türkische Handelsschiffe für den Transport eingesetzt.

> „Mediterranean states had in the 1830s reached anti-slavery agreements with Britain – among them Tuscany, Piedmont, Naples, Austria – could always defend Mediterranean slave-running under their flags by pointing out that the relevant treatise were only directed at the Atlantic trade" (2007:130, 136).

Die in diesem Handel eingesetzten Schiffe waren sehr klein und die Sklaven „were simply loaded (sometimes as last-minute make-weights) into the holds of ordinary merchant ships alongside or on top of their usual cargo". Auch waren die Schiffe hoffnungslos überladen, die „‚ratio' of 4 slaves/ton of ship" durchaus nicht ungewöhnlich und war sogar höher als auf der infamen Atlantikroute. Die „central Mediterranean islands were essential ports of call for small ships carrying large numbers of slaves but limited stores of food and water" (2007:130, 132, 128).

Auch die derzeitigen Überlandrouten unterscheiden sich kaum von den einstigen Wegen der Karavanen:

35 Chebel (2007:399-409) datiert die Abschaffung der Sklaverei in Frankreich (1794 bzw. 1848) und Tunesien (1842) abweichend.

„Although a multitude of trans-Saharan routes exists, at least until recently the majority of overland migrants entered the Maghreb from Agadez in Niger. Agadez is located on a historical crossroads of migration itineraries, which often follow revived sections of older trans-Saharan and Sahelian (caravan) trade routes and which have now extended all over the Sahel zone and deep into western and central tropical Africa“ (de Haas 2007:18)

Es gibt hauptsächlich zwei subsaharische Routen, die sich in Agadez teilen. Eine führt zur

„Sebha oasis in Libya (via the Dirkou oasis) in north-eastern direction and to Tamanrasset in southern Algeria in northwestern direction. From Sebha in southern Libya, migrants move to Tripoli and other coastal cities or to Tunisia; from the coast, migrants travel by boat to either Malta or the Italian islands of Lampedusa, Pantelleria, and Sicily“ (de Haas 2007:18).

Diejenigen, die aus dem Nahen und Fernen Osten kommen, wählen meist die Routen via Kairo, Alexandria oder Benghazi, um in Malta, der Küste Siziliens oder vor Lampedusa zu landen. Wer es schließlich schafft, hat meist schon lange Wege hinter sich, ein Leben auf der Durchreise, in dem die stete Suche nach Chancen und Überlebensmöglichkeiten, Unterwegssein und Rast einen unvorhersehbaren Rhythmus entwickeln, sich Solidarität, Hilfe, Freundschaft, Gastfreundschaft und Ausbeutung abwechseln.

Auch sind die Routen, unheimliche *longue durée* (Fernand Braudel) und beunruhigende historische Erinnerung, sich ähnlich geblieben. Die Erfahrung eines mittlerweile ‚legalisierten' Flüchtlings aus Nigeria – er floh nach gewalttätigen Auseinandersetzungen aus seiner Heimatstadt (*„Islamic miltia armed with guns, matchets, bows and arrows killed about 600 people in a brutish religious war“*) – teilen viele der Ankommenden aus den Ländern der Subsahara die entwürdigende Erfahrung, gar keine andere Wahl zu haben und von einem Recht ausgeschlossen zu sein, das anderen selbstverständlich zusteht. Genau in diese erniedrigende Erfahrung mischen sich traumatische Erinnerungen, die das kollektive Trauma des Sklavenhandels wiederholen, Töne, Sprachen und die Bilder heraufrufen, in denen Schwarze auf die Sklavenschiffe getrieben werden:

„*Haya, yemshi, sura, bara giddam yaa zebi'. These words echoed out with military potency as we were ordered out of our base where we camped in Zliten for the eventual journey via the ocean. These words are arabic and literally meant: ,move, go quickly, advance forward you bastards' [...] It was at Zliten we camped before embarking on the boat that took me and 33 others on the last stretch of the journey to Italy – ,the promised land, flowing with milk and honey' as many sojourners entering Italy envisaged. The boat that took us was provided by a Libyan man who charged each passengers 1,000 US dollars. On the night of our departure, we were ordered out of the goat house where we were camped with shouts, yelling and abuses in arabic tongues. In a line format, we were marched to the sea shore and within minutes, off we are on the wide sea, left to our fate in a small boat that could hardly contain 15 people conveniently but here we are, 34 souls including a captain in charge of the motorboat but ironically, he has never been to the sea before nor has sailing experience. We sailed for four days. On the night of the third day, we met a great storm that almost wreck our boat, in the commotion that follows, a man in his late thirties jump into the sea on self will on the notion that he has a call to attend to in the depth of the ocean. That night, our boat nearly capsized but with some divine intervention we weathered the storm and at midday of the fourth day, we were rescued by Italian naval patrol team*" (M. O. Abunsengo).[36]

Nicht zufällig spricht man heute von einer „Central Mediterranean Route" (Pelagische Inseln, Sizilien, Malta), einer „Western Route" (Marokko,

36 M. O. Abunsengo (Name geändert), den ich in Agrigento getroffen habe, hat mir freundlicherweise seine Aufzeichnungen überlassen. Wie viele meiner Gesprächspartner schafft er explizit die Verbindung zu Kolonialismus und Sklaverei, stellt Ansprüche an ein Leben in Europa, fordert Anerkennung: „*During the ages ago, Africa was a quiet and peaceful continent where the lack of scientific explosion was a bonus and blessing until the advent of the whites intrusion into the continent of abundant natural blessings and resources. The white intruders being overwhelmed by the deposit of natural vigour in the personality of the black man commences the worst inhuman invention ever in history - SLAVE TRADE. Many able bodied men and women were moved away into forceful slavery, many died on their way to the slavery land, many were caught off from their roots, their generation, their lineages, like a sheep led to the slaughter slab, dumb and helpless to be slaughtered. Who can talk of their generation, who can give account?*"

Algerien) und „Western African Route“, die Spanien mit dem Senegal und Mauretanien verbindet.[37]

Während in den vergangenen Jahren die Boote besonders von der tunesischen Küste (Sfax, Djerba, Zarzis) nach Lampedusa kamen, so ist – trotz der schon erwähnten bilateralen Übereinkommen und nach den post-revolutionären Abkommen mit Tunesien – mittlerweile auch wieder Libyen ein wichtiger Ausgangspunkt für Undokumentierte, besonders aus der Subsahara. Größere Mutterschiffe, die meist von Ägypten aus kleinere Boote schleppen, laden ihre menschliche Fracht eher an der sizilianischen Küste ab. In den Gewässern um Porto Palo, Capo Passero, Siracusa, Catania kommen seit 2013 besonders Kriegsflüchtlinge aus Syrien an, die von Ägypten oder Libyen aus in See gestochen sind.

Auch die Routen der nordafrikanischen *harragas* haben sich im Laufe der Jahre ständig den sich verändernden politischen und juristischen Bedingungen angepasst, ohne jedoch jemals gänzlich aufgegeben worden zu sein. Noch Ende der 1990er Jahre wurden die tunesischen Häfen kaum überwacht, konnte man sich auch als blinder Passagier leicht auf einem Boot oder einer Fähre einschiffen und erreichte das andere Ufer in wenigen Stunden. Auf diesem Wege gelangten besonders Saisonarbeiter nach Sizilien, um in der Landwirtschaft oder als Fischer auf Booten in Mazara zu arbeiten (Monzini/Pastore/Sciortino 2004:60). In den Häfen Tunesiens erinnern sich viele noch *„an früher“*, als *„es einfacher war, nach Sizilien zu fahren, man nicht all die Papiere brauchte“*, wie mir ein Fischer aus Kelibia berichtete, der sich Anfang der 1980er Jahre als junger Mann nach Sizilien einschiffte, um sich *„ein Paare Rifle* (italienische Jeans)“ zu kaufen, am Hafen in Trapani eine Gruppe Tunesier traf, die auf Pantelleria arbeiteten, sich ihnen kurz entschlossen anschloss und jahrelang dort als Schreiner arbeitete (bevor er – nach einem längeren Aufenthalt in der Toskana – dann als erfolgreicher Migrant wieder in seinen Heimatort zurückkehrte, dort eine Familie gründete und sich ein eigenes Fischerboot kaufte). Mit der Visumspflicht sind diese Möglichkeiten und Verbindungen unterbrochen worden. Auch hatte das schon erwähnte Rückführungsabkommen zwischen Italien und Tunesien aus dem Sommer 1998 (kurzzeitig) dazu geführt, dass die Zahl der Überfahrten nach Lampedusa – der damalige Preis belief sich

37 Frontex, *Fran Quarterly*. January 2014, Risk Analysis Unit Frontex ref. number: 464/2014.

auf 250-500 Euro – sich in den Jahren „1999 und 2000 auf 269, bzw. 182“ reduzierte (Monzini 2008:14-15). Zugleich hatten sich – „mit dem massiven Eintritt Libyens in das Transportgeschäft von Migranten ohne Dokumente“ – ab 2002 die Routen verändert, auch wenn die tunesische nicht vollständig blockiert wurde (Monzini/Pastore/Sciortino 2004:60).

Trotz der Investitionen in Überwachungssysteme, trotz internationaler und bilateraler Übereinkommen, trotz verstärkter Überwachung und der Kontrollbemühungen, ließen sich die *harragas* ihr Recht auf Mobilität nicht nehmen.[38] So muss selbst die IOM sehen, dass

„despite cooperation agreements between Tunisia and several European countries, in the context of global hardening against crime in the 2000s, and the signing of readmission agreements in 2008, including Italy, the networks of trafficking in migrants continue to operate from Tunisia, especially from Sfax and Zarzis [...]. In the second quarter of 2012 Frontext report, 3.685 irregular border crossings were recorded at the central route on the Mediterranean. This in an increase compared to the end of 2011 and early 2012“ (IOM Tunisia/République Tunisienne 2013:44, 45).

Trotz der Bereitstellung erheblicher öffentlicher Ressourcen, trotz aller Managementanstrengungen um ‚effektive‘ Steuerung von ‚Flows‘ muss auch die *Risk Analysis Unit* von Frontex im Jahre 2014 feststellen, dass

„[i]rregular migration in the Central Mediterranean increased staggeringly between the second and third quarters of 2013. Compared to detections during every other quarter in 2012 and 2013 the increase was both sudden and dramatic to a total of over 22 000 detected migrants. The main nationalities were Eritrean and Syrian, each with nearly 6 000 detections and together accounting for more than half of the flow. Also significant were detections of nearly 2 700 Somalis, around 1 800 Nigerians and 1 000 Egyptians. All of these nationalities were detected in much higher numbers than at any other time over the last two years, representing a massive surge of irregular migration at the EU level.“[39]

---

38 Die in der kritischen Migrationsforschung aufgeworfene Frage nach der Autonomie von Migranten soll hier nicht beantwortet werden. Die *Escape Routes* haben Papadopoulos/Stephenson/Vassilis (2008) dargestellt.

39 Frontex, *Fran Quarterly*. January 2014, Risk Analysis Unit Frontex ref. number: 464/2014, 17.

So wurden im 3. Quartal 2013 „mehr als 2000 Migranten in der Woche“ aufgegriffen,

„the proportion of Syrians increasing to 60% by the end of the period. Most migrants departed from Libya, from the coastal area near Tripoli. In October, for the first time two Syrian nationals arrived in Lampedusa after having departed from Tunisia. During their interview they stated that they had departed from Sidi Mansour, 141 nm southwest of Lampedusa, in a wooden boat together with 17 other migrants. As well as migrants arriving from Libya, there were also significant numbers of Egyptians arriving in Italy in the Central Mediterranean region, but in this case departing from Egypt. Nearly 1.000 were detected arriving in Sicily during Q3 2013 [...]. Since the removal of Egyptian President Morsi, Syrian nationals residing in Egypt started to leave the country in massive numbers. First they exclusively arrived in Italy from Egypt directly; then, from the end of September they were more frequently detected in boats that had departed from Libya. Other nationalities were also detected arriving from Libya, most notably Nigerians.“[40]

Trotz aller „joint operational activity in the area“, Anfang Mai 2013 hatte man mit dem Ziel „of controlling irregular migration flows and cross-border criminality from Tunisia, Algeria, Libya and Egypt towards the Pelagic Islands, Sicily and Sardinia“ die Operation *Hermes* durchgeführt (2014:17), der sich im Oktober 2013 die Operation *Mare Nostrum* anschloss, mit der mehrere Schiffe den Kanal von Sizilien überwachten und sich für SAR-Einsätze bereithielten (2014:19), trotz der „operational intelligence“ und „debriefing teams [...] in Trapani, in the CARA centre of Mineo, in Syracuse and in Lampedusa“ (2014:17), trotz einer massiven organisatorischen Maschine, die auch in ihrer Sprache an Kriegseinsätze erinnert: Ganz offenbar erschließen sich Menschen aktiv Handlungsmöglichkeiten, wenn andere Wege nicht gangbar erscheinen oder gänzlich verschlossen sind, und beharren auf ihrem Recht auf Mobilität und lassen (vermeintlich) effiziente Managementstrategien und Ordnungsversuche von Mobilität ins Leere laufen oder verändern die Routen (wie bspw. auch an den türkisch-griechischen Grenzfluss Evros).

---

40 Frontex, *Fran Quarterly*. January 2014, Risk Analysis Unit Frontex ref. number: 464/2014, 18, 19.

Organisierter Menschenhandel, der oft mit Mobilität von Frauen verbunden wird, ist durchaus nicht im Spiel, wenn Undokumentierte sich auf den Weg machen, „migrants do have agency“ (de Haas 2007:25), sind nicht einfach passive Opfer krimineller Strukturen. Die heutigen Reiseunternehmer, die in einem wachsenden und umkämpften Markt ihre Dienste anbieten, sind oft ehemaliger Fischer, Rückkehrer, gescheiterte Grenzgänger oder lokale Schmuggler und werden für ihre Dienste nach Marktpreisen bezahlt. Auch hier regelt die Nachfrage das Angebot. Zugleich kann sich der gewinnträchtige und dynamische Geschäftszweig auf korrupte Polizisten, Sicherheitskräfte, Grenzbeamte verlassen und richtet sich flexibel auf sich ständig verändernde Marktumstände und politische Umstände ein.

Harga und das transnationale Grenzregime sind in soziale und politische Räume und (in)formelle Ökonomien eingebunden. Trotz des dominanten Diskurses über „Menschenhandel“, der europäischen Politikern und interessierten Stakeholders so am Herzen liegt, um die gewinnträchtige Rede in diesem Handlungsfeld zu forcieren, sind die Überfahrten von Tunesien nach Lampedusa (besonders die auf kleinen Fischerbooten oder Schlauchbooten) oft selbstorganisiert. *Harragas* verlassen sich auf Beziehungen der Nachbarschaft, der Verwandtschaft, sie verlassen sich auf Freunde, persönliche Netzwerke oder auch: auf den schieren Zufall einer günstigen Gelegenheit (Mabrouk 2010). Auch haben *laguatas*, *khit*, *jellebas* (Schafhändler), wie die informeller Grenzunternehmer oder Reiseveranstalter genannt werden, im lokalen sozialen Gewebe einen anerkannten Status. Sie haben ein starkes Interesse daran, ihren Service zur Zufriedenheit ihrer Kunden zu leisten, die sich auf ihr Organisationstalent und ihre Routine verlassen. Sie müssen Zuverlässigkeit, ihre Ehre und Reputation auf diesem kompetitiven Markt unter Beweis stellen. Tunesische Häfen wurden zunehmend durch die Hafenbehörde, die Küstenwache und die allgegenwärtigen Informanten des Regimes überwacht. Lokale Unternehmer arbeiteten so durchaus in einem risikoreichen Marktsegment, wenn sie denjenigen ihre Dienste anboten, die von ‚legaler‘ Ausreise ausgeschlossen waren. So liegen die Kosten für die direkte Route Tunesien-Lampedusa um die 1.000 Euro. Manche Unternehmer haben auch All-inclusive-Angebote zum Endziel der Reise im Angebot und *harragas* bekommen, einmal an sizilianischen Stränden abgesetzt, dort auch frische Kleidung, Proviant und eine Fahrkarte zum Ziel der Reise.

Fischer spielen eine wichtige Rolle in der Organisation, verfügen sie doch über die Transportmittel. Die bürokratischen Verfahren für den legalen Verkauf können kompliziert und langwierig sein und Fischer klagten mir gegenüber über den Diebstahl ihrer Schiffe (auch wenn manche Diebstähle eher verschleierte Verkäufe waren). Ein durchschnittliches Schiff kostet zwischen 40.000 und 60.000 Euro, wer die Raten nicht mehr aufbringen kann, verkauft gerne und wird dann eventuell auch zum Vermittler der Fahrten. Ein zwölf Meter langes Boot kann auf seiner letzten Fahrt Richtung Europa gut und gerne 80 Passagiere aufnehmen. Besonders größere Schiffe können kaum von unerfahrenen *harragas* manövriert werden, der *rais* (Kapitän) und der *dmangi* (sein Gehilfe) sind oft ehemalige Fischer, die vom Fischfang nicht mehr leben können oder in andere, erfolgversprechendere Unternehmungen investieren wollen.[41] Zwar ist das Boot

41 Die sizilianische Mafia hat anscheinend ein Interesse an diesem Geschäftszweig entwickelt. Im Jahr 2008 erwähnt die *Direzione Investigativa Antimafia* (DIA) das erste Mal eine „Mafiafamilie" auf Lampedusa/Linosa (DIA 2008:29). Tatsächlich ist es eher unwahrscheinlich, dass lokale Mafiosi auf dem Festland nicht in diese Geschäfte verwickelt sind, halten sie doch die Kontrolle des Territoriums in ihren Händen. Auch haben sich erstaunliche Allianzen entwickelt. Im August 2003 wurde die 1980 in Asmara, Eritrea geborene Ganat Tewelde Barhe, besser bekannt unter dem Namen Madame Genett in Libyen festgenommen, im Februar 2004 nach Italien ausgeliefert und nach Rom geflogen, wo auch ihre Schwester lebt. Zuvor hatte sie in Tripolis für einige Jahre als Hausangestellte gelebt, bevor sie im Jahr 2000 versuchte, über das Meer nach Lampedusa zu kommen. Das gelang ihr zwar nicht, aber sie lernte einige libysche Passeure mit wichtigen Beziehungen kennen und stieg in den Geschäftszweig ein. Ihr ‚Haupt-quartier' war eine Bar in Al Zuwarah und sie wurde zu einer der zentralen Reiseveranstalter in der Region. In Italien wurde sie zu vier Jahren Gefängnis wegen Menschenhandels verurteilt. Im Gefängnis lernte sie ihre Mitgefangene Maria Rita Carmela Falsone, Schwester von Giuseppe Falsone kennen, der als einer der führenden Köpfe der sizilianischen Mafia galt (und 2010 festgenommen wurde). Aufgrund einer Generalamnestie im Jahre 2006 wurde sie aus dem Gefängnis entlassen, stellte einen Asylantrag und wurde in die Einrichtung für Asylbewerber in Ragusa überstellt. Während ihres dortigen Aufenthalts, sie wartete auf die Asylentscheidung, heiratete sie Calogero Falsone, den Bruder des Bosses, bekam damit die italienische Staatsbürgerschaft (konnte

mit der Fahrt verloren, der Verdienst für die Beteiligten aber sicher. (Nach der Beschlagnahme der Boote auf Lampedusa und ihrer Lagerung auf dem dortigen Schiffsfriedhof verdienen, wie wir gleich noch näher sehen werden, dann andere Unternehmer). Das Boot ist mit seiner letzten Fahrt zum Teil der transnationalen Zirkulation von Ressourcen in der Migrationsindustrie geworden, die den informalen und offiziellen Wirtschaftssektor zusammenbindet.

Viele dieser Reisen können sich jedoch nicht auf einen erfahrenen Seemann verlassen. Besonders auf den Fahrten mit Schlauchbooten von der libyschen Küste aus sind die Reisenden gänzlich auf sich gestellt, erhalten bestenfalls einen Kompass, mit dem das Boot auf Kurs 110 zu halten ist und einige Benzinkanister für den Außenborder, von dem dann das Leben abhängt. Auch waren die Wege nach Lampedusa via Libyen besser organisiert, weil sie sich auf professionelle Schmuggler mit guten Kontakten zu Polizei, Grenz- und Zollbeamten und auf spezialisierte *passeurs* verlassen konnten. In den südlichen Grenzregionen Tunesiens wurde, wie in der Grenzstadt Ben Gardane, wo „3.800 Einwohner", fast „20% der aktiven Bevölkerung" vom Schmuggel von Benzin, Öl und Konsumgütern leben, dieser zu einer der wichtigsten Einnahmequellen,[42] die auch durch das internationale Handelsembargo gegen Libyen in den frühen 1990ern noch gefördert wurde. Die Spezialisten der Grenze konnten sich auch in der Region Touazine auf eine stille Übereinkunft mit dem alten Regime verlassen, kontrollierten die lokalen Akteure doch den Handel (besonders von geschmuggeltem Benzin aus Libyen), verhinderten im Gegenzug gefährliche Grenzgänger, das Eindringen bewaffneter Gruppen und trugen nicht wenig zum wirtschaftlichen Überleben und zum sozialen Frieden in der ansonsten von der Politik vernachlässigten und marginalisierten Region bei.

Dieser informelle Sektor sah sich mit der Aufhebung des Embargos im Jahre 2004 einer Krise gegenüber und ersetzte die ausfallenden Einnahmen zum einen dann durch den Transport von undokumentierten Grenzgängern.

---

nicht mehr nach Eritrea ausgeliefert werden) und lebt heute als Mitglied der sizilianischen *community* im toskanischen Livorno (DIA 2009:37).

42 ‚La contrebande aggrave les difficultés budgétaires de la Tunisie, Visions et voix Arabes: Moyen-Orient et Afrique du Nord' (http://blogs.worldbank.org/arabvoices/fr/la-contrebande-aggrave-les-difficult-s-budg-taires-de-la-tunisie, 6. 2.2014).

Zum anderen „existiert dieser Pakt“ zwischen Schmugglern und Staat seit der tunesischen Revolution „nicht mehr“, mit dem das eingespielte Grenzgängertum auch die Grenzen überwachte. Dennoch macht der Schmuggel, wie jüngst die Weltbank in einem Bericht schätzt, mit „1,8 Milliarden Dinar (mehr als 1 Milliarde Dollar)“ mehr als die Hälfte des offiziellen Handelsaufkommens mit Libyen und mehr als das gesamte Aufkommen mit Algerien aus.[43]

„Bei Scirocco [Südwind] *schaffen sie es, bei Maestrale* [Nordwestwind] *gehen sie unter*“, wissen die Fischer auf Lampedusa, eben so wie: *„si muore di maestrale*“ (man stirbt am Nordwestwind). Das Meer ist den erfahrenen Seeleuten nicht eine einfache Wasserfläche, *maru*, ein „wüstes, totes Ding“, wie die Etymologie vorschlägt (auch wenn die Wurzel *mar* doch auf *morire*, sterben, hinweist). Wie das Land hat es seine Geschichten und Orte. Die Sandbänke und Untiefen (*secche*) haben Namen, sie erinnern an Menschen, Boote, Ereignisse und ergeben eine bedeutungsvolle Thalassographie, die von Zufall und Geschick, von Glück, Unglück und Schiffbruch berichtet. Auf einer großen nautischen Karte haben mir einige Fischer auf Lampedusa die bedeutungsvollen Orte auf See markiert und eine *Mental Map* entworfen, die über Generationen weitergegebene Erfahrung allerdings nur schwach abbildet, orientieren sich die Seeleute doch auch und gerade nach den wechselnden Farben des Wassers, der Wellenhöhe und -richtung, den wechselnden Strömungen. Einige Namen sind geographische Hinweise, wie die *Secca tramontana* (eine Sandbank im Norden), die *Scogli fuori porto* (Klippen außerhalb des Hafens), *Sicchitella* (kleine Sandbank) oder die *Sicchitella punta sottile* (kleine Sandbank nahe Punta sottile). Viele Gebiete, Sandbänke und Untiefen sind nach Schiffen

43 ‚Contrebande et commerce parallèle: La Tunisie accuse d'énormes pertes budgétaires.‘ (http://www.huffpostmaghreb.com/2014/02/06/tunisie-contre-bande-comme-n_4736379.html?utm_hp_ref=maghreb, 6.2.2014). In den ersten vier Monaten des Jahres 2013 wurden vom tunesischen Zoll „mehr als 2,7 Mill. Liter Treibstoff, 75.000 Packungen Zigaretten, 11 Tonnen chemische Stoffe, 247 Tonnen subventionierte Lebensmittel, 102 Tonnen Gemüse, 220 Tonnen Obst, 122 Tonnen Betonstahl, 137.000 Kleidungsstücke und 40.000 Medikamentenpackungen“ beschlagnahmt (Ben Hamadi 2013). Derzeit diskutiert die tunesische Politik deshalb die Einrichtung einer Freihandelszone, die dann auch zur ökonomischen Entwicklung der Region beitragen soll.

benannt, wie *Carmincita, Giuseppina, Secca Selinunte, Caterina* und einige Orte erinnern an Unglück und Untergang, wie das *relitto con bollicine* (ein bubbelndes Schiffswrack), *u papuri* (das Wrack eines alten Dampfschiffs), *Armerina* (das Wrack des Boots Armerina), das *relitto completamente a galla* (ein aus dem Wasser ragendes Wrack). Einige Punkte erinnern an Hoffnung und einen sagenhaften Fang, *Secca buongiorno e dammi lu pane* (die Sandbank ‚Guten Morgen und gibt mir Brot'), bezeichnen das zwischen Tunesien und Italien umstrittene Gebiet *Banco Mammellone* oder verewigen Fischer, wie die *Scogli di Natale* oder *Secca Culoma*, die die Meereslandschaft durch Geschichten und Genealogien markieren: „*Culoma, das war ein cleverer Kapitän. Die Netze dort auszuwerfen, ist ziemlich gefährlich, du riskierst, sie zu verlieren. Culuma, das ist der Schwiegervater von Anna Maria* [eine Angestellte der Gemeinde, HF], *wir sprechen von einer Zeit* [...], *also das ist alles so um die vierzig Jahre her!*"

Auch der Ort des fatalen Schiffbruchs vom 3. Oktober 2013 hat einen Namen: *Scogliera della Tabaccara*, sie liegt ca. eine halbe nautische Meile vor dem Touristenstrand der *Isola dei Conigli*. Vielleicht geht der Name des Maurers Costantino Baratta, der am Morgen des 3. Oktober auf seiner kleinen Schaluppe unterwegs war und zwölf Eritreer vor dem Ertrinken retten konnte (und vom Nachrichtenmagazin *L'Espresso* auf der Suche nach zeitgenössischen Helden dann medienträchtig zum „Mann des Jahres" gekürt wurde),[44] auch in die kollektive Erinnerung ein und bindet ein Unglück an die Genealogien der Insel.

Das Meer ist ein dynamischer ‚Seascape', ein bedeutungsvoller Erfahrungsraum und die Bootsflüchtlinge tragen neue Orte und Geschichten auf dieser Karte ein, in denen sich Unglück und Tod, Rettung und Hoffnungen mischen. Was den Seeleuten als selbstverständliche Menschenpflicht und Gebot menschlicher Solidarität galt, Teil der Erfahrung und des Ethos ausmachte, die Rettung Schiffbrüchiger nämlich, wird mittlerweile allerdings meist der Küstenwache überlassen, denn nunmehr kann deren Rettung als Beihilfe zu illegaler Einwanderung gewertet werden, im besten Falle mit langwierigen bürokratischen Untersuchungen und dem Ausfall von Arbeitstagen, im schlechten Falle aber auch mit der Beschlagnahme des Bootes enden und existenzbedrohend werden – erinnert sei hier an die medien-

44 Lampedusa ist von dem Magazin für den Friedensnobelpreis vorgeschlagen worden.

trächtige Beschlagnahme der *Cap Anamur* im Juli 2004 durch die italienischen Behörden. Emblematisch ist hier sicherlich auch der Fall der tunesischen Besatzung zweier Fischerboote, der *Mortedha* und der *Mohamed el Hedi*. Die beiden Kommandanten hatten im August 2007 über Satellitentelefon Alarm geschlagen und 44 Schiffbrüchige gerettet. Die Hafenbehörde (*Capitaneria del porto*) untersagte ihnen jedoch, auf Lampedusa anzulegen und gab Anweisung, in tunesische Hoheitsgewässer zurückzukehren. Sie haben sich dieser Anordnung wiedersetzt. Die Besatzung aus Teboulbah wurde wegen Beihilfe zu illegaler Einreise angeklagt und verbrachte 32 Tage im Gefängnis, bevor sie schließlich freigesprochen wurde. Die Kommandanten wurden zu zwei Jahren und sechs Monaten wegen Widerstand gegen die Staatsgewalt verurteilt. Der Prozess hat länger als zwei Jahre gedauert. Die beiden beschlagnahmten Boote – sie sind in unzähligen Photographien von einem der Schiffsfriedhöfe verewigt, liegen noch heute dort und die Fischer wurden ihrer Lebensgrundlage beraubt.[45]

Mittlerweile finden Fischer auch regelmäßig Körperteile von Ertrunkenen in ihren Netzen, fischen sie Leichen statt Fisch. Es kommt oft vor, dass man Gebeine ins Meer zurückwirft, denn niemand will deswegen die vorgeschriebenen bürokratischen Nachforschungen und Verfahren auf sich nehmen und riskieren, einige Tage nicht fischen zu können. „*Warum soll ich einige Tage verlieren?*", sagen viele, aber alle Fischer haben mir immer wieder versichert, „*wir sind Seeleute (gente di mare)*" und man lässt niemanden ertrinken „*man gibt ihnen Wasser und Essen und alarmiert die Küstenwache.*" Allerdings kann auch das manchmal durchaus heikel werden, dann nämlich, wenn Boote sich außerhalb der Zone befinden, für die sie eine Lizenz haben und nicht nur ein Fischer hat mir berichtet, dass er die Verwandten angerufen hat, welche dann die Küstenwache benachrichtigten und die genaue Position bekanntgaben.

Daneben regelt das internationale Seerecht die Ortung und Rettung der *harragas*. Die internationale Seerechtskonvention (Genf, 1958) unterscheidet zwischen internen Gewässern, territorialen Gewässern (12 nautische Meilen), angrenzenden Zonen (24 Meilen), der Kontinentalplattform und dem offenem Meer. In internationalen Gewässern gilt die *Convention of the United Nations Montego Bay* (1982) die (als „convenzione sul diritto del

45 Vassallo (2009a, b) hat vom Prozess berichtet und dessen juristischen Dimensionen ausgeleuchtet.

mare“) in Italien seit 1995 in Kraft trat und das Mittelmeer in unterschiedliche SAR-Zonen (*Search and Rescue*) einteilt, für die die jeweiligen Anrainerstaaten die Verantwortung tragen. Die zuständigen Stellen müssen eingreifen, wenn ein Schiff offensichtlich nicht zum „Transport von Menschen auf internationalen Reisen geeignet ist“ und zugleich Sorge tragen, dass weder die Sicherheit der Passagiere, noch des Schiffes gefährdet werden.“[46] Dennoch gibt es keine internationale Rechtsnorm („*crimen juris gentium*“), die es verböte, ‚illegale‘ Passagiere von einem Land in ein anderes zu transportieren und es kann auch nicht die entsprechende Konventionen gegen Sklavenhandel (Paris, 1956) angewendet werden, da die Passagiere ja nicht ihrer persönlichen Freiheit beraubt sind.[47] Die Einsätze bewegen sich also in einer rechtlichen Grauzone. Während das nationale Seerecht Sanktionen für unterlassene Hilfeleistung vorsieht,[48] ist es in den letzten Jahren wiederholt zu diplomatischen Auseinandersetzungen zwischen Malta und Italien um die Interpretation der SAR-Zonen gekommen. So ertranken am 11. Oktober 2013 mindestens 268 Menschen, als ihr leckgeschlagenes Boot kenterte. Am Morgen des Tages hatte der mit seiner Familie an Bord befindliche Mohanad Jammo, Chefarzt eines Krankenhauses in Aleppo, bei der italienischen Küstenwache Alarm geschlagen und die genaue Position durchgegeben. Das seit dem Vormittag langsam sinkende Schiff – es war zuvor von einem libyschen Schnellboot beschossen worden –, hatte in Zuwarah seine Fahrt begonnen und befand sich zu dem Zeitpunkt 61,40 nautische Meilen (113 km) vor Lampedusa und 118 nautische Meilen (218 km) vor der Küste Maltas. Jammo wurde von der italienischen Küstenwache jedoch angewiesen, Malta zu alarmieren und von dort wieder nach Italien verwiesen. Hätte Lampedusa eines seiner Einsatzschiffe sofort in Bewegung gesetzt, hätten alle Passagiere gerettet werden können. Eine Hub-

46 Ich verdanke diesen Hinweis der Power-Point-Präsentation, die mir M. Niosi, Tenente di Vascello (CP), Comandante Settima Squadriglia Guardia Costiera di Lampedusa freundlicherweise zur Verfügung gestellt hat.

47 Ministero della Difesa, ‚Traffico e trasporto illegale di migranti in mare.‘ *Glossario di Diritto del Mare* - III Edizione, 3 (http://www.marina.difesa.it/editoria/rivista/gloss/t.asp#tratta, 13.08.2010).

48 Power-Point-Präsentation von M. Niosi, Tenente di Vascello (CP), Comandante Settima Squadriglia Guardia Costiera di Lampedusa.

schrauberbesatzung aus Malta musste zusehen, wie das Boot um 17:10 schließlich unterging.[49]

Das Seerecht bestimmt auch die unterschiedlichen Zuständigkeiten. Dementsprechend haben die unterschiedlichen (militärischen und zivilen) Behörden mit ihren jeweiligen korporativen Traditionen unterschiedliche Aktionsräume auf Lampedusa: Die Marine agiert in internationalen Gewässern, die *Guardia di Finanza* (Zoll) innerhalb der 24-Meilen-Zone, während die *Guardia Costiera* (Küstenwache) hauptsächlich mit SAR-Missionen beauftragt ist. Deren Aufgabengebiet besteht – neben Verwaltungsaufgaben wie Lizenzen, die Kontrolle ankommender Schiffe etc. – hauptsächlich in humanitärer Hilfe und der Rettung von in Seenot geratenen Menschen.

Diese Akteure gehören unterschiedlichen (korporativen) Traditionen und ihren jeweiligen Wertesystemen an, die unterschiedliche Anforderungen stellen und in unterschiedliche (supra)nationale Referenzrahmen – wie das internationale Seerecht – eingebunden sind, ihnen antworten und sich im alltäglichen Handeln und seinen Routinen auf sie beziehen. Eine der Hauptaufgaben der Küstenwache ist die Seerettung. Die lokale Küstenwache besteht aus vierzig Männern, die sich rund um die Uhr für SAR-Einsätze bereithalten. „*Uns stehen sechs Schiffe (unità operativi) zur Verfügung,*" so der frühere Kommandant, „*wir sind gut ausgerüstet, das ist nicht das Problem. Das Problem ist, wir haben zu wenige Einsatzkräfte und die 40 Leute müssen viele Opfer (sacrifici) bringen. In den Sommermonaten haben sie im Monat 20-25 Einsätze, im Winter ca. 5-6.*"

Die Einsätze zeigen die Ambivalenzen der Tätigkeit zwischen Polizeiaufgaben und humanitärer Rettung von Menschenleben, von ethischen Anforderungen und Grenzkontrolle, dem Gesetz der Gastfreundschaft und den Gesetzen, die jenes einschränken.

„Die Rettung Schiffbrüchiger ist nicht nur eine moralische Pflicht und ein Handlungsimperativ, der von allen Seefahrern beachtet wird, sondern auch eine rechtli-

---

49 Der *L'Espresso* hat das Geschehen minutiös rekonstruiert. ‚Lasciati affogare, ecco le prove. La mappa che conferma le accuse' (http://espresso.repubblica.it/opin-ioni/questa-settimana/2013/11/11/news/ecco-la-mappa-che-confermale-accuse-1.140560, 9.1.2014).

che Pflicht. Die Pflicht, menschliches Leben auf See zu schützen, betrifft alle Menschen unabhängig davon, ob sie illegale oder legale Aktivitäten verfolgen",[50]

so der *Comandante Settima Squadriglia Guardia Costiera*. Diese 1991 gegründete temporäre Einheit beruht auf früheren Erfahrungen mit undokumentierter Einwanderung aus Albanien und leistet seit 1997 auf Lampedusa SAR-Einsätze. Nach einer interministerialen Vereinbarung aus dem Juli 2003 werden die Einsätze der Einheit, des Zolls, der Polizei und der Marine vom Hauptquartier in Palermo aus koordiniert (*Direzione dei Servizi Centrali per l'immigrazione istituita presso il Ministero dell'Interno*).

Von den jungen Männern sind die manchmal täglichen Rettungseinsätze nicht einfach zu verkraften und werden vielfach erinnert: „*Das erste Mal war ich sehr mitgenommen, es war sehr emotional und schwer zu verdauen*", erzählte mir selbst der Kommandant der Küstenwache „*und man gewöhnt sich nicht daran, besonders wenn es Tote zu bergen gibt, aber man bekommt eine gewisse Routine*". Alarm wird entweder von Fischerbooten, von regelmäßigen Hubschrauberpatrouillen oder von den „*clandestini selber gegeben, denn die Prozedur hat sich natürlich herumgesprochen und es liegt in ihrem eigenen Interesse, gerettet zu werden. Manche machen ihren Außenborder kaputt, damit wir sie retten müssen*", so einer der Männer, „*meist sind sie reichlich froh, endlich wieder an Land zu kommen*". Nachdem die Menschen das rettende Ufer erreicht haben, werden sie u.a. von den Ärzten von Médecins sans Frontières untersucht und dann entweder ausgeflogen oder in das Aufnahmelager gebracht.

Die Zahl derjenigen, die die Flucht und den Traum von Europa mit dem Leben bezahlen, ist nicht mit Sicherheit zu bestimmen. Folgen wir Gabriele del Grande und seinem Blog *Fortress Europe*, so sind zwischen 1988 und November 2012 mindestens 18.673 Menschen an Europas Grenzen umgekommen. Allein im Jahr 2011 sind 1.500 Menschen ertrunken oder gelten als verschollen.[51] Das Projekt *The Migrant's Files* hat seit dem Jahr 2000 23.000 Tote oder Verschollene dokumentiert.[52]

---

50 Power-Point-Präsentation von M. Niosi, Tenente di Vascello (CP), Comandante Settima Squadriglia Guardia Costiera di Lampedusa.

51 Fortress Europe (http://fortresseurope.blogspot.com/2006/02/nel-canale-di-sicilia.html, 10.1.08) und UNHCR (http://www.unhcr.fr/4f280ad3c.html, 13.4.2014). Ein Umstand, der ironischerweise schon den Sklavenhandel der Middle

Wird man von anderen Möglichkeiten ausgeschlossen, ist dieses Risiko einzugehen natürlich keinesfalls irrational. *Harga* als männlicher Handlungsraum fordert den Beweis persönlicher Stärke, die Fähigkeit, Schwierigkeiten und Grenzen zu überwinden, um in Europa ein besseres Leben führen zu können. ‚Illegale' Praktiken beinhalten Risiko, den Bruch von Gesetzen und Regeln, sie brechen aber auch mit dem bisherigen Leben. Risiko ist, wie Nair bemerkt hat, ein Merkmal der Moderne und das

„immediate and overwhelming risk faced by illicit immigrants in their transnational movements cuts through the fabric of late modernity's culture climate of general risk, speculation or reflexivity and venture, highlightening their own liminality and otherness to the very contexts that they seek to enter" (2007:67).

Herausforderungen anzunehmen, die Fähigkeit, Gefahren und Schwierigkeiten auf dem einmal eingeschlagenen Weg zu überwinden, sich durchzusetzen, zu behaupten, es trotz tödlicher Gefahr zu schaffen, sind Teil männlichen Selbstbewusstseins und herrschender Repräsentationen von Männlichkeit. *Harga* beinhaltet Transgression, Grenzüberschreitungen, den Beweis männlicher Subjektivität und verweist auf dominante Vorstellungswelten, die zugleich durch doppelte Abwesenheiten markiert sind, um sich etablieren zu können: Die weitgehende Abwesenheit von Frauen und die Ausblendung von Verwundbarkeit, Scheitern und Tod.[53]

In Tunesien hat sich mittlerweile eine sehr aktive Gruppe der Angehörigen von Verschollenen gebildet, die mit Hilfe der Menschenrechtsaktivisten des *Forum Tunisien pour les Droits Économiques et Sociaux* nicht nur den bei dem Schiffbruch vor Lampedusa Verschollenen am 14. März 2011, sondern allen nach der Revolution 2011 auf See verschollenen 156

---

passage betroffen hatte, die neuen Dampfschiffe waren leichter zu kontrollieren und eigneten sich kaum für den Transport (Wright 2007:134-5).

52 Die Dokumentation ist zu finden auf http://themigrantsfiles.com, 31.3.2014.

53 Was allerdings nicht heißt, dass Frauen keine Rolle bei der Entscheidungsfindung spielen. Junge Frauen sind bislang kaum die Akteurinnen von *harga*, ihnen bleibt der familiäre Raum und die ‚Investitio in Bildung als Perspektiven besseren Lebens. Auch nehmen viele Frauen aus den Ländern der Subsahara und des Horns von Afrika diese gefährliche Reise auf sich und müssen auf den langen Wegen traumatische Erfahrungen machen.

jungen Männern einen Namen gegeben haben und von den zuständigen tunesischen und italienischen Behörden Auskunft und Informationen über das Schicksal ihrer Angehörigen fordern. Bei seinem Besuch auf Lampedusa 2013 hat Papst Franziskus einen Kranz in die See geworfen, eine Geste, die Afrika und Europa im Totengedenken verbindet, es gab sie schon öfter. Nach einem der Schiffbrüche vor der Insel hatte sich im September 2012 der Präsident der Republik Tunesien, Moncef Marzouki, von der dortigen Küste aus auf den Weg nach Lampedusa gemacht und der See ebenfalls einen Kranz übergeben.

Nicht alle Toten finden mittlerweile auf Lampedusa ihre letzte Ruhestätte. Sie werden auf das Festland gebracht, wo einzelne Gemeinden sich *nolens volens* bereit erklärt haben, die Fremden zu bestatten und den Toten Gastfreundschaft zu gewähren. Auf dem Friedhof von Favara im Hinterland von Agrigento hat der örtliche Pfarrer den Toten Namen gegeben, wie mir der Friedhofswächter erklärt hat, während er mich durch die Reihen der *loculi* führte und mir die Gräber zeigte. Doch meist findet sich kein Name, keine Geschichte, keine Erinnerung: Am Ende der langen Reise werden Menschen zu Nummern. Leben, Sehnsüchte, Hoffnungen verschwinden, niemand klagt an diesem Ort um die Toten, doch irgendwo hatten sie Namen und fehlen Söhne, Brüder, Neffen, Freunde. Zum Staatsbürger wird man qua Geburt und Herkunft. Über die Grenzen kommt man nur ohne Papiere oder mit gefälschter Identität und am Ende des Wegs ist man zu einer Zahl geworden. Vielleicht ist das das deutlichste Zeichen, fremd zu sein: Ohne Namen oder unter falschem Namen in der Fremde begraben, in einem Sarg und nicht in einem Tuch, drei Meter über der Erde in der obersten Reihe der *loculi*. Es ist, als ob diese Gräber Fremdheit versammelten: An einem anderen Ort geboren und an einem anderen bestattet. In diesen Gräbern, letztem Grenzübertritt, zeigt der Tod seine Verbindungen zu den Gegenden, die Europa auch ausmachen.

Das Grenzregime umfasst die Lebenden und die Toten. Es lässt sterben (Foucault 2001:291). Es bringt unterschiedliche (institutionelle) Akteure im öffentlichen und privaten Sektor und ihre jeweiligen (ökonomischen) Interessen zusammen; es verbindet Grenzunternehmer, die die Reisen derjenigen organisieren, die auf ihrem Recht auf Mobilität bestehen und dafür zu zahlen bereit sind, mit denjenigen, die ihren Grenzübertritt zu verhindern suchen und denjenigen die an diesem dann ebenfalls verdienen; es beinhaltet die Produktion und Kommerzialisierung von Wissen, gegensätzliche politische Diskurse und: eine Auseinandersetzungen über Ressourcen. Auf der Insel kreuzen sich zwei Formen von Mobilität: Tourismus und die *clandestini*, die mobile Menschen in Erwünschte und Unerwünschte teilen, ihnen unterschiedliche Räume zuweisen und unterschiedliche Konflikte hervorbringen.

5. SCHIFFE: INTERESSEN UND KONFLIKTE

Das Meer als Ressource – Tourismus und *harragas*

Das Schiff, für die einen Symbol der Freiheit und eines Versprechens, ist für die anderen Mittel zur Sicherung der Existenz. Historisch basierte die lokale Ökonomie auf der (Schwamm-)Fischerei.[54] So gab es noch in den 1980ern sieben fischverarbeitende Betriebe, die besonders Frauen beschäftigten. Versuche, die Betriebe zu einem Konsortium zusammenzuschließen, um ein Qualitätsprodukt (DOC) auf den Markt zu bringen und so den Absatz zu verbessern, scheiterten immer wieder an partikularen Interessen (und undurchsichtiger finanzieller Transaktionen, die zum Bankrott der Kooperativen führten). Während in der Vergangenheit zu viel Fisch auf den Markt kam und damit die Preise sanken – jeder erinnert sich noch an die spektakuläre Aktion in den 1990ern, als empörte Fischer ihren Fang auf die Straßen schütteten –, ist die lokale Ökonomie nun mit einem ganz anderen Problem konfrontiert: „*Manca il prodotto*", Fisch ist knapp geworden. Die örtliche Fischerei sieht sich vor einer bedrohlichen Krise, der Fang des *pesce azzurro* (Sardellen, Sardinen, Makrelen) ist „*praktisch tot*" und auch die verbliebenen verarbeitenden Betriebe verwerten keinen lokalen Fisch mehr: „*Der Fisch kommt jetzt aus Griechenland, Spanien und Peru*", wie ein Fischer sarkastisch bemerkte. Auch ersetzt Technik – GPS und Sonargeräte – nunmehr eine Erfahrung, die einst ein Band über Generationen schuf: „*Die Jungen heute fahren raus, wie man sich ins Auto setzt,*" wie er anfügte.

Mit der Krise dieses Sektors haben sich auch die sozialen Beziehungen und die sozialen Rhythmen verändert, die sich mit den Booten verband: Die Organisation der Arbeit auf dem Schiff, die Beziehungen der Schiffseigner,

54 Die historische Entwicklung des lokalen Fischfangs habe ich an anderem Ort dargestellt (Friese 1996, Kapitel 4).

die Werften, Beziehungen zu Händlern, anderen Regionen. Im Jahre 2007 hatten noch 91 Boote eine Lizenz und derzeit leben ca. 500 Familien u.a. von der Fischerei.[55] Neue Fanglizenzen werden nicht mehr vergeben und es gibt erneut Stilllegungs- und Verschrottungsprämien, um die Flotte zu verkleinern. Viele haben zwischenzeitlich aufgegeben, die Boote werden für Touristentouren genutzt und im Winter „*arrangieren sich*" die einstigen Fischer und verdienen ihr Geld schwarz mit Nebenbeschäftigungen.

Während lokale Fischer die Küstenfischerei innerhalb der Sechs-Meilen-Zone betreiben, müssen sich die verbliebenen Fischer die Ausbeute der Fischgründe mit nationalen (Mazara del Vallo) und internationalen Konkurrenten (besonders Korea) teilen. Diese Flotten sind wesentlich größer und technisch besser ausgerüstet als die lokalen Fischer, die mit ihren Booten nicht in weiter entfernte Gründe ausweichen können (und auch keine Lizenz für die *pesca mediterranea* haben).[56] Fischfang beruht auch nicht mehr auf Erfahrung, technische Entwicklungen (wie Sonar und Hubschrauber) haben den Sektor lang schon industrialisiert. Die lokale Küstenfischerei ist nicht mehr konkurrenzfähig. Auch ist Diesel auf der Insel aufgrund der Transportkosten 17 Cent teurer als auf dem Festland (und selbst die Zuschüsse der Region können die Mehrkosten von durchschnittlich 15.000 Euro jährlich nicht auffangen). Ein weiteres Strukturproblem sind fehlende Transportmöglichkeiten zu den nationalen Märkten – derzeit ist man auf die Fähre angewiesen, die jedoch nicht immer regelmäßig verkehren kann.

Das Mittelmeer ist dramatisch überfischt. Zudem hat die Nicht-Einhaltung der Schonzeiten die Bestände erheblich dezimiert. Die Einhaltung der

55 Siehe das Elenco Unità abilitate all'Attività di Pesca in questo Ufficio Locale Marittimo, Capitaneria del Porto, Compartimento di Porto Empedocle, Ufficio di Locamare di Lampedusa.

56 Während in Mazara del Vallo seit Jahren eine tunesische Community lebt, die in der Fischerei ihr Auskommen findet, haben die lampedusanischen Familienbetriebe (die Boote sind meist im gemeinsamen Besitz von Brüdern oder Schwägern) immer mit lokalen Besatzungen gearbeitet. Im Gegensatz zur Provinz Agrigento haben sich auf Lampedusa auch (noch) keine Chinesen angesiedelt – „*einmal sind Chinesen gekommen, aber auf der Fähre hat man ihnen mit Prügel gedroht und da sind sie wieder umgekehrt und das hat sich herumgesprochen*", so die vielfach erzählte Geschichte. Im Küstenort Sciacca wird eine ähnliche Geschichte berichtet.

Schonzeiten – je nach Lizenz beträgt sie in Italien zwischen April und Oktober, 30-45 Tage im Jahr –,[57] wird kaum überwacht, auch werden diese von den Fischern gerne in die Sommermonate und die Ferienzeit verlegt: „*Soll ich den Vater von Salvatore anzeigen, der ist pensioniert und braucht das Geld*“ hat mir der für die Fischerei zuständige Assessor erklärt und beschreibt damit die Konflikte zwischen unterschiedlichen Logiken und Anforderungen, die das Recht, die langfristige Sicherung von Ressourcen und die sozialen Beziehungen stellen.

In dieser Krise hat sich eine neue Arena von Konflikten eröffnet: Während die Lampedusani früher vor der tunesischen Küste fischten, haben in den letzten Jahren die tunesischen Fischer begonnen, in den Territorialgewässern und den traditionellen Fischgründen der Insel die Netze auszuwerfen.[58] „*Das fängt so im Jahr 2000 an. Die sind mittlerweile auch besser ausgerüstet als früher*“ und „*fahren bei jedem Wetter raus, auch dann, wenn wir das wegen der Bedingungen nicht tun würden, weil es zu gefährlich wäre*“, so ein Fischer. „*Die haben uns ruiniert*“, „*fischen mit Netzen (rete spadara), die bei uns verboten sind oder verhindern mit ihren Netzen, dass andere Schiffe ihre Wege kreuzen.*“ Zudem, so die Klage, halten sich die Tunesier nicht an die von der EU vorgeschriebenen Netzgrößen und mit

57 Diese werden in Übereinstimmung mit den EU-Bestimmungen u.a. durch die Dekrete des regionalen *Assessorato della Cooperazione, del Commercio, Artigianato e della Pesca* geregelt. Vgl. u.a. das Dekret vom 21.4.2006, Art. 2, Absatz 3, 4. Die Fischer werden für den Verdienstausfall entschädigt (http://www.gurs.-regione.sicilia.it/gazzette/g06-23/g06-23-p8.htm, 14.3.2014).

58 „Der Fischfang auf Lampedusa durchläuft derzeit die schwierigste Zeit seines Bestehens; das ist zum einen auf die Entwicklung der Fangflotte aus Mazara zurückzuführen, die mit ihren Schleppnetzen vor Lampedusa fischt und Lampedusa zu ihrem Umschlagsort gemacht hat. Zum anderen ist diese Krise auch auf die maghrebinische Fangflotte zurückzuführen, die mittlerweile intensiv in unseren Hoheitsgewässern anzufinden ist: Es kommt immer häufiger vor, dass man sie ungestört vier oder fünf Seemeilen vor Lampedusa oder Lampione ihre Netze auswerfen sieht“ (Brief der Associazione Pescatori Lampedusa an das Ministero delle Risorse Agricole e Forestali, das Comando Generale delle Capitanierie di Porto und die Gemeinde Lampedusa und Linosa vom 29.9.2000).

den kleinmaschigen Netzen wird „*alles abgefischt.*“[59] „*Alles was uns verboten ist, machen die. Am Abend kann man sie a Ponente sehen, die Lichter, jeden Abend. Letzthin waren sie selbst a Lampione*“, stellt der Vorsitzende der Vereinigung der Fischer (*Associazione Pescatori Lampedusa*) fest.

Besonders erbittert wird kritisiert, dass die Küstenwache, die eigentlich gegen Grenzverletzungen vorgehen sollte, sich untätig zeigt. Die Vereinigung der Fischer, die mit 200 Mitgliedern fast alle Familienbetriebe der Insel vertritt, hat seit dem Jahre wiederholt Protestschreiben an die zuständigen Behörden geschickt, „*um Anmaßung (prepotenze) und Auseinandersetzungen auf See zu vermeiden*“.[60] Gefordert werden „*Maßnahmen, die geeignet sind, die Überfischung des Bestandes an pesce azzurro wenigstens in nationalen Gewässern zu verhindern.*“[61] Die zuständigen Behörden und Politiker haben das Problem jedoch negiert, Handlungsbedarf schlicht geleugnet, auf die Regierung in Rom und notwendige Kooperation der Mittelmeeranrainer verwiesen.[62] Die Fischer fühlen sich politisch nicht repräsen-

---

59 Nach dreijähriger Verhandlung – und nachdem Italien einen bereits im Jahre 2005 erreichten Kompromiss abgelehnt hatte – beschloss die EU im November 2006 erstmals eine Harmonisierung der Fischerei im Mittelmeer. Ziel war die langfristige Sicherung der Ressourcen und der Schutz der Ökosysteme. Für die Fischerei muss nunmehr eine Entfernung von 1,5 Seemeilen von der Küste eingehalten werden (in Italien gelten weiterhin 0,7 Seemeilen bei einer Mindesttiefe von 50 m). Für die Fischerei mit Schleppnetzen (*a strascico*) gelten weiterhin die bestehenden Bestimmungen von 3 Seemeilen (5,5 km) bei 50 m Tiefe. Die Maschengröße der Netze musste bei mindestens 40 mm (quadratisch) bzw. 50 mm (Romben) liegen und die Netze ausgetauscht werden. Dafür gab es Zuschüsse. Auch gelten Mindestgrößen für die jeweiligen Fischarten (SFOP Informa, Strumento Finanziario di Orientamento della Pesca, n. 3 Nov. 2006).

60 Brief der Associazione Pescatori Lampedusa an das Ministero delle Risorse Agricole e Forestali, das Comando Generale delle Capitanierie di Porto und die Gemeinde Lampedusa und Linosa, 19.3.2001.

61 Brief der Associazione Pescatori Lampedusa an das Ministero delle Risorse Agricole e Forestali, das Comando Generale delle Capitanierie di Porto und die Gemeinde Lampedusa und Linosa vom 29.9.2000.

62 Brief des Ministero di Trasporti e della Navigazione, Comando Generale Corpo delle Capitanerie di Porto, Roma, 7.5.2001. „Im Hinblick auf diese Angelegenheit muss darauf hingewiesen werden, dass die Hafenbehörde in Porto Empedo-

tiert, es ist ihnen trotz vielfacher Protestaktionen nicht gelungen, die Problematik auf die regionale und nationale politische Agenda zu setzen.

Die Untätigkeit der Behörden erklären die Fischer damit, dass *„diplomatische Verwicklungen"* mit dem Anrainerstaat vermieden werden sollen, politische und ökonomische Interessen energisches Einschreiten verbieten, erinnert wird an die Gaspipeline, die Algerien, Tunesien und Italien verbindet. Im Mai 2001 hatte die Hafenbehörde schließlich ein tunesisches Fischerboot und *„20 Tonnen Fang beschlagnahmt, das elf Seemeilen östlich an der Secca di Levante und damit in territorialen Gewässern angetroffen wurde"*[63] (der Fisch, so wurde mir gesagt, wurde dann an lokale Restaurants verteilt). *„Die sagen uns ‚lasst die armen Leute doch arbeiten' und werden erst dann einschreiten, wenn es die ersten Toten gibt"*, so die verbreitete Meinung, denn Zwischenfälle zwischen lokalen und tunesischen Booten hat es schon gegeben. Waren früher die Fischer aus Mazara die Konkurrenten, so haben sich die Konfliktlinien verschoben, nehmen nunmehr die *„tunisini"* diesen Raum ein. Fragt man in den Häfen von Mazara, Sciacca und Licata, so teilen alle Fischer dieselben Sorgen – die Flotte aus Mazara bspw. fischt den *gambero rosso* mittlerweile vor Libyen, der Türkei oder Griechenland, weil ihre traditionellen Fanggründe erschöpft sind. Wechselt man

cle hat wissen lassen, dass Nachforschungen bei den Fischern auf Lampedusa keinerlei Beschwerden im Hinblick auf die Problematik haben deutlich werden lassen." Der damalige Präsident der Region, Cuffaro (er ist mittlerweile wegen Unterstützung einer kriminellen Vereinigung inhaftiert) antwortete: „Die Frage nach den schwierigen Beziehungen zur tunesischen Fischfangflotte, die immer öfter in die Territorialgewässer eindringen, ist komplexer. Nicht zuletzt scheint die Ausbeutung der Ressourcen in Schongebieten (wie dem Mammellone) und die Nutzung von Netzen, die unserem Land aufgrund der EU-Bestimmungen verboten ist, paradox und nicht ratsam. Der Präsident (der Region Sizilien, Anm. HF) ist sich der Bedeutung des Fischereisektors bewusst und teilt die Anstrengungen […] das besondere Augenmerk, das auf eine nachhaltige Nutzung dieser Ressource auch für zukünftige Generationen gelegt werden muss. Die Regionalregierung macht es sich zur Aufgabe, das Meer vor übermäßiger Ausbeutung zu schützen. Damit alle an dieser Ressource partizipieren können, ist sie aber auf die Unterstützung des zuständigen Ministers und einen aktiven Dialog mit den anderen Ländern des Mittelmeers angewiesen" (Brief, Prot. N. 5552).

63 Pro Memoria der Associazione Pescatori Lampedusa, 30.5.2001.

das Ufer und fragt tunesische Fischer, zeigt sich ein anderes Bild, hier werden die Inkursionen der Sizilianer in tunesische Gewässer beklagt.

Der *Mammellone* südwestlich von Lampedusa ist eine zwischen Tunesien und Italien umstrittene Meereszone.[64] Tunesien sieht diesen Meeresteil als territoriales Schongebiet, Italien dagegen als Schongebiet auf hoher See (Decreto Ministeriale, 25.9.1979). Die Auseinandersetzung wurde durch eine bilaterale Vereinbarung im August 1971 zwar erst einmal beigelegt, es kam dennoch zu weiteren diplomatischen Verwicklungen. Im Jahre 2005 erklärte Tunesien das Meeresgebiet zur *Exclusive Economic Zone* (EEZ) und beanspruchte Souveränität. „Die juristische Klärung des Status des *Mammellone* wurde einer zukünftigen Klärung zwischen Tunesien und Italien vorbehalten", so ist in einer Erklärung der Marine nachzulesen.[65] Ähnliche Auseinandersetzungen werden mit Libyen geführt. So beschlagnahmten 2008 libysche Behörden ein Schiff 45 nautische Meilen vor der Küste im Golf von Sirte und setzte acht Besatzungsmitglieder aus Mazara fest. Der italienische Außenminister intervenierte. Im Mai 2009 hatte die libysche *Jamahiriya* dieses Gebiet zur EEZ erklärt und seither kam es wiederholt zu Zwischenfällen:[66] Der letzte datiert aus dem September 2010, als ein Schiff aus Mazara mit Maschinenpistolen beschossen wurde (Custodero 2010:23). Amnesty International (2010) erklärte, dass das Schiff von einem Schnellboot getroffen worden war, das – dank des italienisch-libyschen Freundschaftsabkommens aus dem Jahr 2009 –, in den Gewässer gegen ‚illegale' Migranten patrouillieren sollte.

Die Strukturkrise des Sektors führt zu Grenzauseinandersetzungen und klassischen Konflikten über die Verteilung knapper Ressourcen. Die Fischer fühlen sich von den *„tunisini"* belagert, von den Behörden im Stich gelassen und politisch nicht repräsentiert. Die Meinung, dass man für die

64 Ministero della Difesa, Marina Militare (http://www.marina.difesa.it/attivita/attivitaoperativa/vipe/index.asp, 24.9.2013).

65 Ministero della Difesa, Marina Militare (http://www.marina.difesa.it/attivita/operativa/Pagine/Vigilanzapesca.aspx, 24.9.2013).

66 Anfang Februar 2008 wurde von den libyschen Behörden im Golf von Sirte und 45 Seemeilen vor der Küste ein Fischerboot aus Mazara mit acht Mann Besatzung (darunter vier Tunesier und ein Senegalese) beschlagnahmt. Das Außenministerium hatte sich eingeschaltet und die Besatzung konnte – nach der Vermittlung von Ministerpräsident Mario Prodi – nach Mazara zurückkehren.

Flüchtlinge alles tue, *„die kriegen sogar Zigaretten!*“, während man die Fischer mit ihren Problemen alleine ließe, ist weit verbreitet und die Verbindung zwischen den tunesischen Fischern zu den *„clandestini*“ und *„Arabern*“ ist von manchen dann schnell hergestellt:

„Die ruinieren uns, die dürfte man nicht reinlassen, sie fahren selbst bei schlechtem Wetter raus. Wir haben heute, sehen Sie, heute sind wir nicht rausgefahren, aber die fahren raus. Die Küstenwache tut gar nichts, die können machen, was sie wollen. Bei euch sind sie streng, da kommt so was nicht vor.“

‚Und die Mazaresi?‘ frage ich den Fischer.

„Die Mazaresi, das ist was ganz anderes, die sind wie wir, die müssen arbeiten. Aber die ruinieren uns. Die Araber ruinieren uns, diese Araber. Die clandestini klauen, verkaufen Drogen. Die Regierung muss weg, die lassen sie reinkommen. Nach Libyen trauen sie sich nicht, denn da wird geschossen und deshalb kommen sie hierher. Sie ruinieren den Tourismus, das ist negative Werbung, die Leute denken doch, dass sie hier herumlaufen. Aber sie stören nicht. Die Leute baden und merken nichts, denken aber, die laufen hier herum. Jetzt haben sie eine neue Einrichtung,“

und mein Gesprächspartner weist mit ausladender Armbewegung in Richtung des neuen Aufnahmelagers.

„Hier geht alles den Bach runter. Die Clandestini (gemeint sind die tunesischen Fischer, Anm. HF) *fangen alles weg. Hier gibt es 1.000 Militari und die kümmern sich nicht drum, weil sie an uns vorbeirauschen und denen helfen. […] Keiner kontrolliert die Schonzeiten. Keiner kontrolliert, das ist alles ein Witz. Die Tunesier fischen mit verbotenen Netzen. Wir kommen dann mit 4 Kassetten Fang heim, das macht nach Abzug der Kosten für Diesel, Steuern usw. dann 200 Euro, das reicht gerade für Zigaretten, Kaffee und Sprit im Monat*“,

bestätigt auch der für den Fischfang zuständige Assessor.

In den 1980ern setzte der Touristenboom ein und mittlerweile kommen, besonders in den Sommermonaten, bis zu 50.000 Besucher. Der Ort zählt 66 Hotels, *Résidences*, Zimmervermietungen und ca. 30.000 Betten (tatsächlich ist die Zahl aber höher, fast jede Familie vermietet, mehr oder minder an den Steuerbehörden vorbei, Zimmer und Ferienwohnungen).[67] Die kommerzielle Beherbergung von Fremden und der damit verbundene Dienstleistungssektor (Restaurants, Bars, Diskotheken – zwischen 1997 und 2007 wurden 200 Lizenzen vergeben), Auto- und Bootsverleihe, Geschäfte (193 Lizenzen) sind die wichtigste Einnahmequelle der Familien. Mit der Entwicklung dieses Sektors hat sich der Konflikt zwischen dem familiär geführten Beherbungsgewerbe, den zahlenden Gästen und den *clandestini* entwickelt, einhellig beklagt wird zudem die Militarisierung: „*Die Insel ist in der Hand des Militärs und der Clandestini*", so nicht nur mein Gastgeber, „*wir sind zu einem Lager unter freiem Himmel geworden.*" Zwar ist die US-Basis mittlerweile geschlossen worden, doch die Überwachung der Grenze hat viele Sicherheitskräfte und Mitarbeiter des Grenzregimes auf die Insel gebracht, die sich dann, so die Klage, auch in lokale Angelegenheiten „*einmischen*": „*Die Carabinieri schnüffeln überall herum, sogar in der Gemeinde!*" (Besonders unbeliebt war ein Carabiniere aus Pisa und man hoffte inständig auf seine Versetzung.) Deren Unterbringung in lokalen Hotels steht im Zentrum einer Polemik, die gleichwohl nicht ohne Neid geführt wird, sichert das einigen Hotelbesitzern doch Einkünfte auch außerhalb der Touristensaison. Zudem müssen die Mitarbeiter des UNHCR etc. untergebracht werden, haben Médecins sans frontières sich vor Ort eingemietet und beleben Heerscharen von medialen Berichterstattern die lokalen Geschäfte.

Die entstehenden Konfliktlinien haben – wie wir noch genauer sehen werden – die Bevölkerung geteilt, aber auch zusammenbracht und zu unerwarteten Solidarisierungen auch mit denen geführt, die ohne Papier auf der Insel angekommen sind und sich dort unfreiwillig aufhalten. Lampedusa ist beileibe keine geschlossene Gemeinschaft, in dem dynamischen Grenzregime konfligieren verschiedene Interessen und Belange, die auch ganz unterschiedliche Positionierungen erlauben.[68] Zugleich sind die lokalen politischen Machtfelder Teil der klientelären Netzwerke, die den Ort mit der Provinz Agrigento, der Region und Rom verbinden: Es geht um die Kon-

67 Das erklärte steuerpflichtige Jahreseinkommen lag in der Gemeinde im Jahr 2005 durchschnittlich bei 13.861 Euro, 2011 bei 18.362 Euro (http://comuni-italiani.it/084/020/statistiche/redditi.html, 13.3.2014).

68 Sarah Weber (2013) hat diese verschachtelten lokalen Positionierungen den Boatpeole gegenüber am Beispiel von Malta eindrucksvoll dargestellt.

trolle von Ressourcen: öffentliche Aufträge, Arbeitsplätze, Zuschüsse, Baugenehmigungen, die Verfügung über Gemeindeland. Jenseits rhetorisch-populistischer Gesten sind die Ankommenden, ihre Aufnahme zum Teil dieser Arena geworden.

Der Schiffsfriedhof

Der Schiffsfriedhof ist ein sehr beeindruckender Ort. Dieser Ort versammelt Gegenstände, die von den Wegen in eine andere Welt zeugen: Benzinkanister, Wasserflaschen, Schuhe, Kleidungstücke, Teekannen, Lebensmittel, Kämme, Uhren. Gegenstände, die oft einen weiten Weg hinter sich haben, von Verlust und Ankommen zeugen und davon, dass man sein Leben und seine persönliche Geschichte hinter sich gelassen, sein Schicksal herausgefordert hat und nun etwas versucht, das die bisherigen Grenzen des Lebensweges sprengt. Wer etwas zurücklässt, hat auch etwas vor sich. Die auf den Booten zurückgelassenen Gegenstände zeugen von einer Zäsur, einer Schneise im bisher geführten Leben, einem Aufbruch, der Grenzen überwindet und dann nicht selten von seinen Hoffnungen eingeholt wird. Diese Überbleibsel, zurückgelassene Gegenstände, sprechen so auch von den Ambivalenzen, die diese moderne Odyssee ausmachen. Symbol dieser Mobilität ist sicherlich nicht länger der Koffer, sondern der Benzinkanister, der Außenborder und das Mobiltelefon, das nach dem Aufbruch Kontinuität sichert, Verbindungen aufrechterhält oder neue Kontakte auf dem weiteren Weg herstellt.

Mit den Anlandungen entstand ein Problem: Die Entsorgung der Boote. Die von der Zollbehörde (*Guardia di Finanza*, GdF) beschlagnahmten Schiffe wurden zunächst einfach im Hafen versenkt, zu einer ökologischen Bedrohung und zum Teil lokaler Auseinandersetzungen. Nunmehr werden sie – mit anderem Sondermüll – auf der alten Müllkippe gelagert (um dann eigentlich auf dem Festland von spezialisierten Firmen weiter verarbeitet zu werden). Während meines Aufenthaltes 2007 waren mehr als 200 Schiffe gelagert, wie der dortige Arbeiter schätzte. Man fragt sich, warum die Schiffe nicht wie in Malta öffentlich versteigert werden: *„Ich könnte mir nie ein Boot leisten und wäre froh, wenn ich für 2-3.000 Euro eines kaufen könnte und hier vermodern gute Boote vor sich hin*“, sagte er mir, nicht ohne Vermutungen zu hegen: *„die Außenbordmotoren kommen hier nicht her, die teilen sie unter sich auf! Aber was soll man machen, wer komman-*

diert, macht die Gesetze!“ (Auch wenn die Motoren in der ehemaligen LORAN-Base aufgereiht sind und übergangen wird, dass die ankommenden Schiffe auch für einige Fischer zu einem Ersatzteillager geworden sind, man nicht nur die teuren Schiffsschrauben oder GPS-Geräte abmontiert und dem Schwarzmarkt übergibt.)

Ein etwas genauerer Blick in die Unterlagen der Gemeinde macht deutlich, dass Architekten, Ingenieure und Bauunternehmer an den Ankommenden verdienen. Der Haushalt der Gemeinde sah noch 2007 550.000 Euro für den Bau „eines provisorischen Lagers der nautischen Relikte“ vor, der von der *Presidenza del Consiglio, Ufficio della Protezione Civile* finanziert wird.[69] Der Zivilschutz (*Protezione Civile*), der dem Ministerpräsidenten unterstellt ist und eigentlich Naturkatastrophen bewältigen sollte, ist seit Jahren auf Lampedusa präsent und rekurriert auf den erklärten Katastrophenfall, den Ausnahmezustand. Mit der Regierung Berlusconi wurde, um die in der Regel langwierigen Verfahren der Vergabe öffentlicher Aufträge zu umgehen, ein Verfahren zum Normalfall, mit dem die strengen Vergaberegeln umgangen werden und klientelär öffentliche Aufträge an politische Freunde und Verwandte vergeben werden konnten.[70]

Im Jahre 2004 wurde der Zivilschutz auch für den „Notfall“ der Lagerung und Entsorgung der beschlagnahmten Boote auf Lampedusa zuständig. Der Delegierte der *Protezione Civile*, ein Leutnant der *Alpini* (Gebirgsjäger), wurde zum Raumplaner und identifizierte mit der Gemarkung *Tac-*

69 Vgl. Comune di Lampedusa e Linosa, Programma Triennale delle Opere Pubbliche 2006-2008.

70 So wurden u.a. die sog. ‚großen Ereignisse‘, wie die Bauten für die Schwimmweltmeisterschaft in Rom nach diesem Katastrophenverfahren vergeben. Der frühere Direktor, Guido Bertolaso, geriet im Kontext des ursprünglich geplanten G8 auf Sardinen 2010 in die öffentliche Kritik und in den Blick der Staatsanwaltschaft – hatte er doch u.a. seinem Schwager Bauaufträge verschafft. Berlusconi plante, die *Protezione Civile* in eine Aktiengesellschaft umzuwandeln, um Verwandte, Klientele und befreundete Unternehmer noch effizienter mit öffentlichen Aufträgen versorgen zu können. So stiegen die Verfügungen (*ordinanze*), die den Katastrophenschutz zum Inhalt hatten, zwischen 2003 (72), 2004 (59), 2005 (99) 2006 (87) kontinuierlich an. Nachfolger wurde 2010 Franco Gabriele, Präfekt von Aquila und Direktor des Nachrichtendienstes (SISDE) unter der Regierung Prodi.

cio Vecchio einen Ort, der nicht etwa neben der lokalen Müllkippe lag, sondern, wie die Umweltorganisation *Legambiente* sofort kritisierte, an einem Ort öffentlichen Interesses (*Sito d'importanza comunitaria*, SIC), er liegt an einer Panoramastrasse.[71] Mit dem (illegalen) Bau wurde zwar begonnen, doch nur, um im Jahr 2006 beschlagnahmt zu werden, zudem stürzte ein Teil der Umfassungsmauer ein. Der Lagerplatz, die Kosten beliefen sich auf 513.000 Euro, wurde nie in Betrieb genommen und die Boote werden seither auf der öffentlichen Müllkippe oder auf dem Geländer der LORAN-Basis gelagert.

Auch dieser Ort ist symptomatisch für die ökonomischen Interessen und klientelistischen Netzwerke, die sich um ‚illegale' Mobilität drehen. Die Firma *Edilmeccanica G. Campione S.r.l* aus Agrigento bekam den öffentlichen Auftrag zur Entsorgung. Die Firma ist Teil einer Firmengruppe, die von Giuseppe Campione, einem Politiker kontrolliert wird, dem „nachgesagt wird, er sei in Aktivitäten der Mafia verwickelt".[72] Im Jahr 2007 wurde die SEAP (*Società Europea Appalti Pubblici*) mit der Entsorgung beauftragt. Der Vertrag wurde 2008 von der *Protezione Civile* gekündigt und im Dezember 2008 brannten die dort gelagerten Boote (sicherlich kaum zufällig, ist Brandstiftung doch eine klassische Warnung der Mafia und zudem ein einfaches Mittel, die ökologischen Auflagen der Entsorgung zu umgehen).[73] Im April 2009 wurde der öffentlich Auftrag, das Volumen belief

71 Comune di Lampedusa e Linosa, Determinazione sindacale n. 83, 4.6.2004, oggetto messa a disposizione Area Communale per stoccaggio provvisorio relitti natanti di clandestini extracomunitari.

72 Senato della Repubblica (2004) Legislatura 14° - Aula - Resoconto stenografico della seduta n. 686 del 02/11/2004, Interrogazioni. (http://parlamento.it/japp/bgt/showdoc/frame.jsp?tipodoc=Resaula&leg=14&id=00120892&part=doc_dcallegatob_absezionetit_i:1&parse=no&stampa=si&toc=no, 7.10.2010).

73 Auch die *Lampedusa Accoglienza* blieb nicht von ‚Warnungen' verschont: „Am 23. September 2011 wurde das Auto des Verwalters in Brand gesetzt und vollkommen zerstört; am 11. November 2011 [...] wurde ein Lastwagen der Lampedusa Accoglienza angezündet; am 13. November 2011 haben Unbekannte einen ihrer Busse angezündet; am 2. Dezember wurde ein Lagerhaus mit 500 qm. in Brand gesteckt, in dem Kleidung und Küchenmaterial im geschätzten Wert von 300.000 Euro gelagert waren" (Atto Camera, Interrogazione a risposta scritta 4-14447 presentata da Angelo Capodicasa giovedì 12 gennaio 2012,

sich auf 350.000 Euro, neu ausgeschrieben.[74] In der Zwischenzeit hatte die SEAP gegen die Vertragsauflösung Widerspruch eingelegt und gewann im Dezember 2009 die Auseinandersetzung mit der *Protezione Civile* vor dem Verwaltungsgericht.

Dem 2007 gewählten Bürgermeister Bernardino De Rubeis (*Movimento per l'Autonomia*, MPA), dem die Kosten für die Entsorgung der Boote (nach seinen Angaben gab die *Protezione Civile* für die Entsorgung von 23 Booten 166.000-170.000 Euro aus, also 7.300 Euro/pro Boot) zu hoch erschienen, trug sich mit dem Gedanken, diese Aufgabe in kommunale Hand zu legen, für den nötigen Maschinenpark zu sorgen:

„*Ich habe es mit dem Abfallnotstand und zudem mit der Entsorung der Boote zu tun, das kostet um die 300.000 Euro, ich werde die Finanzierung beantragen und dann kann das Holz der Conai* (ein Konsortium, das Abfälle wiederaufbereitet, Anm. HF) *verkauft werden. Nach meiner Amtsübernahme habe ich die Auschreibung der Gesa annulliert* (die Abfallgesellschaft aus Agrigento, die für Lampedusa zuständig ist, Anm. HF) *und außerdem sollte die Protezione Civile in lokaler Hand sein*",

so erklärte der Bürgermeister.

In der Zwischenzeit hatte der Verwaltungsdirektor der SEAP, ein Freund des damaligen Justizministers, Angelino Alfano (*Popolo della Libertà*, PdL/nunmehr *Nuovo Centrodestra*, NCD) den Bürgermeister der Korruption und der Annahme von 70.000 Euro Bestechungsgeldern bezichtigt. Der Bürgermeister kam kurzeitig in Untersuchungshaft, konnte sein Amt dann aber wieder aufnehmen. In den Kommunalwahlen im Jahre 2012 wurde er allerdings nicht bestätigt und die langjährige Aktivistin der *Legambiente* und Leiterin des Naturschutzgebietes auf der Insel, Giusi Nicolini (*Partito Democratico*, PD), wurde zur Bürgermeisterin gewählt.

Ende September 2011 gab es eine neue Ausschreibung zur Entsorgung der nach der tunesischen Revolution auf Lampedusa angelandeten Boote. Diese belief sich auf 1.671.740 Euro und wurde, trotz des Wechsels der italienischen Regierung, erneut mit dem ‚Notstand' begründet, den diejeni-

seduta n. 569, Capodicasa, Berretta, Burtone, Cardinale, Antonino Russo, Samperi e Siragusa - Al Ministro dell'Interno).

74 Dipartimento della Protezione Civile (2009) Bando di gara, 30.3.2009, (http://protezionecivile.it/cms/attach/bando_di_gara.pdf, 25.5.2010).

gen, die auf ihrem Recht auf Mobilität beharren, angeblich schaffen.[75] Auch dieser Ort ist symptomatisch für die ökonomischen Interessen und klientelistischen Netzwerke, die sich um die ‚illegale' Mobilität drehen und von ihr zehren. Die ‚Gastgeber' der Migrationsindustrie sind tatsächlich auf die Ankunft der Gäste angewiesen, machen Gastfreundschaft zum Teil einer politischen Ökonomie und zeigen deren Grenzen an.

6. DAS LAGER: DIE POLITISCHE ÖKONOMIE DER GASTFREUNDSCHAFT

Das Geflecht aus rechtlichen Bestimmungen, (inter)nationalen Konventionen, Vereinbarungen, Erklärungen und Programmen bestimmt nicht nur, wer als Undokumentierter, als Illegaler und *clandestino* gilt und welcher Ort ihm zugewiesen ist, sondern legt auch die unterschiedlichen Akteure fest, die die erste Aufnahme vor Ort arrangieren und alltäglich gestalten. Polizei, Küstenwache und Sicherheitskräfte, die Beschäftigten der Aufnahmezentren, die Gemeinde und lokale Politiker, Freiwilligenorganisationen (*Volontariato*), die Vertreter humanitärer Organisationen (UNHCR), NGOs (wie *Save the Children, Terre des Hommes, Médecins sans Frontières*) und politische Aktivisten. Auch diese haben, wie das Geflecht von sozialen Kooperativen vor Ort, manifeste ökonomische Interessen.

Institutionalisierte Gastfreundschaft implementiert die Gesetze der Gastfreundschaft, artikuliert machtvolle Beziehungen und schafft besondere Orte. Der Apparat, der die Ankunft organisiert, die komplexe Kartographie unterschiedlicher Grenzen, Räume und Orte, sie artikulieren alltäglich die Ambivalenzen der Gastfreundschaft und der Modi, wie man den Fremden begegnet. So werden der Status, die konkreten Räume und Orte von mobilen Menschen, deren Rechte und Pflichten – neben den internationalen Konventionen, wie der Genfer Konvention – u.a. durch das nationale Gesetz 286 (*Legge Turco-Napolitano*) aus dem Jahr 1998 geregelt. Dieses

---

75 Dipartimento della Protezione Civile (2011) ‚Bando a procedura aperta per l'affidamento del servizio di rimozione, trasporto, demolizione e avvio a recupero/smaltimento di imbarcazioni situate presso la ex Base Loran a Lampedusa.' 27.9.2011, (http://www.protezionecivile-.gov.it/jcms/it/view_avb.wp?contentId=AVB14449, 10.6.2012).

ordnet neben den „allgemeinen Prinzipien der Immigrationspolitiken" (Art. 1.1) die „Rechte und Pflichten" des „Fremden" (*straniero*) (Art. 1.2.), die „Einwanderungs- und Aufenthaltsbestimmungen" und die Abschiebung (Art. 2. 1-9), die „Grenzkontrollen", Maßnahmen gegen „illegale Einwanderung" (Art. 2, 10-17), „humanitäre Maßnahmen" (Art. 2, 18-20), die Bestimmungen zur „Arbeitsaufnahme" (Art. 2, 21-27), die „Familienzusammenführung" (Art. 2, 28-33), die Maßnahmen zur „Gesundheitsfürsorge", der „sozialen Integration" und der „interkulturellen Bildung". Das Gesetz bestimmt nicht nur den Zuständigkeitsbereich der jeweiligen lokalen oder regionalen Behörden, sondern sieht auch und gerade die Einrichtung von Zentren vor (*Centri di accoglienza*, Art. 40), welche die Fremden „empfangen" (*accogliere*) sollen. Dieses Gesetz verwendet die Sprache der Gastfreundschaft und spricht – wie auch das Folgegesetz, das unter der Regierung Berlusconi verabschiedet wurde (*Legge Bossi-Fini*) und einige Verschärfungen vorsieht – die Sprache der Gastfreundschaft und ausdrücklich von aufzunehmenden „Gästen" (*ospiti*). Diese Einrichtungen sollen die Fremden nicht nur beherbergen, sondern auch ihre „Autonomie", den Spracherwerb, die soziale Eingliederung und den kulturellen „Austausch mit der italienischen Bevölkerung" fördern (Art. 40), sie artikulieren so auch die Ambivalenzen zwischen Freund und Feind: der Fremde ist ein Gast (*ospite*), der aufgenommen, beherbergt und versorgt werden soll und doch zugleich jemand, der kontrolliert und überwacht werden muss.[76]

Das italienische System kennt mittlerweile vier unterschiedliche Typen von Einrichtungen: Zentren für erste Hilfe und Assistenz (*Centro di permanenza temporanea ed assistenza*, CSPA), Aufnahmezentren (*Centro di prima accoglienza*, CPA), Zentren für Asylbewerber (*Centri di accoglienza per i richiedenti asilo*, CARA) und Identifikations- und Abschiebezentren (*Centri di identificazione e espulsione*, CIE). Auf Lampedusa sollten sich die Ankommenden eigentlich nur 48-72 Stunden aufhalten. Tatsächlich verbringen sie dort im Schnitt zwischen acht und 25 Tagen und damit erhöhen sich natürlich die Einnahmen der *Lampedusa Accoglienza s.r.l.* Zwischen 1999 und 2011 wurden insgesamt 985,4 Mill. Euro aufgewendet (Manconi/Anastasia 2012) und damit werden die erheblichen ökonomischen Interessen an der Aufrechterhaltung dieses Systems deutlich (Friese

76 Médecins sans Frontières hat dieses System kritisiert, an dem MSF gleichwohl beteiligt ist (Leone 2005), vgl. auch Rovelli (2006).

2012b). Allein das Jahr 2013 brachte den Betreibern der 27 Lager in denen 40.244 Menschen untergebracht sind, 1,8 Mill. Euro ein. Die durchschnittliche Einnahme von 45 Euro/Tag pro ‚Gast' erhöht sich auf 70 Euro/Tag für die Unterbringung der derzeit ca. 8.000 unbegleiteten Minderjährigen.[77]

An diesem Business haben auch und gerade die Kooperativen teil, die sich auf den Geschäftszweig der Aufnahme von unbegleiteten Minderjährigen spezialisiert haben. Nicht nur der ehemalige Bürgermeister von Palma di Montechiaro hat die Behörden über Jahre auf den Missstand aufmerksam gemacht. Das übliche Verfahren sieht vor, dass unbegleitete Minderjährige zunächst dem Familiengericht unterstellt werden, das die Erziehungsberechtigung den zuständigen Sozialdiensten bzw. den Einrichtungen übergibt, die jene aufnehmen. Die Kosten der Unterbringung sind dann von der Kommune zu übernehmen, in deren Territorium die jeweilige Einrichtung ihren Sitz hat. Mit der steigenden Zahl der ankommenden Minderjährigen ist deren Aufnahme zum einen ein lukrativer Erwerbszweig geworden, zum anderen entsteht den Gemeinden das drängende Problem der Kostenübernahme. So hat der Bürgermeister jahrelang nicht nur denunziert, dass die jeweilige Aufnahmequote, die für die Einrichtungen gelten, oftmals dramatisch überschritten werden – so wurden einer Einrichtung, die „zehn Plätze zur Verfügung stellen kann, mehr als 30 Minderjährige zugewiesen".[78] Zugleich können die überfüllten Einrichtungen vom kommunalen Sozialdienst nicht mehr im Hinblick auf die Überprüfung der jeweiligen Identität der Minderjährigen, der Anzahl der tatsächlich Untergebrachten und die Einhaltung der gesetzlichen Standards überprüft werden. So ist es durchaus üblich, dass sich Minderjährige aus der Einrichtung entfernen, die Kosten für die Unterbringung der Gemeinde aber weiterhin in Rechnung gestellt werden.

„Im Falle unserer Stadt, die nah an der Küste und den Anlandungen (sbarchi) liegt, hat die frenetische Suche der zuständigen Stellen nach geeigneten Einrichtungen zu einer Zunahme von Einrichtungen geführt, die nach der Logik von Nachfrage und

---

77 Die Zahlen des Innenministeriums hat *La Repubblica* veröffentlicht (http://www.repubblica.it/cronaca/2013/12/19/news/migranti_business_da_due_milioni_al_giorno-73991727/, 19.12.2013).

78 Comune di Palma di Montechiaro, Il Sindaco, 19.12.2007, Prot. n. 130 gab, Oggetto: Minori immigrati accolti nelle comunità alloggio.

Angebot funktionieren. Das führt dazu, dass die Minderjährigen zuhauf (und weit über die jeweilige Kapazität hinaus) den auf ihrem Gebiet entstandenen Einrichtungen zugewiesen werden und die Gemeinde dann die Kosten zu übernehmen hat. [...] Diese Einrichtungen haben der Gemeinde für die Jahre 2006-2007 ca. 1,7 Mill. Euro in Rechnung gestellt. Um eine Vorstellung von der Dinglichkeit des Problems zu geben: Allein in den letzten zwei Wochen sind 98 neue Verfahren zur Übernahme der Erziehungsberechtigung eröffnet worden, die die Gemeinde täglich um die 7.500 Euro kosten.“[79]

Die Überfüllung, so der Bürgermeister, „währt seit einigen Jahren und hat den Notstand (*emergenza*) dauerhaft“ gemacht, der zur „potentiellen Gefahr“ heranwachsen kann. Auch hat er einen Zusammenhang zwischen der „Unsicherheit, der Prekarität, der durch die Überfüllung entstehenden Missstände und der Flucht der Minderjährigen aus den Einrichtungen“ hergestellt. Auch denunzierte er immer wieder die Diskriminierung derjenigen,

„die in Einrichtungen zusammengepfercht sind, die ihren Gästen objektiv keine positiven Lebensperspektiven bieten können. Die Kooperative Sole betreibt drei Einrichtungen: Zwei nehmen jeweils zehn italienische Minderjährige auf, während in der dritten Einrichtung 68 ausländische Kinder zusammengepfercht sind. Diese Überfüllung schadet nicht nur den Minderjährigen und ihrer zukünftigen Integration, sondern auch den Kassen der Gemeinde von Palma,“ [80]

beliefen sich die Kosten der Unterbringung im Jahre 2008 doch auf 1.267.435,94 Euro und führten zur Verschuldung der Gemeinde.

Auch auf Lampedusa hat sich die Migrationsindustrie entwickelt. Als Teil des Ethos von Fischern hat Lampedusa eine lange Tradition in der

79 Comune di Palma di Montechiaro, Il Sindaco, 2.10.2008, Prot. n. 84 gab, Oggetto: Minori immigrati accolti nelle comunità alloggio.

80 Comune di Palma di Montechiaro, Il Sindaco, 23.4.2009, Prot. n. 76 gab, Oggetto: Inserimento di minori stranieri non accompagnati nelle comunità alloggio. Rispetto degli standard e copertura della spesa. Lampedusa partizipiert in diesem System. Im Dezember 2008 hatte die Gemeinde „10 Mio. Euro“ erhalten, u.a. um „dem Notstand der Aufnahme unbegleiteter Minderjähriger“ zu begegnen (Regione Siciliana, Giunta Regionale, deliberazione n. 142, 20.5.2011, contributo straordinario al Comune di Lampedusa).

gastfreundlichen Aufnahme von Schiffbrüchigen. Die ersten Bootsflüchtlinge auf der Insel wurden von Freiwilligen betreut. „*Die Frauen haben für sie gekocht, Kleidung gesammelt*" und nicht nur der Carabiniere hat einige Menschen bei sich Zuhause aufgenommen. „*Wir wussten ja gar nicht, wohin mit ihnen*", wie er sich lebhaft erinnert. Es hatte sich dann eine Gruppe von jungen Leuten gebildet, die, vom *Roten Kreuz* ausgebildet, die Ankommenden „*rund um die Uhr*" betreut hat. Diese spontane lokale Gastfreundschaft wurde – auch wegen der ansteigenden Zahlen – dann in institutionelle Hände gelegt und von der *Misericordia* übernommen. Die Gruppe der Freiwilligen, die sich fast kostenlos um die Ankommenden gekümmert hatte, wurde verdrängt und bei der Vergabe der bezahlten Stellen größtenteils nicht berücksichtigt. „*Sie haben nur einige von uns übernommen. Der Leiter kam aus Corleone, das sagt wohl schon alles*", wie mir eine damalige Aktive anspielungsreich und empört berichtete. Das derzeitige Lager hat ca. 150 – meist lokale – Beschäftigte. Professionalisierung hat das Verhältnis zu den Ankommenden grundlegend verändert: Aus lokaler Solidarität, den vielfachen Gesten von Gastfreundschaft, wurden institutionelle Aufnahme und ‚*Best practice*'-Fiktionen. Waren die Ankommenden in diesem Zeitraum für die Einwohner noch als Individuen sichtbar, so sind sie heute im wahrsten Sinne des Wortes unsichtbar, *clandestini* und das in doppelter Hinsicht: Sie werden unsichtbar gemacht und ihnen ist ein besonderer, ein extraterritorialer, segregierter, ein „heterotoper" Ort (Foucault 1994a) und ein Raum „inklusiver Exklusion" (Agamben 1995) angewiesen.[81]

81 Folgen wir Giorgio Agamben, ist das Lager „zum *nómos* der Moderne" geworden, die die „politisch-juridische Norm von der Ausnahme ununterscheidbar" macht und den „Ausnahmezustand zur Normalität" werden läßt (1995:185). Das Lager hat in dieser Perspektive als „viertes, untrennbares Element die Trinität Staat-Nation (Geburt)-Territorium gesprengt" (1996:40, Übers. HF). War das Lager einst ein außergewöhnlicher Ort, ein Ort der Ausschließung, eingezäunt und vom Geheimnis umgeben, ist dieses Schema nunmehr „universalisiert", über seine Grenzen, Wälle und Zäune hinaus gewachsen und die alte Unterscheidung damit hinfällig geworden. Es geht mir an dieser Stelle nicht um eine Überprüfung dieser Perspektive, sondern vielmehr um den ambivalenten Status des Fremden und die Ambivalenzen, die die Aufnahme ausmachen. „Refugees are marked out by their precise lack of rights. Their a- or extra-territorial form of

Das ehemalige Zentrum, es entstand im Juli 1998 als *Centro di permanenza temporanea ed assistenza* (CPTA), lag am Ortsrand und in unmittelbarer Nähe des Flughafens und bestand aus vier Metallcontainern, in denen maximal 186 Menschen aufgenommen werden konnten (tatsächlich war die Einrichtung aber ständig hoffnungslos überbelegt), einer Mensa mit Küche, einem Duschtrakt und einem Verwaltungsgebäude, in dem auch die Polizei und das Personal der *Misericordia* untergebracht waren, die das Zentrum bis zum Frühjahr 2007 leitete. Der Komplex war von Stacheldraht umzäunt, dürfen die Insassen – anders als die einstigen Verbannten – sich doch nicht frei auf der Insel bewegen. Die Ankommenden werden nach den formalen Aufnahmeprozeduren und ihrer Identifizierung auf das sizilianische Festland gebracht, um von dort auf andere italienische Zentren verteilt zu werden.[82]

Da die Einrichtung beständig überfüllt war, eine Abordnung der EU nach einem offiziellen Besuch zudem erhebliche Mängel in Unterbringung und Verfahrensweisen feststellte, war eine andere Lösung unumgänglich. Die Phase der Planung und Realisierung wurde von zahlreichen Konflikten begleitet, die als „Streik" (*sciopero*) in die lokale Erinnerung eingegangen sind. Eine lokale Fraktion setzte sich für einen Neubau ein (offensichtliches Interesse war hier der Verkauf von Land), während die Linke und Umweltgruppen den Umbau von bereits existierenden Kasernen favorisierten und dies mit einer großen Demonstration unterstützten, an der auch viele Aktivisten der sizilianischen Antirassismusbewegung teilnahmen. Zwar konnte

existence seems to consign them to an abject condition of speechlessness which leaves them with little or no remit to challenge often ill-intentioned depictions (as well as occasional brutality or violence)" (Rajaram/Grundy-Warr 2004:37). Vgl. Bigo (2007, 2010).

82 So gab es allein im Jahr 2006 135, im Jahr 2007 62 sog. ‚humanitäre Flüge', die u.a. von der Fluggesellschaft Dubrovnik durchgeführt wurden, wie den Registern der lokalen ENAC zu entnehmen ist (Ufficio Controllo Traffico – Lampedusa). Einige Überlebende des Schiffbruchs im Oktober 2013 wurden mit einer Maschine der italienischen Post nach Comiso (dem ehemaligen US-Stützpunkt) geflogen, um von dort in die Lager Pozzallo und Catania ‚verteilt' zu werden (Lucio Fava, Comiso, volo umanitario, proveniente da Lampedusa, http://www.ragusanews.com/articolo/34853/comiso-volo-umanitario-proveniente-da-lampedusa, 13.4.2014).

ein Neubau verhindert werden, doch liegt das neue Aufnahmezentrum in einem Naturschutzgebiet (und ist der Bau damit formal eigentlich nicht legal). Die vom Innenministerium finanzierte und 14 Mill. Euro teure Einrichtung, die max. 800 Menschen aufnehmen konnte, wurde im August 2007 eingeweiht, in ein Zentrum für erste Hilfeleitung und Aufnahme (*Centro di Soccorso e Prima Accoglienza,* CSPA) umgewandelt und sollte zu einer Modelleinrichtung werden. Die neue Einrichtung konnte Konflikte mit der Gemeinde jedoch nicht vermeiden, der damalige Bürgermeister beklagte, dass die Einrichtung seit 1998 keine Abgaben für Wasser, Abwasser und Abfall bezahlt habe und die 7 Mill. Euro, die die Gemeinde von der Region Siziliens bekommen hatte, bei weitem nicht zur Kostendeckung ausreichten.

Die Finanzierung erfolgt nicht nur durch das Innenministerium, sondern auch über EU-Gelder. Im Jahr 2005 Wurde das Projekt *Praesiduum I* (Potenziamento dell'accoglienza rispetto ai flussi migratori) aus dem EU-ARGO-Programm finanziert:

„On 1 July 2005 the European Commission allocated 2 million Euros (just under one-third of its 6.7 million Euro budget) under the ARGO Work Programme to ‚support operational activities to address the emergencies caused by illegal immigration in the Mediterranean'" (Hamood 2006:75).

Ziel des Programms ist die „Verbesserung der Aufnahme" und die Betreuung von unbegleiteten Minderjährigen, die Verbesserung der Prozeduren zur Identifikation." In diesem Kontext wurde das Programm *Presiduum 1 und 2* im Juli 2007 erneuert.[83] Das Programm sieht seit 2006 auch die Zusammenarbeit der IOM, des italienischen Roten Kreuzes und des UNHCR vor (seit April 2008 auch von *Save the Children*), wurde das lokale Zentrum doch zum „Modell" für alle anderen Zentren in Italien und deren Zu-

83 Rapport au Gouvernement de l'Italie relatif à la visite effectuée en Italie par le Comité européen pour la prévention de la torture et des peines ou traitements inhumains ou dégradants (CPT) du 16 au 23 juin 2006 (http://www.cpt.coe.int/documents/ita/2007-26-inf-fra.htm, 21.2.2008).

sammenarbeit mit den Ordnungskräften.[84] Das Innenministerium hatte daher bei der Europäischen Kommission im Rahmen von *ARGO* (2006, Annual Work Programme) die Summe von 395.935,52 Euro beantragt, um die

„organisation of overall information sessions, further elaboration and updating of the standard information packages for third country nationals, special assistance to unaccompanied minors, training on medical and psycho-social support for vulnerable new arrivals for staff working in the center, job training, research/analysis of information collected during joint fact-finding missions to transit countries such as Egypt and/or Libya and finally the study tour to other strategic border points affected by the sudden arrival of migrants in order to exchange best practice."[85]

Um die „communication between immigrants and the Ministry of Interior" zu fördern, die Verfahren zur Identifikation der Migranten zu verbessern und „clashes between different ethnic groups and between immigrants" vorzubeugen, beantragte das Ministerium ebenfalls die Summe von 395.935,52 Euro.[86] Im Jahr 2008 wurde bei der Europäischen Kommission um die 760.000 Euro nachgesucht (ARGO). Das Zusammenspiel der unterschiedlichen Träger war recht erfolgreich und *Praesiduum* wurde auch 2010 weitergeführt. Alle Anträge rekurrieren auf „best practices" und Gastfreundschaft als tägliche Praxis wird – zumindest rhetorisch – zum Teil managerialer Tugenden von Hilfsorganisationen und öffentlichen Verwaltungen. „Some Member States, such as Greece and Italy" betonen „in particular the role of cultural mediators, as well as of volunteering and third sector organizations facilitating the interaction between immigrants and the

84 Ministero dell'Interno, 2008, Il modello Lampedusa (http://www.interno.gov.it-/mininterno/site/it/sezioni/sala_stampa/notizie/immigrazione/0713__2008_10_13_modello_lampedusa.html, 14.3.2014).

85 ARGO 2006 (Annual Work Programme) – General call for proposals – Eligible Project proposed for selection, No JLS/2006/ARGO/GC/09 (http://ec.europa.eu/home-affairs/funding/2004_2007/argo/docs/projects_se-lected_details_2006_en.pdf, 26.9.2013).

86 No. JLS/2006/ARGO/GC/10 (http://ec.europa.eu/justice_-home/funding_2004_2007_argo/doc/projects_selected_details_2006_en.pdf, 24.1.2008).

host society".[87] Diese Strategie ist eindeutig, werden die Einrichtungen doch nicht von der öffentlichen Hand, sondern von privaten Trägern betrieben und engagieren sich auch Wohltätigkeitsorganisationen in diesem Sektor.

Im Jahre 2011 wies das Jahresbudget von *Save the Children* die Summe 52.348 Euro für den „Notfall Lampedusa" aus.[88] *Save the Children* ist nicht die einzige Organisation auf Lampedusa, die ihre Mitarbeiter u.a. durch Fundraising finanziert. Auch *Terre des Hommes* engagierte sich und hat „während der Notsituation Nordafrika" im Jahr 2011 dort ein Projekt begonnen (*Faro I,* Leuchtturm I). Im folgenden Jahr war dies mit Weiterbildungsangeboten verbunden (*Faro II*). Das vom Innenministerium genehmigte Anschlussprojekt *Faro III* wurde bis Ende 2013 von der Stiftung *Fondazione Prosolidar* finanziert und widmete sich „im Angesicht der vielen Anlandungen (*sbarchi*) [...] der Notsituation Minderjähriger auf der Insel."[89] *Terre des Hommes* machte auch den Vorschlag, „to transfer, after an agreement with the local population of Lampedusa, families with children in the free structures (30.000 daily-beds available for tourists are empty during the cold season) waiting for their final transfer to definitive host structures" und suchte so,[90] die Belange der Migrationsindustrie noch enger an private Interessen zu binden. Im selben Jahr gelang *Terre des Hommes* auch die Zusammenarbeit mit *C&A*. Zwischen dem 25.11 und dem 6.12.2013 spendete die Modefirma 1% ihrer Einnahmen in Italien dem Projekt *Faro*. Auch durften die Kunden ihren Beitrag zur „psychologischen

87 *Third Annual Report on Migration and Integration* (Comunication from the Comission to the Council, The European Parliament, The European Economic and Social Committee and the Committee of the Regions COM (2007) 512 final Brussels, 11.9.2007, S. 16 (http://ec.europa.eu/justice_home/fsj/immigration/docs/com_2007_512_en.pdf, 3.1.2008).

88 Save the Children, Bilancio al 31 Dicembre 2011, S. 38 (http://images.savethechildren.it/f/download/bilancio/20/2011_bilancio.pdf, 4.10.2012).

89 ‚Terre des Hommes torna a Lampedusa per offrire un supporto psicologico e psicosociale ai minori migranti e alle famiglie con bambini', 2013 (http://terredeshommes.it/comunicati/terre-des-hommes-torna-a-lampe...co-e-psicosociale-ai-minori-migranti-e-alle-famiglie-con-bambini/, 1.3.2014).

90 ‚Lampedusa: child survivors sleeping on the ground', 17.10.2013. (http://www.terredeshommes.org/lampedusa-child-survivors-sleeping-ground/, 1.3.2014).

und psychosozialen Unterstützung [...] der Familien und aller Kinder leisten, die vor Krieg, Armut und Gewalt fliehen und im Laufe des Jahres auf Lampedusa angekommen sind", und beim Kleiderkauf an der Kasse spenden.[91] Der ‚Notfall' Lampedusa wandert an die Kassen, verbindet sich mit multinationalen Unternehmen, deren sozialer Imagepflege. Konsum wird zu Opferkonsum mit verkäuflicher Moral.

Auch die Geschichte des Lagers ist eng an ökonomische Interessen gebunden, die die Migrationsindustrie zu einem einträglichen (lokalen) Wirtschaftssektor gemacht hat und auch klienteläre Netzwerke aktiviert. Im Jahre 2007 gewann die *Lampedusa Accoglienza s.r.l*, ein Zusammenschluss der Kooperativen *IPACEM*, *Blu coop* aus Agrigento und *Sisifo* aus Catania, die der ‚linken' Gewerkschaft der Kooperativen *Legacoop* angehören, die öffentliche Ausschreibung. Nach einem Artikel in der Zeitung *Il Manifesto* (1.4.2007) besetzten antirassistische Aktivisten die Sitze der *Legacoop* in Bologna und Palermo und betonten, dass die alte demokratische Bewegung der Kooperativen nicht am staatlichen System der Internierung von Migranten partizipieren sollte und es entbrannte eine öffentliche Auseinandersetzung. Zudem wurde bekannt, daß die *Lampedusa Accoglienza* den öffentlichen Auftrag mit einem Abschlag von 30% gegen die bisherige Betreiber, die kirchennahe *Misericordia* gewonnen hatte. Um die Kosten für die Aufnahme zu begrenzen, hatte das Innenministerium die Ausgaben für jeden „Gast" auf 50 Euro/Tag beschränkt. Die *Misericordia* bot genau diese 50 Euro, eine andere sizilianische Kooperative, *Connecting People*, bot 37 Euro und die *Lampedusa Accoglienza s.r.l* 33 Euro.[92] Der Vize-Präsident der Kooperative (er gehörte der mittlerweile in die PD aufgegangenen Partei *Margherita* an) erklärte, dass man mit jährlich ca. 2 Mill. Euro kalkuliert habe und die Qualität der Versorgung der Ankommenden nicht leiden würde. Das Zentrum war jedoch nicht länger ein Zentrum für zeitweiligen Aufenthalt (*Centro di permanenza temporanea e assistenza,* CPTA),

91 ‚C&A per i diritti die bambini migranti con Terre des Hommes', 2013 (http://terredeshommes.it/aziende-case-history/ca-per-i-diritti-dei-bambini-migranti-con-terre-des-hommes/, 27.2.2014).

92 Fascicolo storico società di capitale. Consorzio Lampedusa Accoglienza s.r.l., Registro Imprese – Archivio Ufficiale della Camera di Commercio Industria Artigianato e Agricoltura di Agrigento (CCIAA) Documento n . T 110593764 del 08/10/2012.

sondern per Gesetz (Legge Puglia) zu einem Zentrum für erste Hilfe und erste Aufnahme deklariert worden (*Centro di Soccorso e Prima Accoglienza,* CSPA), was bedeutet, dass – zumindest theoretisch – die Ankommenden nicht länger als 48-72 Stunden am Ort verleiben sollten.

Seit *Tangentopoli* (der Antikorruptionsbewegung) werden mittlerweile ca. 40% aller öffentlichen Aufträge an Konsortien vergeben. Die Prozedur ist die folgende: Einzelne Kooperativen, die alleine nicht alle notwendigen Voraussetzungen für die Übernahme von öffentlichen Aufträgen erfüllen, schließen sich zu Konsortien zusammen. Die *Legacoop* nimmt an den Ausschreibungsverfahren teil und vergibt die Aufträge dann ihrerseits an die Mitgliedskonsortien. Nicht nur antirassistische Gruppen waren mit dem Ausgang des Verfahrens jedoch nicht sehr glücklich. Die Vertreter der regionalen *Legacoop* beklagten sich im Gespräch mit mir hauptsächlich darüber, dass die zur *Lampedusa Accoglienza* zusammengeschlossenen Kooperativen sich vorher abgesprochen hatten und so andere Konkurrenten aus der Gegend aus dem Feld geschlagen hätten. Auch sind die politischen Affinitäten und klientelistischen Beziehungen mehr als deutlich, die *IPACEM* bspw. ist ein ‚Familienbetrieb' (die Brüder sind, wie man den Statuten entnehmen kann, Präsident/Vizepräsident, die Ehefrau ist für die Buchhaltung zuständig, ein Schwager arbeitet bei der Präfektur). Obgleich das Vergabeverfahren rechtlich kaum zu beanstanden ist, so zeigt die Affäre dennoch, dass die Aufnahme von Fremden zu einem einträglichen Geschäft geworden ist, in dem ökonomische und politische Interessen sich kreuzen.

Die schon angesprochenen bilateralen Vereinbarungen zwischen Italien, Tunesien und Libyen waren, trotz der in sie investierten finanziellen Mittel, letztlich doch insoweit ineffizient, als sie die Wege nach Europa nicht unterbrachen, sondern lediglich veränderten, sie zeitigten aber auch ‚paradoxe' Effekte und hatten negative Auswirkungen auf die lokale und nationale Migrationsindustrie und deren Einnahmen. Die Jahresbilanz eines der größten nationalen Players im Aufnahmesektor, das Konsortium *Connecting People* mit Sitz im sizilianischen Trapani, musste ernüchtert feststellen, dass sich staatliche Maßnahmen negativ auf die Bilanz ausgewirkt hatten:

„Das Konsortium Conecting People hat trotz eines Gesamtumsatzes von 9.811.307 Euro das Jahr 2010 mit einer negativen Bilanz von 262.072 Euro abgeschlossen. Im

Laufe des Jahres wurden 3.898.108 Euro an die Mitglieder für ihre Dienstleistungen ausgezahlt, was 40% des Umsatzes ausmacht und 93% der Dienstleistungen, die immerhin das Gesamtvolumen von 4.198.948,00 Euro ausmachten. Wegen des Rückgangs des Immigrationsflusses im Jahre 2010 hat sich das Gesamtvolumen der Umsätze unseres Konsortiums reduziert. Diese Reduktion hatte sich mit der Regierungspolitik der Zurückweisung auf See (*respingimento*) bereits angekündigt. Im Zuge des humanitären Notstands in den ersten Monate des Jahres 2011 konnte eine Steigerung des Immigrationsflusses festgestellt werden, die eine Erhöhung des Geschäftsvolumens des Konsortiums absehen lassen und das negative Ergebnis im Jahr 2010 ausgleichen werden" (Consorzio Connecting People 2010:1).

Das Konsortium ist in vielen Regionen tätig und leitet verschiedene Einrichtungen. Im Jahre 2010 hat die *Connecting People* die gemeinnützige Stiftung *Xenagos* gegründet, die soziale Projekte wie *tutti inclusi* (wörtl. ‚Alle eingeschlossen') unterstützen, ein Projekt, in dem auch die IOM beteiligt ist und von der Steuer absetzbaren Geldern (8×1000) finanziert wird. Das Projekt, oftmals sind diese auch ein Mittel klientelärer Arbeitsbeschaffung, finanziert auch *Etnika*, eine Einrichtung für „Migrationsstudien".[93] Die Abrechnungen der Einrichtungen entsprachen durchaus nicht immer den gesetzlichen Vorschriften. Im August 2012 bestand für die Staatsanwaltschaft der Anfangsverdacht, dass öffentliche Gelder, die vom Innenministerium über die Präfektur von Goriza an das dortige Lager gegangen waren, teilweise „in private Taschen" geflossen waren und eröffnete eine Untersuchung gegen vier Verantwortliche der Präfektur wegen Urkundenfälschung und Beihilfe und den Verantwortlichen der *Connecting People* wegen Betrugs (*frode in pubbliche furniture*), sah die Ausschreibung doch „die Überweisung von 42 Euro/Tag und Gast für alle notwendigen Leistungen, wie Mensa, Kleidung, Medikamente etc. vor." Man ging von einem Betrugsvolumen von 1,5 Mill. Euro aus (Pasqualetto 2012).[94] Auch der Vizepräsident der Kooperative *Sisifo*, die an der *Lampedusa Accoglienza s.r.l* beteiligt ist, geriet in staatsanwaltschaftliche Untersuchungen und wurde 2011 des fortgesetzten schweren Betrugs (*truffa aggravata e continuata*)

93 Siehe die website von *Xenagos* (http://www.fondazionexenagos.it/noi/, 5.3. 2014).

94 *Corriere della Sera,* 11.8.2012. (http://archiviostorico.corriere.it/2012/agosto/11/Tangenti_sul_centro_stranieri_viceprefetto_co_8_120811037.shtml, 8.9.2012).

über 468.280 Euro + MwSt. angeklagt, weil die *Sisifo*, die zwischen September 2008 und Mai 2010 auch das Zentrum für Asylbewerber in Sant'Angelo di Brolo (Provinz Messina) leitete, Asylsuchende als ‚Gäste' in der Einrichtung registrierte, nachdem sie bereits eine Aufenthaltsgenehmigung erhalten hatten.[95] Das Grenzregime und seine auf einem umkämpften Markt konkurrierenden Akteure zeichnen sich auch und gerade durch gewichtige ökonomische Interessen aus, die institutionalisierte Gastfreundschaft ausmachen und regeln.

Was steht einem Menschen dann zu? Die Gesetze der Gastfreundschaft bestimmen: Tägliche Essensrationen, bestehend aus „Frühstück, Mittagessen und Abendessen, die in der Mensa ausgegeben werden. Der Fremde (*straniero*) kann Mahlzeiten verlangen, die möglichst der religiösen Überzeugung entsprechen", medizinische Versorgung und Medikamente („so diese vom medizinischen Personal verordnet werden"), die Versorgung mit Artikeln zur „persönlichen Hygiene, wie Seife, Shampoo, Rasierschaum und Rasierklingen, Zahnpasta, Zahnbürste und Artikel zur Intimpflege". Weiter müssen bereitgestellt werden: „Bettdecken, Bettlaken, Kopfkissen und Handtücher". Sollte die „Bekleidung nicht ausreichend" sein, müssen „Unterwäsche und Kleidung (gereinigt, in gutem Zustand und den klimatischen Verhältnissen angepasst)" zur Verfügung gestellt werden. Auch müssen die „Reinigung der Kleidung und ein Friseurbesuch" möglich sein. Jeder Ankommende hat alle zehn Tage ein Recht auf „Telefonate, Briefe (max. zehn) und Telegramme (max. 20 Worte)" im Wert von fünf Euro. Auf eigene Kosten darf der „Fremde" (*straniero*) sich italienische oder ausländische Zeitungen und Zeitschriften – „soweit sie am Ort erhältlich sind" – und Kleidung kaufen. Diese Einkäufe werden durch „das Personal der Einrichtung getätigt" und sollte „der Fremde" nicht über die notwendigen Mittel verfügen, können diese „bei der zuständigen Präfektur" beantragt werden.[96]

---

95 ‚Lampedusa, la fatica di Sisifo'. *Avvenimenti*, n. 36, 16.9.2011 (http://piemonte.indymedia.org/article/13310, 9.9.2012).

96 Direttiva generale in materia di Centri di Permanenza Temporanea ed assistenza ai sensi dell'articolo 22, comma i del D.P.R. 31 agosto 1999, n. 394, S. 170, 96. Die Kosten für die Zigaretten, sie belaufen sich in Lampedusa auf jährlich 450.000 Euro, hat doch jeder Insasse ein Anrecht auf ein Päckchen/Tag, führten letzthin zu einem populistischen Aufschrei (http://ricerca.repubblica.it/repubbli

Die *Lampedusa Accoglienza s.r.l* beschäftigt ca. lokale 150 Mitarbeiter und ist Teil der Inselökonomie geworden. Köche, Küchenmitarbeiter, Putzkräfte, Sozialarbeiter, interkulturelle Mediatoren, Krankenschwestern, Ärzte und Psychologen sind dort beschäftigt und versehen – neben den Sicherheitskräften – ihren Dienst. Der Leiter hat mich durch die Räume geführt, stolz die professionelle Küche gezeigt und auf einem Tisch der Mensa war das Kit ausgebreitet (zum Teil der Erstausstattung gehörten, darauf hat man aufmerksam gemacht, auch BHs). „*Wir streben die Verbindung mit der Bevölkerung von Lampedusa an, wollen uns öffnen*", so das Ziel. Auch der örtliche Pfarrer hoffte auf die Verbesserung der beklagenswerten Situation, durfte er bislang doch nicht zur Seelsorge in das Lager. Konflikte, so der Leiter, entstehen hauptsächlich in der Kantine: „*Viele sind nicht an das Schlangestehen gewöhnt, wir müssen schon sehr auf Disziplin achten, damit es keine handgreiflichen Auseinandersetzungen gibt.*" Wie schon gesehen, wird der unwissende Fremde eben gerade auch dadurch bestimmt, dass er die Sitten und Gebräuche der Gastgesellschaft nicht kennt, sich an die ihm fremden Gewohnheiten anzupassen hat, die hier eingebläut werden können.

Es hat sich herumgesprochen, dass nach dem Dublin-II-Abkommen Asylbewerber in den Staat abgeschoben werden, über den sie eingereist sind oder in dem sie einen ersten Antrag gestellt haben. Viele verweigern daher ihre Identifikation oder verätzen sich die Fingerkuppen, an denen Identität digital erfasst und abgelesen wird. Im Lager sind Körper jenseits der Grenze und doch innerhalb einer Grenze, die staatliche Souveränität markiert.

Im Dezember 2013, die Toten des letzten Schiffsbruch waren gerade bestattet, geriet Lampedusa schon wieder in die Schlagzeilen. Ein 27-jähriger Anwalt aus Syrien hatte mit seinem Mobiltelefon eine Szene gefilmt, in der sichtlich enervierte Mitarbeiter des Zentrums in eine Reihe im Freien stehende Männer auffordern, sich auszuziehen und diese dann mit Desinfektionsmittel gegen Krätze besprüht wurden. Nach einem Sturm der Entrüstung – es schaltete sich u.a. die EU-Politikerin Cecilia Malström ein – musste die Leitung zurücktreten, der *Lampedusa Accoglienza* wurde gekündigt und einstweilig dem *Roten Kreuz* die Leitung übertragen. „Wir

---

ca/archivio/repubblica/2014/01/09/perche-lo-stato-paga-le-sigarette.html?ref=search, 10.1.2014).

werden behandelt wie Tiere" – das Geheimnis wurde publik, der Flüchtling wurde bedroht, trat in den Hungerstreik und forderte, von der Insel gebracht zu werden. Der Abgeordnete der Demokratischen Partei, Khalid Chaouki, verbrachte daraufhin einige Tage in dem Lager, in dem immer noch sieben Überlebende vom Schiffbruch im Oktober festsaßen und schickte seine Berichte über die untragbare Situation – nach dem Brand im Herbst 2011 sind die Gebäude bis heute noch nicht instandgesetzt – per Twitter in die Öffentlichkeit. Nackte Menschen, die unter eine Dusche gestellt werden: diese Bilder evozierten Assoziationen, die Bürgermeisterin nannte die Einrichtung öffentlich ein Lager.

Das Grenzregime schreibt sich so auch den Körpern ein, die Grenzen überschritten haben, staatliche Souveränität regiert die Körper. Wie mit Giorgio Agamben schon gesehen, macht der „Nationalstaat [...] Gebürtlichkeit, die Geburt (d.h. das nackte menschliche Leben) zur Grundlage seiner Souveränität" (1996:24 Übers. HF), wird man in die „Staatsbürgerschaft geboren" und diese

„nakedness of the newly born child yet un-dressed in the legal/juridical trappings provides the site on which the sovereignty of the state power is established and perpetually re-born through the inclusive/exclusive practices aimed at all other claimants of citizenship that fell into the reach of the state's sovereignty" (Baumann 2006:12).

Zugleich macht, wie Agamben weiter feststellt, die Reduktion von *bios* als dem einzelnen Leben, auf *zoé*, als dem Leben der „menschlichen Kreatur" (Agamben, 1996:24) das Wesen, die Essenz des modernen Nationalstaats und moderner Souveränität aus, wird Leib zum Körper, der bearbeitet werden kann, „zum Träger der Souveränität" wird (1996:25), dem sich Souveränität einschreibt. Im Nationalstaat wird der Mensch qua Geburt zum Staatsbürger, dem Rechte zustehen. „All others who may knock to the door of the sovereign state asking to be admitted", so stellt Zygmunt Bauman fest, „may first be submitted to the de-robing ritual". Im Anschluss an Van Gennep und Victor Turners Fassung der *Rites de passage*, fährt er fort:

„before the newcomers who apply for admission to another social site are given access (if access is given) to a new wardrobe where the dresses appropriate to the new site and for that site reserved are stocked, they need to be bared (metaphorically as well as literally) of all and any trappings of their previous belonging; a quarantine is needed in the space-not-space of ‚betwixt and between‘, where no socially forged and approved weapons are on offer and none is permitted. In the purgatory of the intermediate ‚nowhere space‘ that separates the plots in the world sliced into plots and conceived as aggregation of spatially separate plots, the site is cleaned for the construction of a new belonging“ (Baumann 2006:12).

Auch wenn Souveränität verteilt, verstreut und an private Akteure delegiert wurde, tatsächlich werden die papierlosen Ankömmlinge auf Lampedusa „*wie Tiere*“ behandelt, zu „zoé, nacktem Leben“, „human *primo materia*“ (Bauman, 2006:11), degradiert, verunsichert und dem Ritual unterworfen, werden sie entkleidet, nackt, von altem Leben gesäubert, desinfiziert, dekontaminiert, von schädlichen Bakterien und Parasiten befreit (kann der Fremde, der Gast wie schon gesehen, doch auch als Parasit gelten), um neu gekleidet und in der Disziplin des Anstehens, der neuen Verhaltensvorschriften geübt zu werden und nach der Passage in diesem gesetzlosen, liminalen Zwischenraum des Statuslosen dann ‚neu geboren‘, sogleich kategorisiert zu werden und einen Status als ‚Flüchtling‘, ‚Asylbewerber‘ oder ‚illegaler Migrant‘ zu erhalten, der die alltäglichen Überlebensstrategien dann mitbestimmen wird.

Trotz ihrer phantasmatischen, transitorischen und liminalen Präsenz sind die Ankommenden Teil der (lokalen) sozialen Beziehungsnetze und politischen Interessen und haben auch Anteil an dem, von dem sie doch ausgeschlossen sind. Sie sind der Ausübung von Souveränität, dem Nationalstaat, dem Recht, der politischen Deliberation unterstellt, von (politischer) Repräsentation dennoch ausgeschlossen und – wie Giorgio Agamben sagt – dem Regime „einschließender Ausschließung“ unterworfen. Der Flüchtling, der Lagerinsasse, wird zu einer Figur der Grenze: „the law applies to him in no longer applying“ (2000:81). Zugleich muss der bedrohliche Fremde, der potentielle Feind an diesem segregierten, extraterritorialen und heterotopen Ort, in diesem Ritual, wenn schon nicht zum Freund gemacht, so doch zumindest neutralisiert werden, bevor er zum Mit*bewohner* und dann eventuell zum Mit*bürger* gemacht werden kann, dem Rechte zustehen.

Foucault unterscheidet zwischen „Heterotopien der Krise“ und „Heterotopien der Devianz“,[97] die auf „Andersheit“, das Andere der Gesellschaft verweisen (1994a:756-57) und zugleich Gefahr, Risiko und Krise zusammenbinden, die Interventionen verlangen. Heterotopien sind vom sie umgebenden Raum unterschieden, auf ihn bezogen, können ohne ihn nicht bestehen und sind doch ausgezeichnet: „Their locability is intrinsic to their considerable power as peripheral entities: to come from a position ‚outside‘ of all [other] places is effective only if what ingresses has a certain determinacy of shape and locus“ (Casey 1997:300).

Um zu einer Heterotopie zu werden, muss dieser Ort also einen „focus for the application of force“ besitzen, der genau in einer Marginalität besteht, „from which force can be exerted more effectively“ (1997:300). Der permanente Ausnahmezustand fasst diese zusammen und bindet sie zugleich an das Feld der Ökonomie.[98]

Die Migrationsindustrie und der Ausnahmezustand

Auf Lampedusa gilt seit Jahren der Notstand (*emergenza*), wurden öffentliche Aufträge nach diesem Verfahren vergeben. Mit der Ankunft der ersten Boote aus dem revoltierenden Tunesien im März 2011 wurde per Dekret erneut der „humanitäre Notstand in Nordafrika (*sic*)“ erklärt, um „dem außergewöhnlichen Zustrom von Bürgern eines Nicht-EU-Staates (*cittadini extracomunitari*) in unserem nationalen Territorium effizient begegnen zu

97 Waldenfels bindet die Heterotopie an Un-Ordnung: „Das Außerhalb der Ordnung markiert einen Nicht-Ort, eine Atopie, da es nirgendwo einen Platz findet, es bildet eine Heterotopie, da es andere Möglichkeiten der Verortung andeutet“ (1997:187). Waldenfels geht es hier um eine „Revision traditioneller Raumbestimmungen“. Nicht die Reihung „Hier-Nah-Ich“ vs. „Dort-Fern-der Andere“ soll wiederholt werden, vielmehr geht es um „Ortsverschiebungen“, die diese dichotomische Reihung untergraben: „Indem ich hier bin, bin ich dort, wo ich nicht bin“ (1997:198).

98 Diken/Laustsen (2005) haben den Zusammenhang zwischen der *Culture of Exception* und dem Lager hergestellt und – in Anlehnung an Agamben – zur Grundlage einer soziologischen Untersuchung gemacht.

können“.[99] Auf Anraten der *Protezione Civile* und des Verantwortlichen für den „Notstand Immigration“, wurden bereits im Januar 2012 rund 300 Mill. Euro bereitgestellt, um die „durch den außergewöhnlichen Zustrom von Nordafrikanern nach Italien entstandene humanitäre Krise“ zu lindern. 101 Mill. Euro sollten für die weitere Kosten verwendet werden, die durch die Übereinkunft mit Tunesien aus dem April 2011 entstanden waren; 197,4 Mill. Euro für notwendige Maßnahmen, um dem „Notstand zu begegnen“ und 8 Mill. Euro für Polizei und Feuerwehr zur Aufrechterhaltung der öffentlichen Sicherheit und Ordnung.[100]

Die Notstandsmaßnahmen umfassten auch ein Steuermoratorium für die Tourismusbranche, wurde doch angenommen, dass die Zustände auf der Insel einen negativen Einfluß auf die Branche haben und das Bild eines ‚unkontaminierten Ferienparadieses‘ zerstören könnten. Die Produktion dieser Bilder war Teil einer politischen Strategie des damaligen Innenministers Roberto Maroni (*Lega Nord*), mit der nicht zuletzt die EU zum Einschreiten bewegt werden sollte. Die ankommenden *harragas* wurden nicht auf das Festland gebracht, sondern mussten unter freiem Himmel oder in improvisierten Unterkünften schlafen. Bilder der ‚humanitären Krise‘ wurden von den Medien weltweit verbreitet. Nicht nur 2011 haben die Medien das Bild einer Katastrophe koproduziert und in die globalen Medienkanäle eingespeist. Das Bild von mobilen Menschen als Katastrophe, die mit Naturkatastrophen wie verheerenden Erdbeben verglichen werden, ist Teil des sozialen Imaginationsraumes und führt zu einer Belagerungsmentalität, die ihrerseits effiziente und kalkulierte Maßnahmen des Grenzmanagements fordert und politisch legitimiert. Die Gleichsetzung von Mobilität und Katastrophe erlaubt aber auch, ökonomische Interessen zu legitimieren. Das von Berlusconi 2011 verfügte Steuermoratorium für Hotels wurde von der

99 „Decreto del Presidente del Consiglio dei Ministri 7 aprile 2011, Dichiarazione dello stato di emergenza umanitaria *nel territorio del Nord Africa* per consentire un efficace contrasto all'eccezionale afflusso di cittadini extracomunitari nel territorio nazionale“ (Hvhgb. HF). Presidenza del Consiglio dei *Gazzetta Ufficiale* n. 83, 11.4.2011 (http:-//www.protezionecivile.gov.it/jcms/it/view_prov.wp?toptab=2&contentId=LEG24032#top-content, 4.10.2012).

100 ‚Altri 300 milioni di euro per fronteggiare l'emergenza umanitaria legata all'eccezionale afflusso di nordafricani in Italia‘ (http://www.lettera43.it/attualita/35997/immigrazione-il-governo-ha-stanziato-300-milioni.htm, 9.6.2012).

Regierung Monti bis Juni 2012 verlängert. Die linksgerichtete Aktivistin und Bürgermeisterin verlangte unter explizitem Hinweis auf das verheerende Erdbeben von Aquila (2009) die Verlängerung des Moratoriums bis zum Dezember 2012. Der Notstand, der Ausnahmezustand, ist tatsächlich zur Normalität geworden und: Er befördert auch die wirtschaftliche Interessen von (lokalen) Akteuren.

Der Begriff Katastrophe – aus dem griech. „*katastre-phein*, ‚umkehren', ‚gegen', ‚wenden'" – verweist ursprünglich auf eine „entscheidende Wendung [zum Schlimmen] als Schlusshandlung im antiken Drama", der Begriff zeigt sogleich ein „schweres Unglück, Naturereignis mit verheerenden Folgen" an (Der Duden). Doch nicht das plötzliche, gewaltige Naturereignis und seine Zerstörung sind hier gemeint, sondern die unkontrollierbare Bevölkerung, der ständige ‚Strom', der kontinuierliche Zustrom wird hier zur Katastrophe.[101] Das Schreckensszenarium wird gebraucht: „Ein weiterer Aspekt von Save the Children [...] ist ihre Flexibilität und schnelle Antwort auf den Notfall wie in Aquila, Haiti oder den auf Lampedusa ankommenden unbegleiteten Minderjährigen, in denen Save the Children sofort eingreift, um Kinder zu unterstützen" (Save the Children 2011:25), wie der Vizepräsident des sizilianischen Weinproduzenten *Settesoli* und Mitglied des Vorstands von *Save the Children* in seinem zum Spendenaufruf benutzen Testimonial lobt, um Naturkatastrophen an die Ankunft von mobilen Menschen, an Unglück und an (humanitär beseelte) Eingreiftruppen zu binden.

Der permanente Notstand, die auf Dauer gestellte Normalisierung der Ausnahme werden bebildert und visualisiert. Die dominante Berichterstattung reproduziert die Imagination eines Exodus' biblischen Ausmaßes, der Flut, des menschlichen Tsunami. Bilder werden so eine machtvolle Ressource, die der *Cross-Border-Governance* Autorität verleiht und den Notstand legitimiert. Die Bilder der plötzlich hereinbrechenden Katastrophe, die wie ein Erdbeben die Menschheit erschüttert, durchdringt die Zivilgesellschaft, appelliert an Ethik und Barmherzigkeit und schafft eine Belagerungsmentalität, die dann wiederum effiziente, durchdachte Maßnahmen des Grenzmanagements und seiner Eingreiftruppen verlangt. Die dominan-

101 Foucault (2006c:104) hat auf die ursprüngliche Verwendung des Begriffs ‚Bevölkerung' hingewiesen, der die (Wieder-)Bevölkerung eines durch eine Katastrophe verwüsteten Gebiets meinte.

ten Bilder der Massenmedien, die Managementsprache und der Notstand verbinden sich. Bilder iterieren die Ausnahme, wie die Ausnahme nach Bildern schreit, um Legitimität zu erlangen. Im Gegensatz zu den Bildern der sichtbaren Katastrophe steht eine andere, die unsichtbar bleibt und in der Warten zur Lebensform wird.

Warten, Sichtbarkeit und Unsichtbarkeit

Vielen *harragas* ist Warten zur Lebensform geworden und gerade nicht eine Ausnahme, sondern der permanente Notstand einer immobilen Normalität, von der man nichts erwarten kann. Warten wird durch Rituale skandiert, mit denen man die Zeit in den Teehäusern und Bars totschlägt und die Flucht in ein anderes Leben imaginiert. „Die Zeit totschlagen": Für die tunesischen *harragas* gilt, was auch die Zeit des Wartens arbeitsloser junger Männer im Senegal ausmacht: „Senegalese youth inhabit a space of promise, shaped by peers who successfully transitioned to overseas employment opportunities, and a place of peril, shaped by those whose attempts failed" (Ralph 2008:13).[102]

Wenn politische Mobilisierung der Glaube daran ist, dass „Verbesserungen möglich sind" (Barry 1974:90), so hat die sozio-ökonomische Stagnation in Tunesien jedoch auch eine Lage geschaffen, in der viele nicht mehr auf die (unsichere) Verbesserung ihrer persönlichen Situation ‚warten' wollen und sich auch das Recht auf Mobilität nehmen. Sie erwartet dann allerdings erneut – Warten: Warten auf das Essen in der Kantine, Warten auf den Arzt, Warten auf die Identifizierung, Warten auf den Transport auf das Festland, Warten auf Papiere, Warten auf eine günstige Gelegenheit.

Das Lager ist eine „Heterotopie der Krise", ein Ort, der einerseits auf „Andersheit", das andere der Gesellschaft (Foucault 1994a:756-57) und andererseits auf Gefahr, Risiko, ein Geheimnis verweist, das abgesondert und unsichtbar bleiben soll (wie die *clandestini* ja auch ‚gefährlich' und ‚unsichtbar' sind). Zugleich hat dieser liminale Ort, die erzwungene Immobi-

102 Ralph (2008) hat den Ritualen der Teezubereitung, mit denen arbeitslose junge Männer im Senegal ihre Zeit totschlagen, eine faszinerende und detailreiche Studie gewidmet. Hyndman (1997) bringt Warten und „border-crossings" in Beziehung.

lität, eine besondere Zeit, die auch die Normalität des permanenten juristischen und sozialen Schwellenzustands vorbereiten, die „Vorhölle", „Limbus" (Boltanski 2011), den Ausnahmezustand und doch eines Lebens in permanenter Krise, Leben, das immer auf unsichtbare Grenzen verweist, Leben in der Unsichtbarkeit.[103] Mit der Revolution wollten die tunesischen *harragas* auf Lampedusa nicht länger warten. Sie hatten lang genug gewartet. Diejenigen, die ihre Papiere verbrannt hatten, forderten das Recht auf Mobilität, die Anerkennung ihrer Ansprüche, forderten auf das Festland gebracht zu werden, um ihren Weg nach Frankreich, Deutschland oder die Schweiz fortsetzen und ihr Leben einrichten zu können. Das Lager auf Lampedusa brannte wie die Polizeireviere am anderen Ufer des Meeres. Eine Protestgeste war gewandert.

Das Grenzregime organisiert so auch die komplementären Gegensätze Immobilität-Sichtbarkeit und Mobilität-Sichtbarkeit. Wenn an einem Pol unsichtbare Immobilität und an einem anderen die sichtbare Mobilität angesiedelt ist, erstaunt es kaum, dass die Medienberichterstattung in der lokalen Öffentlichkeit mit kritischen Augen gesehen wird. Die Medien tragen die Bilder fassungslosen Elends, menschlicher Tragödien, von Tod, Verzweiflung und zerschlagenen Hoffnungen mittlerweile fast wöchentlich in die Wohnzimmer. Der Zuschauer wird – vom sicheren Ufer aus – Zeuge von Schiffbruch und des dramatischen humanitären Spektakels. Die Insel wird von Journalisten auf der Suche nach Schlagzeilen überrannt. Schon im Jahre 2005 hatte der Journalist Fabrizio Gatti sich als vermeintlicher Flüchtling in das Aufnahmelager geschmuggelt und aus erster Hand von den unhaltbaren Zuständen dort berichtet. Seine Reportage „*Io, clandestino a Lampedusa*" (dtsch. Gatti 2011) führte zu einem Skandal, Minister und Europapolitiker gaben sich die Klinke in die Hand, die Insel rückte in das Zentrum internationaler Aufmerksamkeit und ließ Lampedusa erneut zum Symbol für (verfehlte) Einwanderungspolitiken werden. Symbole sind offen für unterschiedliche Bedeutungsgebungen und so ist die Insel zum Teil der politischen Machtfelder, unterschiedlicher politischer Rhetoriken und des Grenzregimes geworden. Die Repräsentationen undokumentierter Mobilität sind damit Teil der Auseinandersetzungen um Deutungshoheit und

103 Friend (2010) hat mit ihrer Arbeit versucht, die Grenzen der Repräsentation des Unsichtbaren auszuloten und eine Annäherung an die unsichtbare Gewalt in britischen Abschiebelagern gewagt.

die Bedeutung (der Grenzen) von Gastfreundschaft – erinnern wir uns an die ursprüngliche Bedeutung des *symbolon* als Zeichen der Gastfreundschaft.

Die Akteure sind durch Visualisierungen und kontrastierende Blicke auf undokumentierte Mobilität aneinander gebunden. Auf der einen Seite spielen Schiffe eine wesentliche Rolle im sozio-kulturellen *imaginaire* der *harragas* und sind zentrale Symbole in den kulturellen Produktionen, wie den Videoclips, die über YouTube verbreitet werden. Auf der anderen Seite werden diejenigen, die auf überfüllten Booten *nolens volens* ihren Weg suchen, als Opfer dargestellt oder in der Rede von bedrohlichen Flows als Gefahr dargestellt, die unter Kontrolle zu halten ist. Das Grenzregime, die diskursive Konstruktion von Mobilität, etabliert ein Netz von Bildern, die gebraucht und wiederholt werden, um die heraufbeschworene Katastrophe und den permanenten Notfall und den Ausnahmezustand zu legitimieren.

„The overcrowded boat is a common visual representation of threatening immigration to the West. In the European context this is usually a flimsy looking craft filled with black Africans", wie Gilligan/Marley betonen (2010). Diese Repräsentationen rahmen und iterieren die herrschenden, rassistisch konnotierten politischen Metaphern von einem Ansturm biblischen Ausmaßes, von schwarzen Migrantenströmen oder von humanitärer Katastrophe und armen Opfern sinistrer Menschenhändler, die durch effizienten Grenzschutz und ‚Grenzmanagement' eingedämmt und unter Kontrolle gehalten werden müssen. Diese Bilder beruhen auf einer unerbittlichen Gewalt, werden genährt von der sozialen Imagination, die ihrerseits machtvolle Beziehungen speist und die eingerichtete Ordnung der Ausnahme bestätigen soll. Viktimisierung und Bedrohungsszenarien sind dann auch dem bekannten Antagonismus zwischen Freund und Feind zugeordnet:

> „In Europe in recent years the image of irregular African migrants washed up on the beaches of southern Europe has become a recurring visual representation of immigrants as victims. [...] The representation of immigrants as victims may counter the idea of immigrants as threat. They do so, however, by robbing immigrants of their agency by presenting them as defined by what is done to them, rather than by their own actions" (Gilligan/Marley 2010).

Zugleich dienen diese Darstellungen aber auch dem humanitären Diskurs, der die Spendenbereitschaft erhöht. An der Mole, an der die Boote ankommen, hat eine Bürgerinitiative ein Transparent mit dem herzerbarmenden Bild eines weinenden Kindes angebracht:

„Ein Lächeln für die Presse. Während die Rettungsaktionen für die Migranten weitergehen, hat Lampedusa mit den Auswirkungen einer Sprache in den Massenmedien zu kämpfen, die Ängste schürt und den Notstand beschwört, die mit verallgemeinernden, vereinfachenden und manchmal falschen Informationen arbeitet und die Ankunft von Migranten als Aggression oder Bedrohung darstellt, vor der man Angst haben muss; eine Sprache, die auch noch ohne jeglichen Respekt für diejenigen ist, die hier unter menschenunwürdigen Bedingungen ankommen und die auch die wirtschaftlich-touristischen Ergebnisse zunichte macht, welche Einwohner von Lampedusa in den letzten Jahren mühsam erreicht haben. SCHLUSS MIT DER REALITY SHOW."

Reichlich sarkastisch verbindet das Transparent die mittlerweile übliche Bebilderung humanitärer Katastrophenberichterstattung und der Broschüren von NGOs – das Gesicht eines leidenden Kindes, das Gewissen und Spenderlaune ansprechen soll –, mit der Denunziation journalistischer Suche nach dem Scoop, nach spektakulären Bildern von Leid, Untergang und Verderben, und mischt diese mit den wirtschaftlichen Interessen der Inselbewohner und der Tourismusbranche, nicht ohne gleichzeitig einen rassistischen Ton vermeiden zu wollen. Berichterstatter sind auf der Insel nicht unbedingt gern gesehen, während der Auseinandersetzungen im Jahre 2011 wurde die folgende Szene vermerkt:

„Lampedusani an Journalisten, ‚verschwindet' – auf Lampedusa gibt es fast eine Jagd auf Journalisten. Vor der Tankstelle, an der die Polizei in voller Montur gegen die Tunesier vorgegangen ist, die gedroht hatten, Gasflaschen zur Explosion zu bringen, hat eine Gruppe von dreißig Lampedusani die Berichterstatter von ANSA, Adnkronos und der RAI, Marco Sachi, mit den Worten bedroht: ‚Haut ab, das ist besser für Euch.' Die Berichterstatter wurden umzingelt und mussten das Feld räumen. ‚Wir wollen Euch hier nicht, haut ab', wurde gerufen".[104]

104 ANSA, ‚Lampedusa: scontri, decine di feriti. Sindaco: siamo in guerra. Il primo cittadino asserragliato con una mazza.' 21.9.2011 (http://www.ansa.

Massenmediale Berichterstattung hat weitere Folgen. Man verlässt sich nicht mehr auf die eigene Anschauung und Erfahrung, real ist das, was veröffentlicht und im Fernsehen gezeigt wurde. So wird wiederholt, was bereits gesagt und bebildert wurde.[105] Die erste Frage, die an den Fremden gestellt wird ist, wenig überraschend, dann eben auch: *„Sind Sie Journalist?“* (was soviel heißt wie: „Wollen Sie Ärger machen?“). Diese Frage ist durchaus ambivalent: auf der einen Seite fürchtet man den journalistischen Scoop, auf der anderen fühlt sich manch medienerfahrener Einwohner aber auch geschmeichelt und ist enttäuscht, wenn man nicht mit Kamera und Mikrofon für einen Fernsehauftritt, Sichtbarkeit und „15 Minuten Weltruhm“ (Andy Warhol 1968) sorgt. Die Medienaufmerksamkeit führt zugleich zu einer erstaunlichen Dialektik von Sichtbarkeit und Unsichtbarkeit. Je sichtbarer die Unsichtbaren in den Medien werden, desto unsichtbarer werden sie. Die *„clandestini stören nicht, sie werden gleich weggebracht“* habe ich ständig gehört, *„es ist ja nicht so, dass die hier auf der Insel herumlaufen“*, wird sofort versichert. Man befürchtet, dass die Medienpräsenz sich negativ auf den Tourismus auswirken könnte, eine Befürchtung, die populistische Rhetorik – nicht nur zu Wahlzeiten – gerne benutzt.[106] Der –

---

it/web/notizie/rubriche/cronaca/2011/09/20/visualizza_new.html_701141301.html, 21.9.2011).

105 MSF und das auf Medienanalysen spezialisierte *Osservatorio di Pavia* veröffentlichten jüngst einen Bericht über die italienische Fernsehberichterstattung und bestätigt diese Sicht. Ironischerweise ist dieser Bericht jedoch unter den Titel „die vergessene humanitäre Krise im Jahre 2011“ gestellt (Medici Senza Frontiere 2012).

106 Die Kommunalwahlen im Mai 2007 hatten Angela Maraventano, die Vertreterin der *Lega Nord* zur Vizeburgermeisterin gemacht und für einigen internationalen Medienwirbel gesorgt. Ihre Wahl ist allerdings nicht unbedingt auf rechtspopulistische Rhetorik zurückzuführen, sondern Teil der klientelistischen Wahlbündnisse und ihrer Interessen. Wahlbestimmend waren durchaus nicht mehr oder minder radikal-rhetorische Gesten, sondern u.a. die Interessen von Fuhrunternehmern, Bodenspekulanten, gewichtige Interessen um den Stadtentwicklungsplan (*piano regolatore*) und der Versuch, einen überaus unbeliebten Carabiniere versetzen zu lassen. Mit 154 Stimmen hatte sie weniger als der Vertreter der PD mit 197 Stimmen und stand damit erst an vierter Stelle der Präferenzstimmen.

leichte – Rückgang der Touristenzahl in den letzten Jahren ist allerdings auf den allgemeinen Rückgang der Touristenzahlen in Italien und auf die ungenügenden Verbindungen zum Festland zurückzuführen.

Die Medienaufmerksamkeit und ihre Visualisierungsstrategien führen zugleich zu einer erstaunlichenen Dialektik von Sichtbarkeit und Unsichtbarkeit. Trotz der Sichtbarkeit in den Medien sind die Ankommenden auf der Insel unsichtbar.[107] Damit wird reproduziert, was ihren Status als *clandestini* ausmacht und die semantische Nähe des Fremden zum Geheimnis und potentieller Gefahr iteriert. Die Bezeichnung *clandestino* verweist, wie schon gesehen, auf das, was „geheim gehalten oder insgeheim getan" wird, weil es „verboten ist". Das Geheimnis, darauf hat Derrida (2002:198) hingewiesen, ist das „Abgesonderte."

Es scheint, als ob die alte Verbindung zwischen Unsichtbarkeit, Geheimnis und dem Fremden immer noch eingesetzt ist und weiterwirkt. Obgleich das lokale Lager vor seiner Eröffnung im Jahre 2007 auch von Journalisten besucht werden konnte, so ist es kaum ein offener, öffentlicher Raum in einer demokratischen Gesellschaft. Es kostete mich einige Zeit und die Aktivierung meiner Beziehungen auf Sizilien, bis ich vom Präfekten in Agrigento (und wohl eher Dank des Einsatzes seiner Sekretärin, mit der ich mich auf Deutsch unterhalten konnte, weil sie lange in Deutschland gelebt hatte) die offizielle Erlaubnis zum Besuch des Aufnahmelagers bekam, nicht ohne vorher durch die DIGOS überprüft worden zu sein – zu den Aufgaben der *Divisione Investigativa Generali e Operazioni Speciali* gehören Terrorabwehr und die Verhinderung der „Subversion der demokratischen Ordnung". [108]

Das juristische System und das Grenzregime produzieren so – paradoxerweise – Unsichtbarkeit. Sie produzieren ‚Illegalität' (de Genova 2002). Der *clandestino* ist illegal und alles, was mit seiner Existenz zusammen-

107 Gegen diese Strategien arbeitet die lokale Vereinigung *Akavusa*, die u.a. ein Migrationsmuseum auf der Insel eingerichtet hat.

108 Polizia di Stato (http://www.poliziadistato.it/articolo/23277/, 5.3.2014). Polemisch könnte man fragen, ob hier nicht auch die Unterscheidung von Leo Strauss zwischen „exoterischer" Bedeutung von Wissen (das den Menschen deutlich werden kann) und der „esoterischen" Bedeutung (dem verborgenen Sinn, dem Geheimnis von Ordnung und Herrschaft) wirkt, die als *arcana imperii* verborgen bleiben muss.

hängt, geheim. Der Unsichtbare wird zum Objekt der Sicherheitskräfte, deren Praktiken unsichtbar und vom Geheimnis umgeben sind. Die Sicherheitsbehörden schaffen damit das, was sie doch bekämpfen sollen, nämlich Heimlichkeit, sie partizipieren an dem, was sie doch vertreiben sollen.

Gleichzeitig jedoch müssen die Unsichtbaren (als vermeintliche Gefahr) sichtbar werden, damit Grenzpolitiken und Praktiken des Grenzregimes gerechtfertigt werden können. Der Medienblick, die Erzeugung von Sichtbarkeit und die Inszenierung des Ansturms von (schwarzen) Massen, des politisch und medial ständig beschworenen ‚Exodus biblischen Ausmaßes' dienen damit der Produktion von Illegalität und werden zum Teil des Grenzregimes.

Bilder mobilisieren, Sichtbarkeit kann zur politischen Strategie werden. Um diese Zusammenhänge deutlich zu machen, die sowohl humanitäre Diskurse als auch einen Teil der kritischen Rede und ihrer jeweiligen Mobilisierung auszeichnen, ist ein kurzer historischer Rekurs notwendig, denn „(w)ir brauchen uns nur flüchtig in der Geschichte umzutun, um uns klarzumachen, dass es für Menschen keineswegs selbstverständlich ist, auf den Anblick von Elend mit Mitleid zu reagieren" (Arendt 2000:89), musste sich die Sichtbarkeit der Armen im öffentlichen und politischen Diskurs historisch erst entwickeln und ist trotz der christlichen Ikonographie der *Pietà* keinesfalls eine Selbstverständlichkeit. „Niemand missbilligt" den Armen, so Hannah Arendt „er wird bloß nicht gesehen [...] *einfach übersehen zu werden* und sich dessen bewusst zu sein, ist unerträglich" (2000:87, Hvhbg. im Original). „Das revolutionäre Pathos, das in diesen Worten zum Ausdruck kommt," so fährt sie fort, „die Überzeugung, dass der Fluch der Armut nicht nur in der Not, sondern auch in der Dunkelheit liegt, ist dem Schrifttum der Neuzeit sehr selten" (2000:87).

Arendt macht deutlich, dass damit zugleich Fragen nach Mitleid und Mitgefühl gebunden sind, revolutionärer Impetus und der „Ursprung legitimer Macht", die

> „im Volk liegt, sich primär auf dieses leidenschaftliches Gefühl berufen musste [...] also auf die Fähigkeit, sich leidend und mitleidend mit der ‚unermesslich großen Masse der Armen' zu identifizieren und damit das Mitleiden selbst als höchste aller politischen Leidenschaften anzusprechen und seine bewusste Formierung zur Kardinaltugend des Politischen überhaupt zu machen" (2000:95).

Die Sichtbarkeit, das Sichtbar-Werden der Armen ist, auch und gerade mit der französischen Revolution, an das „Mit-Leiden [...] das Mitleid der ‚Glücklichen' mit den *malheureux*, den Unglücklichen, die das eigentliche Volk bildeten" geknüpft (2000:101). Sichtbarkeit und Unsichtbarkeit sind also zum einen an das Mit-Leiden, zum anderen an (politische) Strukturen der ‚Anerkennung', eben des Gesehen-werdens gebunden.

Luc Boltanski greift in seiner Analyse der *Souffrance à distance* (1993) Hannah Arendts Darstellung auf, wenn er nach den Modi und Praktiken des Mitleidens fragt, die sich nicht auf die unmittelbare Umgebung, dem konkreten und unmittelbaren Erfahren des Leidens, sondern eben des Leidens in der Ferne fragt, das uns u.a. über die Medien vermittelt wird. Ihm geht es zum einen um moralpolitische Fragen, aber zum anderen auch darum, wie sich Empörung und politische Aktion im Angesicht menschlichen Leidens herausbilden. Um sich diesen Fragen zu nähern, entwirft er eine dreifache Topik: die „Topik der *Denunziation*, die Topik des *Gefühls* und die Topik der *Ästhetik*" (1993:10). Ich möchte diesen die Topik des Wissens hinzufügen, trägt Wissenschaft doch durchaus zur Mobilisierung bei, auch wenn sie gerade nicht individuelle Schicksale in den Blick nehmen soll. Diese Topiken tragen die Spannung zwischen Universalität und Partikularität, der ‚Masse' und des Einzelfalles mit sich:

„en effet, si des formes générales de présentation s'intègrent mieux à la logique de la programmation politique (comme la définition d'un seuil de pauvreté), il faut pénétrer dans la singularité des cas – c'est à dire dans le détail –, pour susciter la pitié, engager le spectateur, et l'inviter à rentrer dans l'action sans attendre" (1993:56-7).

Die Forderung nach Sichtbarkeit der Unsichtbaren hat im Kontext der Frage nach Repräsentation zu weiteren kritischen Fragen und Ansätzen geführt. So hat Johanna Schaffer (2008) gezeigt, dass die Forderung nach Sichtbarwerdung durchaus zur Iteration von Stereotypen führen kann, das Bild des Fremden als Opfer oder Befreier befördert und damit gerade das verfestigt, was mit Strategien der Sichtbarmachung doch bekämpft werden soll.

Wissenschaftliche Diskurse und deren Visualisierungen sind zum integralen Bestandteil des Grenzregimes und seiner Ökonomien geworden. Statistiken, Tabellen und Kartierungen sind Teil der Sicherheitstechniken, der Gouvernementalität und ihrer Weltvermessung. Nicht zufällig hat das schon erwähnte *International Centre for Migration Policy Development* eine interaktive Karte – mit dem marktgängigen Namen *i-map* – entwickelt, die Migrationsrouten, „Hubs" und „Ströme" (Flows) visualisiert. „Implementing partners on irregular and mixed migration" sind „Europol, Frontex, Interpol, UNHCR and UNODC, Migration and Development: IFAD, IOM".[109] Doch auch kritische Projekte wie *WatchTheMed*, *Forensic Architecture* oder jüngst *Boats4people*, das sich zum Ziel setzt, „eine Landkarte als Plattform, um an den Seegrenzen der EU ein Monitoring zu Verletzungen von MigrantInnenrechten aufzubauen", können mit ihrer Topik der Denunziation dem nicht entgehen, dem Grenzregime und seiner politischen Ökonomie nicht ausweichen.[110]

Mit und gegen diese Visualisierungen entwickeln die Videoclips der *harragas*, die über YouTube weltweit verbreitet werden, eine andere Perspektive und artikulieren die Erfahrungen der *harragas*. Diese Clips gibt es in zwei Versionen: Einmal als Form kreativer *Bricolage*, die vorgefundenes Material aus den Medien (Fotos, Karten, Fernsehnachrichten, Karikaturen) benutzt oder besonders treffende Bilder anderer Clips verwendet, die oft von Google-Bildern (‚*Harraga*', ‚*Harragas*') geladen, neu kombiniert werden und deutlich machen, dass Bilder über Grenzen wandern und ein Netz von Symbolisierungen schaffen. Diese Ready-mades entwickeln eine eigenständige Erzählung und nehmen politisch Stellung zu Ausgrenzung, Repression, der ‚Festung Europa' und der Komplizenschaft europäischer Politiker mit den Diktatoren. Die dominanten Bilder von der ‚Menschenflut' werden hier entschieden umgedeutet, hinterfragt und untergraben. Die Bedeutung dieser Bilder und die bekannten Topoi der negativen medialen Berichterstattung, die ‚schwarze Masse' an Gefahr binden, vermehren sich,

109 Tsianos (n.d.) hat sich kritisch mit diesen Visualisierungen beschäftigt. Man kann die *i-map* abonnieren und sich über die letzten Ereignisse im Mittelmeer auf dem Laufenden halten. Finanziert wird das Vorhaben von der Europäischen Kommission, Frankreich, Italien, Malta, den Niederlanden, Norwegen, Polen, dem Vereinten Königreich und der Schweiz (https://www.imap-migration.org/).

110 Die Projekte stellen sich auf folgenden Webseiten vor: http://boats4people.org/index.php/de/aktualitat/pressemitteilungen/533-watchthemed und www.watchthemed.crowdmap.com, Forensic Oceanography http://www.forensic-architecture.org/project/ 8.8.2012.

und die Perspektive dieser Bilder ist eher eine Einladung zur Identifikation. Das Bild vom überfüllten Boot wird zu einer Figur des Protests, einer machtvollen Denunziation der Prozesse globaler Exklusion, von Ungerechtigkeit und Ablehnung. Die zweite Version ist dokumentarisch und stellt Clips ins Netz, die während der Überfahrt mit Mobiltelefonen aufgenommen wurden. Diese dienen eher der öffentlich-privaten Dokumentation der Fahrt, sie bezeugen Subjektivität, Mut und die Entschlossenheit, eine schlechte Vergangenheit hinter sich zu lassen, und verbreiten gegen Deprivation und den Ausschluss vom Recht auf Mobilität, Bilder von Freiheit und Handlungsmacht (Friese 2013:254-67).

Digitale Medien sind zu einem transnationalen Raum geworden, die der gesellschaftlichen Verständigung darüber dienen, wie die gegenwärtige (oder vergangene) Situation zu definieren und zu rechtfertigen ist (Boltanski/Thévenot 2006), in denen sich Empörung und Leid artikulieren, alltäglich Kritik an den Umständen und herrschender Ungerechtigkeit geübt, politischer Konsens hergestellt werden oder korrodieren. „Die soziale Welt arbeitet in den alltäglichsten Situationen unaufhörlich daran, infrage zu stellen, was gerecht ist“ (Boltanski 1990:55), und die Alltagspraktiken machen deutlich, „what people carry out when they want to show their disagreement [...], and the ways they construct, display, and conclude more or less lasting agreements“ (Boltanski/Thévenot 2006:25). Die digitalen Medien sind zum Teil dieser Verständigungs- und Rechtfertigungsbemühungen geworden, die aber auch auf die soziokulturelle Dimension der Imagination verweisen, werden in diesen (digitalen) Räumen doch nicht nur Kritik und Missbilligung ausgesprochen, sondern auch der Aufbruch in ein besseres Leben in Szene gesetzt und mit Bildern von Europa verbunden.[111]

111 „Mehr Personen in mehr Teilen der Welt erträumen, erwägen eine größere Spannbreite ‚möglicher‘ Leben, als sie dies jemals zuvor taten. Eine zentrale Quelle dieser Veränderung sind die Massenmedien, die ein reichhaltiges, dauernd sich veränderndes Angebot für solch ‚mögliches Leben‘ bereitstellen. Auf diese Weise wird auch eine imaginäre Nähe zu massenmedialen Symbolfiguren hergestellt.“ Auch Menschen in „hoffnungslosen Lebenslagen“ werden so „geöffnet für das sinistre Spiel kulturindustriell fabrizierter Imaginationen“, so Ulrich Beck (1998:99), der hier jedoch einer Sicht verhaftet bleibt, die kaum die aktive Aneignung und Umdeutung solcher Bilder zur Kenntnis nimmt.

Die Ankunft der *harragas* ist zum Teil gewichtiger Interessen und klientelärer Netzwerke geworden, die Lampedusa mit der regionalen und nationalen politischen Arena verbinden. In Übereinstimmung mit den gegenwärtigen Politiken des Grenzmanagements und als Teil der Techniken der Gouvernementalität konnte das Grenzregime zugleich zu einem lukrativen Einnahmezweig werden, geht es doch um Aufträge, Projektgelder, Arbeitsplätze und die Kontrolle öffentlicher Ressourcen. Kurz: Es verwebt ökonomische Interessen, die Produktion von Wissen, Visualisierungen zu (neuen) Formen von Governance, umfasst eine Vielzahl von (institutionellen) Akteuren im öffentlichen und privaten Sektor und ihre ökonomische Belange; es beinhaltet Ansprüche auf und Konflikte über Ressourcen, die Produktion von Wissen und Dienstleitungen und konfligierende politische Diskurse. Diese Akteure, die Öffentlichkeit und die Zivilgesellschaft eingeschlossen, sind auch durch medialisierte *imaginaires*, Symbole und Visualisierungen des Fremden als bedauerlichem Opfer oder als bedrohlichem Flow, der aufgehalten und kontrolliert werden muss, aneinandergebunden. Das Grenzregime, die diskursive Schaffung und die Kategorisierung von Mobilität etablieren und wiederholen soziale *imaginaires*, um die beschwörende Rede von Katastrophen abzusichern und den permanenten Notstand zu legitimieren. Die politische Ökonomie der Gastfreundschaft und ihrer Grenzen organisiert so die Interessen an der Markierung von mobilen Menschen als ‚Illegale' und ein Sicherheitsdispositiv, das Souveränität garantieren soll. „Hospitality is both proposed and imposed by normative and prescriptive discourses that seek to be obeyed as laws of hospitality: they try to police the limits of what is acceptable or forbidden, morally or politically desirable" so Rosello (2001:6-7). Gastfreundschaft etabliert sich dann „through constantly reinvented practices of everyday life that individuals borrow from a variety of traditions […] and practices that are sometimes similar to, sometimes different from, a supposedly shared norm" (2001:6-7).

Das Grenzregime und seine Akteure lassen zugleich unterschiedliche Positionierungen und Diskurse zu und artikulieren unterschiedliche ökonomische Interessen: Die Fischer kämpfen um Resourcen und die politische Anerkennung ihrer Anliegen; die Akteure im Tourismussektor fürchten um zahlende Gäste; die Migrationsindustrie konkurriert um öffenliche Aufträge und hofft, der einträgliche ‚Strom' an Menschen und öffentlichen Geldern möge nie enden; Wissenschaft stellt Wissen bereit, das die Effizienz des

Grenzregimes und seiner Politiken sichern soll; humanitäre Organisationen suchen öffentliche Gelder und Anteile am umkämpften Spendenmarkt, ihre Visualisierungen machen die ‚Topik des Gefühls' aus; Künstler verwenden das, was mit dem Namen Lampedusa mittlerweile verbunden ist, für die Akquirierung von Projektgelden, machen innerhalb der ‚Topik der Ästhetik' das Unsichtbare sichtbar. Alle haben Anteil und jeweils spezifische Interessen an der Aufrechterhaltung des Notstands. Der ‚Notstand Immigration' zeigt den permanenten Ausnahmezustand an und bestimmt die Grenzen der Gastfreundschaft. In diesem ökonomischen, politischen und symbolischem Geflecht werden dennoch auch transnationale Räume eröffnet, die konfliktuelle, agonistische Kosmo*politiken* hervorbringen, in denen Grenzen der Gastfreundschaft verhandelt werden, die das Politische anzeigen.

Kosmopolitiken und transnationale Räume

Il criterio è l'ospitalità.
EDMOND JABES/IL LIBRO DELL'
OSPITALITA

L'ospitalità è crocevia di cammini.
EDMOND JABES/IL LIBRO DELL'
OSPITALITA

Der Notstand (*stato di emergenza*) sichert gewichtige ökonomische Belange ab, erlaubt er doch die Aussetzung gültigen Rechts und normaler Ausschreibungsverfahren für öffentliche Aufträge, der permanente Ausnahmezustand erlaubt den Kleinkrieg gegen den ‚äußeren' Feind,[1] der ab-

1 Nach dem Schiffbruch im Oktober 2013, den man nach der medialen Aufmerksamkeit tatsächlich als spektakulär bezeichnen kann (obgleich er sich doch in eine Reihe einschreibt, die tatsächlich so normal geworden ist, dass man sie eigentlich schon gar nicht mehr mit dem Namen Unglück belegen kann), hat Italien unter Premierminister Enrico Letta (PD) *Mare Nostrum*, eine „militärisch-humanitäre" Mission im Kanal von Sizilien begonnen. Eingesetzt wurden nicht nur Kriegsschiffe und Aufklärungsflugzeuge, sondern auch eine Drohne mit dem schönen Namen *Predator* (Raubvogel) ein Typ, der auch in Afghanistan eingesetzt wird und deutlich macht, dass Krieg, Polizeieinsatz und ‚humanitärer Einsatz' ununterscheidbar geworden sind und mittlerweile auch Mobilität be-

gewiesen oder im Aufnahmeritual kontrolliert und eingegliedert werden muss, damit er nicht auch im ‚Inneren' des Staatswesens weiterwirkt und das Gemeinwesen angreift, den Volkskörper kontaminiert.

Im Januar 2009 überrannten Insassen die Zäune des hoffnungslos überfüllten Lagers der *Lampedusa Accoglienza s.r.l.*, um gegen die unerträglichen Bedingungen dort und gegen ihre bevorstehende Abschiebung zu protestieren. Im Verlauf der Revolte brannte das Lager fast vollständig nieder. Mit den Rufen „Freiheit! Freiheit!" und „Grazie Lampedusa", schlossen sich die Protestierenden den Aktionen der einheimischen Bevölkerung an. Diese hatten die Bürgerinitiative *S.O.S. Pelagie* gegründet und wandten sich gegen die Pläne des Innenministers Roberto Maroni (*Lega Nord*), die von den Amerikanern aufgegebene LORAN-Basis zu einem Identifikations- und Abschiebezentrum (*Centro di Identificazione e Espulsione*, CIE) auszubauen. Die *clandestini* waren sichtbar geworden, erhoben lautstark ihre Stimme und stellten Forderungen. Die lokale Bevölkerung war in den Generalstreik getreten, hatte die Geschäfte geschlossen und solidarisierte sich mit den Aktionen, war die Gemeinde doch von den Entscheidungen der Regierung in Rom ausgeschlossen worden und fühlten die Einwohner sich politisch nicht repräsentiert „Wir werden kein Gefängnis unter freiem Himmel, wir lassen uns nicht für einen Teller Linsen verkaufen und akzeptieren nicht, dass man uns in ein Lager für Immigranten verwandelt", so fasste der Bürgermeister die Stimmung für die nationale Öffentlichkeit zusammen (Cavallaro 2009). Die damalige Vizebürgermeisterin, für die *Lega Nord* auch im Senat in Rom, stand unter erheblichem Legitimationsdruck, wurde als Verräterin der Insel heftig angegriffen und musste schließlich zu-

---

stimmen (Emergenza immigrati: al via una missione umanitaria italiana, 13.10.2013, http://www.analisidifesa.it/2013/10/emergenza-immigrati-al-via-una-missione-umanitaria-italiana/, 16.4.2014). (Undokumentierte) Mobilität wird zum Sicherheitsrisiko und in der „Sicherheitsgesellschaft" (Foucault 2006c:26) in die Nähe von Kriminellen und Terroristen gerückt, gegen die jedes Mittel eingesetzt werden kann und muss: „Der Admiral bemerkt ‚die NATO hat verstanden, dass Mare Nostrum nicht nur ein Beitrag zur Sicherheit ist und nicht nur ein Beitrag zur Grenzkontrolle, ich hoffe, dass das auch Europa versteht.' Tatsächlich gibt es, allerdings noch nicht nachgewiesene, Beziehungen zwischen den Menschenhändlern und terroristischen Organisationen" (Viviano 2014:16).

rücktreten. Die Opposition im Gemeinderat erkannte im permanenten Notstand auf der Insel den jegliches Recht suspendierenden Ort des Ausnahmezustands und konstatierte:

„Sie wollen uns mit einer Versammlung der europäischen Innenminister anlässlich des kommenden G8 oder mit der Finanzierung der Tourismuswerbung das Maul stopfen, um dann aus Lampedusa ein GUANTANAMO des Mittelmeers zu machen, ein Gefängnis in dem Abertausend Immigranten monatelang darauf warten, direkt von hier abgeschoben zu werden. Wir sind damit nicht einverstanden! Zusammen müssen wir den Stolz wiederentdecken, Lampedusani zu sein, zusammen müssen wir sagen: Schluss mit den Betrügereien, Schluss mit den Spekulanten, Schluss mit denen, die uns für ihre ärmlichen persönlichen Interessen ruinieren wollen, Spekulanten, die für ihre persönlichen Interessen die Insel auch an den verkaufen würden, der am wenigsten bietet [...]. Die Lampedusani erkennen, dass man sie wie Idioten behandelt hat. Retten wir die Insel Lampedusa, bevor es zu spät ist. Diese Regierung will unser Ende.“[2]

Um die Abschiebung von 1.200 auf der Insel festsitzenden Tunesiern zu erreichen, war der Innenminister Maroni nach Tunesien geeilt, konnte die aufgebrachte Bevölkerung mit diesem Schritt aber keinesfalls beruhigen, richteten sich Empörung und Gegnerschaft doch beileibe nicht gegen die ‚Anderen‘, sondern gegen nationalstaatliche Politiken und lokale Politiker, die mit ihnen paktierten und aus der Insel *„ein Lager unter offenen Himmel*“ machen wollten.

Der Protest eröffnete einen gemeinsamen politischen Raum, der die ‚Fremden‘ und die Einheimischen im gemeinsamen Dissens zusammenbrachte, er eröffnete einen transnationalen Raum antagonistischer politischer Praktiken, der Partizipation in politischen Entscheidungen, der Implementation internationaler juristischer Normen und eine Debatte über konfligierende Begriffe von globaler und distributiver Gerechtigkeit eröffnete (Friese, 2011). Die ‚Peripherie‘ Europas war tatsächlich zu einem zentralen europäischen „Borderland“ (Balibar, 2004a) geworden, einem pluralen Raum der Übersetzung anderer Sprachen, multipler Bürgerschaft und

2 So die Erklärung des Vorsitzenden der lokalen PD, Mitglied des Gemeinderats und Ehemann der derzeitigen Bürgermeisterin vom 18.1.2009.

der Verhandlung von politischen Ansprüchen, der Verhandlung von Gastfreundschaft und ihrer Grenzen.

Auch die Proteste der *harragas* im September 2011 entzündeten sich nicht nur an den inhumanen Bedingungen im vollkommen überfüllten Lager, sondern gegen die Einschränkung ihrer Bewegungsfreiheit – die Ankommenden hatten eben die tunesische Revolution erlebt, waren sicherlich nicht darauf gefasst, die neu gewonnenen Freiheit und Aspirationen auf ein Leben in Europa in einem Lager in Lampedusa zerschellen zu sehen, und die eben renovierten Gebäude gingen erneut in Flammen auf. Auch der Protest der *Lampedusani* richtete sich gegen negierte Partizipation an Entscheidungen und gegen ein politisches Design, das Bilder von der ‚Katastrophe' in die Welt schickte, um die EU zum Einschreiten zu bewegen,[3] während es den jahrelangen Protestaktionen der Fischer doch nicht gelungen war, ihre Anliegen auf die politische Agenda zu setzen, aus allgemeiner Klage eine Causa zu machen und endlich als politische Akteure gesehen und anerkannt zu werden. Wenn auch weniger prononciert als zwei Jahre zuvor, so fanden die *harragas* auf der Insel spontane Solidarität und wiederholten sich die Anklagen gegen die nationale Politiken, die Lampedusa zu einem „*Gefängnis unter freiem Himmel*" machen sollten.

Die Mobilisierungen richteten sich also durchaus nicht auf die ‚Anderen', artikulierten durchaus keine nationalistisch-ethnisch formulierte Identitätspolitik gegen die Fremden, sondern vielmehr auf negierte Partizipation an Entscheidungen und Politiken, welche die einen zur Einschränkung ihrer Freiheit und zu Immobilität verurteilte und erneut die Würde nahm, die anderen zu unmündigen Befehlsempfängern degradierte – kurz: die Forderungen richteten sich auf die Anerkennung als politische Subjekte und das Recht, Rechte zu fordern. Die Mobilisierung durchkreuzte die doppelte Trennung, die im heutigen Nationalstaat den *demos* konstituiert und seine Grenzen einsetzt: Die Trennung zwischen denen, die nicht dazugehören, eben den *extracommunitari* zeigt ebenso eine weitere Trennung, nämlich die Trennung in diejenigen, die zählen, und diejenigen, die nicht zählen. Genau in diesem Raum doppelter Trennung ist, wie wir das gleich noch näher sehen werden, der Streit, die Gegnerschaft, das Politische angesiedelt.

3 In diesem Zeitraum, das darf nicht vergessen werden, hatte Tunesien über 150.000 Flüchtlinge aufgenommen, die vor den Auseinandersetzungen in Libyen über die Grenzen geflohen waren.

Gastfreundschaft wurde auf diese Weise zu einem Ort gemeinsamen Engagements und ein Ort, an dem unterschiedliche Brüche und Spannungen deutlich werden konnten: Spannungen zwischen staatlicher Souveränität, der Selbstbestimmung einer politischen Gemeinschaft, Spannungen zwischen Staatsbürgerschaft und Ausschluss auf der einen Seite und den Rechten an politischer Partizipation und kosmopolitischer Normen auf der andern. Gleichzeitig hat der Protest aber auch einen Raum des Politischen eröffnet, der diese Gegensätze durchkreuzte.

„*Grazie Lampedusa*“ war eine Geste der Anerkennung der einheimischen Bevölkerung gegenüber und ein Dank, den der Gast gewöhnlich dem Gastgeber ausspricht. Dank und Dissens wurden auf diese Weise zu einer Form der Gastfreundschaft und wechselseitiger Anerkennung, die durch gemeinsame Mobilisierung und gemeinsame Gegnerschaft ausgesprochen wurde.

Gängige Repräsentationen, die mobile Menschen in einer quasiontologischen Opferrolle festschreiben, wie dies der humanitäre Diskurs und seine Visualisierungen tun, verweisen, wir haben dies im Hinblick auf die Fassung Kants schon gesehen, auf die ‚imperfekte‘ Pflicht der Gastfreundschaft, diejenigen aufzunehmen, die sich in unmittelbarer Gefahr befinden. Diese fordert aber kaum die machtvollen diskursiven Felder und die Repräsentationen mobiler Menschen als Bedrohung für öffentliche Wohlfahrt und öffentliche Sicherheit, noch das schon angezeigte „demokratische Paradox“ (Mouffe 2013) von Mitgliedschaft und Ausschluss heraus, wie die Perspektiven, in denen die alte Figur des Fremden als ‚Befreiers‘ evoziert wird, der eine neue politische Gemeinschaft begründen soll.

Das postkoloniale Grenzregime und die sozialtechnologische EU-Governance in die Länder der ehemaligen Kolonien auszuweiten, bindet ökonomische Interessen, die Produktion von Wissen, (symbolische) Politiken zusammen. NGOs, IGOs, die Geschäftswelt, Wissenschaft und die organisierte Zivilgesellschaft erodieren auf der einen Seite zwar nationalstaatliche Souveränität und ehemals exklusive staatliche Zuständigkeiten. Auf der anderen Seite übertragen und verschmelzen sie ganz im Sinn neoliberaler Governance, das Politische mit den Marktlogiken (oder dem moralischen Appell humanitärer Aktion) und entpolitisieren damit das, was an Gastfreundschaft doch gerade das Politische ausmacht.

Gerade diese Entpolitisierung schafft, wie Chantal Mouffe (2007:95-100) feststellt, populistischen Bewegungen einen Raum. Gleichsam abgespaltet, wird der Populismus zum „Symptom“ des Apolitischen (Derrida 2002:189), das Identität und Zugehörigkeit feiert und die angezeigten Ambivalenzen der Gastfreundschaft sich dann nur noch in kulturalisierenden Identitätspolitiken und in rassistischen Bildern ausdrücken können. Das ‚Boot ist voll‘: Gegen populistische Leidenschaft und die Evokation des alten Bildes des Fremden, genauer: des Schwarzen als Schmarotzer an Volkskörper und Volkswohlfahrt, können die Ambivalenzen der Gastfreundschaft dann nur einer normativ angeleiteten, vernunftgemäßen, rationalistischen Bearbeitung und/oder einer ökonomischen Effizienzlogik unterworfen werden und damit wird ebenso konsequent das Politische evakuiert.[4]

Wie im zweiten Abschnitt schon gesehen, bewegen sich die unterschiedlichen Diskurse der politischen Philosophie in einem unausweichlichen Dilemma, das Chantal Mouffe (2013) „das demokratische Paradox“ genannt hat. Liberale Fassungen, die individuelle Freiheit und Autonomie zur Grundlage demokratischer Gesellschaften machen, deliberative und ‚neutrale‘, prozedurale Versionen der Politik befürworten, und demokratische Perspektiven, die demgegenüber auf substantieller Volkssouveränität, der Autonomie eines *demos* beharren, sind – trotz ihrer Unterschiedlichkeit – in die Spannung zwischen Universalismus und Partikularität, universalen (Menschen-)Rechten und Staatsbürgerschaft, kurz: Einschluss und Ausschluss eingespannt, die dem Gesetz der Gastfreundschaft dann unweigerlich Grenzen vorschreiben. Wie auch gesehen, können diese unausweichlichen Dilemmata in den unterschiedlichen Versionen nicht zugunsten einer endgültigen theoretischen ‚Lösung‘ (sei dies nun die Habermas'sche normativ-rationalistische Fassung oder der Rawl'sche Prozeduralismus) aufgehoben, sondern immer nur bewegt und beständig kontrovers ausgehandelt werden und findet auch im Liberalismus/Universalismus, dem Kommunita-

4 Das ist dann auch genau das Problem der Kulturalisierungen in wohlmeinenden Ansätzen interkultureller Kommunikation, in denen die Ambivalenzen des Fremden rationalistisch entschärft, den Einsichten der Vernunft unterworfen oder gar praktisch-pädagogisch abtrainiert werden sollen (und damit auch einer spezifischen Logik unterwerfen). Irreduzibel Fremdes, der „Stachel des Fremden“ (Waldenfels 1990) und die Ambivalenzen damit ‚anthropophag‘ dem – vermeintlich – Eigenen einverleiben.

rismus/Kontextualismus oder dem kritischen Kosmopolitismus und seinen jeweiligen Spielarten kein Ende.[5]

Im Angesicht dieser Dilemmata und im Kontext derzeitiger Debatten – auch und gerade der politischen Philosophie – werde ich für einen in antagonistischen Praktiken lokalisierten Kosmopolitismus plädieren, denn ohne den Bezug auf die konkreten Orte und ihre Akteure bleibt die Forderung nach einer wie immer gearteten kosmopolitischen politischen Ordnung ein rein begrifflich-konzeptuelles und akademisches Unterfangen.[6]

Im Weiteren wird es also darum gehen, in Gastfreundschaft nicht den ethischen oder moralischen Appell an Verantwortung zu sehen, eine humanitäre Anklage zu formulieren, die Antwort, Aktion und Spenden fordert, sondern auch und gerade den Kern des Politischen herauszuschälen, der im Antagonismus Freund/Feind bzw., in Anlehnung an Chantal Mouffe (2007, 2013), in Gegnerschaft und agonistischen Praktiken aufzufinden ist und Formen von „activist citizenship" (Isin 2009) hervorbringt. Anders gesagt: Es gilt also, sich ‚innerhalb' der Ambivalenzen zu bewegen, durch die Gastfreundschaft sich auszeichnet (anstatt diese zu negieren und zu evakuieren), um Ressourcen zu finden, die den Streit, die Gegnerschaft gegen machtvolle Politiken erlauben, mit denen Gastfreundschaft Grenzen gesetzt werden. Es geht also darum, Gastfreundschaft im Politischen zu verorten und zum einen der a-politischen europäischen Governance, der Implementation des Marktes in den Politiken und ihrer sozialtechnokratischen Managementsprachen und zum anderen den humanitären Diskursen zu entziehen und damit auch und gerade einen politischen Raum Europas zu skizzieren, haben wir doch auch schon gesehen, dass Gastfreundschaft das Ethische, das Soziale und das Politische ausmacht.

---

5 Einen guten Überblick über Versuche, die politische Gemeinschaft jenseits fester (kultureller) Identitäten und Einheiten (Nation – Volk – Territorium) zu denken, findet sich bei Koromyslova (2012), die besonders Jean-Luc Nancy, Jacques Rancière und Giorgio Agamben in den Blick nimmt.

6 Ein Überblick über derzeitige Kosmopolitismusdebatten findet sich bei Delanty, 2012. Zur jüngsten Beschäftigung mit kosmopolitischen Praktiken vgl. hier nur Appiah 2006; Werbner 2008.

7. *HARRAGAS* UND GASTFREUNDSCHAFT

Harga als politische Mobilisierung

Die tunesische Revolution und ihre Forderungen nach Würde, Freiheit und Demokratie haben die politischen Verhältnisse verändert und sich drastisch auf die autoritären Regimes in der Region ausgewirkt. Diese Entwicklungen könnten mit Albert O. Hirschman (1970, 1978) als das Ergebnis der Entscheidung von Akteuren zu Widerspruch, Protest und zur Verbesserung ihrer Lebensumstände in einer Situation verstanden werden, in der Mobilität durch restriktiv gehandhabte Visavergabe eingeschränkt,[7] Abwanderung und Flucht erschwert oder weitgehend unmöglich sind: „Voice is [...] defined as any attempt at all to change, rather than to escape from an objectionable state of affairs", so stellt Hirschman (1970:30) fest, diese Option „is the only way [...] [to] react whenever the exit option is unavailable" (1970:33).[8] ‚Voice' und ‚exit', aber auch ‚Loyalität' sind dann, wie schon gesehen, die Elemente einer Theorie, die deutlich macht, wie Akteure ihre Ablehnung einer untragbar gewordenen gesellschaftlichen Situation ausdrücken, sozio-kulturelle *imaginaires* bewegen und mittlerweile auch in digitalen Medien transnational verbreiten. Diese Optionen sind tatsächlich jedoch kaum Alternativen, die an gegensätzlichen Polen angesiedelt werden könnten. Vielmehr entsteht ein Kontinuum in den Handlungsmöglichkeiten zwischen ‚voice' und ‚exit'. Der glückliche Begriff „l'individu mobilisé" (Fillieule 2010:19) verweist genau auf dieses Kontinuum, wenn er politische Mobilisierung ebenso wie Mobilität als soziale Bewegung aufnimmt und tatsächlich ist (undokumentierte) Mobilität als eine Form sozialer Bewegung verstanden worden.[9]

---

7 Bereits Reisemöglichkeiten zeigen Diskriminierung und deutliche Asymmetrie: Mit einem tunesischen Pass kann man ohne Visum in 63 Länder einreisen, demgegenüber können Inhaber eines finnischen, schwedischen, britischen oder deutschen Passes in 173 bzw. 172 Länder reisen, ohne ein Visum beantragen zu müssen (https://www.henleyglobal.com/fileadmin/pdfs/visarestrictions/Global%20Ranking%20-%20Visa%20Restriction%20Index%202013-08.pdf,16.3.2014).

8 Die hier eingesetzte Korrelation zwischen Mobilität und Protest müsste dann konsequenterweise bedeuten, dass eingeschränkte Mobilität Revolten fördert.

9 Vgl. hier nur Mezzadra/Rigo (2003).

In Tunesien traf ich nicht nur Moncef, einen Informatikstudenten und Aktivisten der Studentengewerkschaft (*L'Union générale des étudiants de Tunisie*, UGET), der aus der Küstenstadt Sousse nach Tunis gezogen war, „*um mit meinen Freunden aktiv zu werden.*" Bald wird er seinen Abschluss in der Hand halten und dann wie viele seiner Kommilitonen mit Sicherheit arbeitslos werden. Einer seiner besten Freunde wollte daher nach Europa. Auf einem kleinen Boot hat er sein Schicksal herausgefordert, die gefährliche Überfahrt nach Lampedusa gewagt. Er hat es nicht geschafft und ist im Mittelmeer ertrunken. Der Aktivist will nicht nach Europa, sondern möchte sich in Tunesien für eine „*Verbesserung der Situation*" einsetzen. „*Würde*", sagt er, „*das ist für mich Gerechtigkeit, soziale Gerechtigkeit, Arbeit, Demokratie, Freiheit*". Manchmal entscheidet auch nur der Zufall, eine Bekanntschaft, eine günstige Gelegenheit, über den weiteren Lebensweg.

„*Besser brennen, als erniedrigt und gedemütigt*", haben *harragas* mir immer wieder erklärt.[10] *Harga* als Prozess macht dann einerseits deutlich, dass viele nicht mehr bereit sind, eine als desolat empfundene Situation hinzunehmen, und verweist andererseits darauf, dass man von Mobilität doch ausgeschlossen ist, denn die Implementation der (inter)nationalen Migrationspolitiken bestimmt das Leben derer, die u.a. ein fundamentales Recht einfordern, nämlich ihr Land verlassen zu können. *Harga* verlangt, wie die politische Mobilisierung der tunesischen Revolution, ebenfalls *Würde*: „*Gerechtigkeit, soziale Gerechtigkeit, Arbeit, Demokratie, Freiheit.*" Die *harragas* als Akteure bestehen nicht nur auf ihrem Recht, Rechte zu haben, sondern sie nehmen sich das Recht.

Auf dieses Kontinuum verweist auch eine verzweifelte und entschiedene Geste, die auf dramatische Weise ‚voice' und ‚exit' vereint, und über Grenzen wandert: Am 19. November 2010 hatte sich Chamseddine El Hani aus Metlaoui, ein vormaliger *harraga*, der in der südlichen Provinz von Gafsa keine Arbeit fand, selbst angezündet (Ben Mhenni 2011:12).[11] Einen Monat später, am 17. Dezember 2010, übergoss sich der Straßenhändler

10 Auch junge Männer aus dem Senegal machen sich unter dem Motto *Barça ou barsakh* (‚Barcelona sehen oder sterben') auf den Weg nach Europa. Ich verdanke diesen Hinweis Monika Salzbrunn.

11 Man muss gar nicht auf die klassische Untersuchung Durkheims zum Selbstmord verweisen, um in diesen Gesten nicht eine psychologisch begründete Devianz, sondern ein soziales Phänomen zu sehen.

Mohammed Bouazizi mit Benzin, er ist mittlerweile zum Märtyrer der tunesischen Revolution geworden, weil Polizisten ihn von seinem Platz vertrieben hatten und starb ein paar Tage später an den Verbrennungen. Am 11. Februar 2011 wiederholte der marokkanische Straßenhändler Noureddine Adnane in Palermo diese dramatische Geste, weil die Polizei auch ihn von seinem angestammten Standplatz verscheucht hatte. Am 23. März 2013 zündete sich der Straßenhändler Adel Khadri vor dem Nationaltheater in Tunis an. Zwischen dem 17. Dezember 2010 und dem 12. März 2013 haben 160 junge Tunesier auf diese Weise ihr Leben beendet (Baraket 2013). Wer nicht einmal als *harraga* seine ‚Papiere verbrennen' kann, dem bleibt eine letzte verzweifelte Geste, mit der öffentlich Würde und Anerkennung eingefordert wird. Auf Lampedusa hörte ich 2011 vom Vorsitzenden der Fischervereinigung, der sich wie viele auf der Insel in der wirtschaftlichen Krise „*von der Regierung alleingelassen fühlt* (*siamo abbandonati*)", „*wir hoffen alle, das keiner, der hier mit einem Benzinkanister in der Hand herumläuft, auch ein Feuerzeug dabei hat*" (Friese 2014).

Harga als Handlungsmöglichkeit übertritt staatliche Gesetze, Normen und Bestimmungen von Aus- und Einreise und stellt im Kontext zunehmend restriktiver Visabewilligung oft die einzige Mobilitätschance her. Das Verbrennen der Papiere ist dann jedoch nicht einfach die Alternative zwischen ‚voice' und ‚exit'. Als Zeichen von Dissens, der Aufkündigung von Konsens, als ‚Abstimmung mit Füßen' ein tägliches Plebiszit gegen die politische, soziale und ökonomische Situation in den Ländern des Maghreb bezeugen die *harragas* die Dimension des gesellschaftlichen Imaginären und den individuellen Anspruch auf Glück und gutes Leben, Würde und Anerkennung, Teilhabe und Gerechtigkeit, Ansprüche, die auch die tunesische Revolution bewegt, politisch begründet und ausgemacht haben.

Harga ist weitgehend durch junge Männer bestimmt und junge Frauen aus dem Maghreb ergreifen selten diese Möglichkeit zur Flucht aus den Umständen. Zugleich eröffnen diese ‚illegalen' Praktiken durchaus auch generationale Gegensätze und zeigen die Koexistenz von zwei Welten. So reagiert die Generation ‚weißhaariger' Migranten (*chibenis*), die in den Ländern Europas arbeiten und beladen mit Kühlschränken und Waschmaschinen zu Ramadan in ihr Dorf zurückkommen, um, das ist die Forderung an männliches Handeln, die Häuser mit den materiellen Symbolen des Erreichten zu füllen und damit deutlich zu machen, dass es der Familie besser geht und sozio-kulturelles Kapital befördert wurde, auf *harga* nicht nur mit familiärer und finanzieller Unterstützung der Überfahrt, sondern durchaus auch mit Skepsis. Eigene Erfahrung im Exil (*el ghorba*) widerspricht oft jugendlichen Träumen von unbegrenzter persönlicher Freiheit und dem europäischen ‚Eldorado', „das zwei Flugstunden oder 70 Seemeilen entfernt ist."[12] Doch die soziale Imagination ist immer schon Teil der Transformation von ‚Realität' und ist daher ein zentrales Element des Politischen. Im sozialen und historischen Kontext gesellschaftlicher Veränderungen eröffnen die komplexen kulturellen Repertoires und symbolischen Vernetzungen einen aktiven und Grenzen sprengenden Raum politischer Mobilisierung von Subjektivität und Selbstermächtigung, an denen auch die digitalen Medien Anteil haben, wenn sie der alltäglichen Verhandlung der Situation einen Ort schaffen (Friese 2014).

Harragas, die das Recht brechen und sich gegen bestehende Gesetze das Recht auf Mobilität genommen haben, die Revolten gegen die Grenzen der Gastfreundschaft auf Lampedusa und die (lokale) Mobilisierung sind Teil dieses transnationalen politischen Raumes und kosmopolitischer Praktiken, der auf der einen Seite Mobilität und Mobilisierung zusammenbringt, auf der anderen Seite aber auch deutlich macht, dass Gastfreundschaft sich durch Dissens und Aushandlung artikuliert und damit auf spezifische Weise an Antagonismus und das Politische gebunden ist.

Agonismus, Dissens und Aushandlung

Wie wir gesehen haben, werden die derzeitigen Grenzen von Gastfreundschaft zum einen in einem Gewebe (inter)nationaler Politiken, machtvoller (ökonomischer) Interessen der entstandenen Migrationsindustrie verhandelt, ein Grenzregime, das sich auf unterschiedliche und durchaus gegenläufige Logiken stützt, unterschiedliche soziale Positionierungen artikuliert und unterschiedliche Repräsentationen und Symboliken aushandelt. Zum anderen ist Gastfreundschaft auch an ethische und moralische Imperative, den Ethos von Fischern gebunden, bindet Gastfreundschaft Ethik, Ökonomie und Politiken zusammen.

12 Sayad (2004); im Hinblick auf den Gender-Aspekt Salih (2003).

Es lohnt sich an dieser Stelle einen kurzen Umweg zu nehmen, um zu verstehen wie Gastfreundschaft sich im Raum des Politischen konstituiert.[13] Wenn wir mit Chantal Mouffe (2007:100) davon ausgehen, dass „soziale Verhältnisse von Macht konstituiert werden“ und damit an eine „unauslöschbare Dimension des Antagonismus“ (2007:101) gebunden sind, dann ist es mehr als angebracht, diese auch und gerade für Gastfreundschaft zu sehen, die ja auf besondere Weise an die Ambivalenzen des Fremden und seine Stellung zwischen Freund und Feind gebunden ist und nicht (allein) im Feld religiöser Anweisung, Ethik und Moral verortet werden kann. Gerade in dieser Reduzierung des Politischen auf die „Domäne der Moral“ (2007:101) verortet Mouffe ja die Defizite deliberativer Demokratiemodelle, seien diese nun prozedural oder substantiell begründet, die Macht und Antagonismus in rationalem Diskurs, Konsens und vernunftgeleiteter Legitimität einschließen und damit sogleich das Politische evakuieren.

Demgegenüber ist das Politische „die Dimension des Antagonismus, die menschlichen Verhältnissen inhärent ist, viele Formen annehmen kann und in unterschiedlichen Typen sozialer Verhältnisse entsteht“. Politik bezeichnet demgegenüber dann ein „Ensemble von Praktiken, Diskursen und Institutionen, die eine bestimmte Ordnung zu etablieren versuchen und menschliche Koexistenz unter Bedingungen organisieren, die immer potentiell konkfliktorisch sind, da sie von der Dimension ‚des Politischen‘ affiziert werden“ (Mouffe 2013:102-3).[14]

---

13 Oft werden (lokale) Proteste eilfertig mit dem Etikett ‚Populismus‘ belegt, die Mobilisierung von Emotionen einer moralisierenden Wertung und Anklage unterworfen, stellen Leidenschaften doch eine vermeintlich rational argumentierende politische Gemeinschaft und ihre Diskurse infrage (Laclau 2005:5), anstatt sie zum einen als Ausdruck der Entpolitisierung des Politischen und einer identitären, kulturalistischen Verschiebung zu verstehen und sie zum anderen als Krise demokratischer Repräsentation zu sehen. Zudem erlaubt die Kulturalisierung von Konflikten auch, unterschiedliche soziale Positionierungen und Diskurse, die Zirkulation von rassistischen Wertungen und Attribuierungen gar nicht erst näher untersuchen zu müssen.

14 „Die Grenze zwischen dem Gesellschaftlichen und dem Politischen ist nicht festgelegt und erfordert ständige Verschiebungen und Neuverhandlungen zwischen den gesellschaftlich Handelnden. [...] Macht ist für das Gesellschaftliche

Mit Carl Schmitts bekannter Fassung wird das Kriterium, welches das Politische ausmacht, die Unterscheidung zwischen Freund und Feind, wie auch alle „politischen Begriffe, Vorstellungen und Worte [...] einen *polemischen* Sinn [...] eine konkrete Gegensätzlichkeit im Auge" haben (Schmitt 1994:31). Der Andere ist dann weder „Konkurrent oder Gegner" noch privater Feind, sondern der öffentliche Feind: „*hostis* und nicht *inimicus* im weiteren Sinne; *polemios* und nicht *ekthros*" (Schmitt 1994:29), zeigt sich die (platonische) Unterscheidung zwischen *polemos* (Krieg) in Bezug auf Fremde und *stasis* (Streit, Zwietracht, Bürgerkrieg) in Bezug auf Verwandte, die eigene Gemeinschaft (Tassin 2003:32).[15]

Chantal Mouffe denkt hier ganz offensichtlich „‚mit Schmitt gegen Schmitt'" (2007:22).[16] Es kommt in einer solchen Perspektive also durchaus nicht darauf an, die konfliktuelle Opposition ‚Wir'/‚Sie' im rational erzielten Konsens einzuebnen, sondern vielmehr den möglichen Antagonismus – den Carl Schmitt eben in der Freund/Feind-Beziehung erkennt – mit pluralistischen Demokratien „kompatibel" zu machen und den „Feind" als einen „Gegner" zu begreifen, der jedoch auch nicht einfach als Konkurrent in einem Marktverhältnis verstanden werden darf (2013:103). In diesem Raum ist die grundlegende Konstitution eines ‚Wir' und ‚Sie' nun jedoch nicht im Sinne eines Gegensatzes zu verstehen und (in einer dialektischen Bewegung zu versöhnen), „das ‚sie' ist nicht der konstitutive Gegensatz eines konkreten ‚wir', sondern vielmehr das Symbol dessen, was jedes ‚wir' unmöglich macht" (2013:29; 2007:23). Im Rückgriff auf Derridas Entwürfe von Différance, Spur und Supplement wird der Begriff eines „konstitutiven Außen" ins Spiel gebracht, das mit dem Inneren „inkommensurabel" und doch „zugleich dessen Entstehungsbedingung" ist (2013:29; 2007:23).

„Eine vom Poststrukturalismus informierte Perspektive bietet, aufgrund ihrer Betonung irreduzibler Alterität, die zugleich eine Bedingung der Möglichkeit und eine Bedingung der Unmöglichkeit jeder Gesellschaft repräsentiert, ein sehr viel geeig-

---

konstitutiv, weil das Gesellschaftliche ohne die ihm seine Form gebende Machtverhältnisse nicht sein könnte" (Mouffe 2007:26-7).

15 Auch „das Recht ist Streit", stellt Carl Schmitt bündig fest (2001:75).

16 Zur Auseinandersetzung von Derrida mit Carl Schmitt, vgl. Derrida (2002:158-89) und Schott (2003:109-18). Zur gegenwärtigen Bedeutung des politischen Denkens von Schmitt, vgl. die Beiträge in Odysseos/Petito 2007.

neteres theoretisches Gerüst an, um die Spezifik moderner Demokratie zu erfassen, als dies rationalistischen Ansätze vermögen" (2013:46-7).

Wir haben „es niemals mit Wir-Sie-Gegensätzen zu tun, in denen essentialistisch verstandene Identitäten zum Ausdruck kämen", repräsentiert das „Sie" doch die „sine qua non des ‚Wir', sein ‚konstitutives Außerhalb'" (2007:27). Auch bezeichnet Antagonismus dann nicht den Kampf zwischen unversöhnlichen Feinden, mit denen man keine Gemeinsamkeit und keinen (symbolischen) Raum teilt (wie dies bei Carl Schmitt der Fall ist), sondern einen agonistischen Kampf unter Gegnern in einem pluralen Raum und einem „aktivbürgerschaftlichen" Feld (2013:104-5) – auf dieses wird gleich noch zurückzukommen sein.

„Das Modell der Gegnerschaft ist als für die Demokratie konstitutiv anzusehen" wie Mouffe bemerkt, weil es zum einen „demokratischer Politik die Umwandlung von Antagonismus in Agonismus erlaubt" (2007:30).[17] Ihr Entwurf eines „agonistischen Pluralismus" (2013:102) durchkreuzt zum anderen nicht nur das gegenwärtige Primat der Ökonomie dem Politischen gegenüber, sondern auch die Konstruktion eines homogenen *demos* oder Volks als identitärer Einheit und eines legitimen, souveränen Willens, der sich auf *ethnos* oder geteilte Kultur berufen kann. Agonistische Politik stellt sich dann auch entschieden einer Sicht entgegen, die meint, dass Governance und effizientes Management (unter eilfertiger Beteiligung von Business und Zivilgesellschaft) demokratischen Konsens und Einmütigkeit hervorbringen und damit ‚Macht' und ‚das Politische' ausschließen könnten – das ist ja gerade der hoffnungslose Versuch der Governance von Mobilität und ihrer Legitimationsstrategien.

17 Auch Mouffes Skepsis einigen kosmopolitischen Projekten gegenüber stützt sich auf Carl Schmitt, würde eine kosmopolitische Ordnung doch das Politische evakuieren. „Menschheit" ist Schmitt „kein politischer Begriff" (1994:55) und nur der „Pluralismus der Staatenwelt" sichert das Politische, ist die „Welt doch ein Pluriversum und kein Universum" (1994:54). Auch setzt sie sich kritisch mit der von David Held vorgeschlagenen „kosmopolitischen Aktivbürgerschaft" auseinander (Mouffe 2013:50) und verwirft die von Ulrich Beck und Anthony Giddens vorgeschlagenen Versionen einer kosmopolitischen Ordnung, die sie deshalb als „postpolitisch" kritisiert, weil sie auf das Prinzip der Gegnerschaft verzichten und Machtbeziehungen außer Acht lassen (2007:64-69).

Gastfreundschaft ist dann und das ist hier der zentrale Punkt, im Raum des Politischen angesiedelt und die Ambivalenzen der Gastfreundschaft zeigen genau diese Möglichkeit des Antagonismus. Hostilität ist ja nicht ihr Außen, das Außen ihres Austauschs, sondern immer gegenwärtige Möglichkeit, die ihre Gesten ja genau bändigen sollen. Derrida hat diese Möglichkeit, oder um genauer zu sein, „the double bind", die „impossibility as condition of possibility, the troubling analogy in their common origin between *hostis* as host and *hostis* as enemy, between hospitaliy and hostility" mit dem Neologismus „Hostipitaliy" (2000:15) gekennzeichnet.

Aushandlung – auch und gerade der Grenzen der Gastfreundschaft – ist jedoch kaum ein ‚rationaler' Dialog in einem machtfreien Raum. Macht ist ja nicht „als ein externes Verhältnis, das zwischen zwei präkonstruierten Identitäten hergestellt wird" zu konzeptualisieren, „sondern vielmehr als die Instanz, durch welche Identitäten zuallererst ihrerseits konstituiert werden" (Mouffe 2013:36).

Die *harragas* als mobile, mobilisierte Akteure sehen sich einem Staat gegenüber, der Würde und Freiheit verweigert, die *Lampedusani* einem Staat, der sie nicht als Bürger sieht. „Freunde", so riefen während der Proteste einige Einwohner, „unser Kampf ist euer Kampf. Unser Feind ist derselbe: Der mordende Staat." In diesen Parolen verbindet sich die republikanische Devise der Brüderlichkeit, die zugleich an Genealogie und gemeinsame Abstammung gebunden ist und diese anerkennt, mit dem Begriff Freundschaft und erkennt einen gemeinsamen Feind: den Staat, eine Souveränität, die über Leben und Tod entscheidet. Gastfreundschaft verbindet Freundschaft, Brüderlichkeit, Verbrüderung (ein ‚Wir') mit Feindschaft (ein ‚Sie'). Der Feind ist hier aber nicht der Fremde, der Feind ist ein ‚innerer' Feind, der (ferne) Staat (dessen lokale Repräsentantin sich auf die falsche Seite geschlagen und sich des Verrats an den Brüdern schuldig macht).[18] Selbst der damalige Bürgermeister, kaum einer radikalen politischen Position verdächtig, begründete seinen Dissens mit den in Rom getroffenen Entscheidungen im (christlichen) Idiom der Brüderlichkeit und ihren politischen Konnotationen. Er bettete diese jedoch an ethisch begründete Verantwortung und das Recht auf Menschenwürde, die die politische Gemeinschaft, ein ‚Wir' auszeichnen und hier gegen ‚Sie' absetzt: „Sagen

18 Die Beziehungen zwischen Freundschaft und Brüderlichkeit können hier nicht weiter verfolgt werden, vgl. dazu nur Derrida 2002:353-61.

wir es deutlich, ich teile die Idee der Massenabschiebung nicht. Diese unsere Brüder fliehen vor Krieg und Hunger und haben dasselbe Recht auf Würde. Wir Italiener, wir Europäer müssen sie vor Gewalt und Hunger schützen“ (Cavallaro 2009).

Zwar wollte sich der Bürgermeister mit dieser Argumentationsfigur auch gegen Rassismusvorwürfe immunisieren, dennoch positionierte er sich aber ebenfalls nicht gegen die Fremden, sondern stritt gegen verfehlte Politiken. Nun sahen sich die *harragas* aber beileibe nicht als schützenswerte Opfer. Die Artikulation von Würde bestand gerade in der Mobilisierung und in einer doppelten Grenzverletzung, einer doppelten De-Plazierung, mit der sie nicht nur den ihnen eigentlich zugewiesenen liminalen Raum (immobilen Wartens) durchbrachen, sondern auch als Handelnde und Bürger sichtbar wurden, die Rechte ein*fordern* und Subjektivität manifestieren, die sie gerade nicht als unsichtbare *clandestini* oder *extracommunitari* auswiesen, also als diejenigen, die der (politischen) Gemeinschaft äußerlich sind, die ihr Außen bilden.[19]

Der politische Raum, als Raum öffentlicher Sichtbarkeit nicht nur derjenigen, die dazugehören, sondern auch derer, die ‚ausgeschlossen‘ und dennoch immer schon eingeschlossen sind, verbieten, wie Étienne Tassin bemerkt, dass sich eine „communauté ne se ferme sur sa clôture, qu'elle ne se fantasme dans une impossible complétude“. Der Terminus „exclaudere, a donné ‚exclure‘ et ‚esclore‘ éclore; paraître, naître“ und „le rapport politique est celui de l'exclusion parce qu'il est indissociablement celui de l'éclosion: naissance et parution dans l'espace de visibilité commune“ (2003:279).

Die Revolten auf Lampedusa eröffneten in diesem Sinne einen politischen Raum, in dem Unsichtbare sichtbar und zu Bürgern wurden, deren Subjektivität und Bürgerschaft sich nun eben gerade nicht auf Filiation, Identität, Kultur und Nation stützte, sondern in Mobilisierung, agonistischem, gemeinsamen Handeln.

Die lokale Mobilisierung zeigte auf diese Weise auch eine „disjunctive citizenship“ (Paley 2002:479), eine Bürgerschaft, in der weder *harragas*

19 Auch wenn dieser politische Raum natürlich auch durch eine fundamentale Asymmetrie, eine Teilung, gekennzeichnet ist, können die Einheimischen doch nicht in ein Land deportiert werden, in dem nicht leben zu wollen sie beschlossen haben.

noch die Einwohner sich repräsentiert und eben gerade nicht als Staatsbürger in einem demokratischen Staatswesen fühlten, und in der bspw. die jahrelang vorgetragenen Forderungen der Fischer kein Gehör gefunden hatten. Die Auseinandersetzung kreiste also durchaus nicht um Staatsbürger vs. Nicht-Staatsbürger (*extracommunitari*), Mitglieder vs. Nicht-Mitglieder, Einheimische vs. Fremde, sondern vielmehr um den gemeinsamen Kampf um Anerkennung im Namen universaler Rechte und der Anerkennung als politische Subjekte, als Bürger.

Zum Staat als „maßgebende politische Einheit" gehört, wie Carl Schmitt feststellt, das *jus belli*, d.h. „die reale Möglichkeit", den „Feind zu bestimmen". Doch ist die wesentliche staatliche Leistung die innere Befriedung, die Fähigkeit, „Ruhe, Sicherheit und Ordnung herzustellen und dadurch eine normale Situation zu schaffen", die Geltung der Rechtsnormen zu garantieren und den „inneren Feind" zu bestimmen (Schmitt 1994:45-6). Die Freund/Feind-Unterscheidung wirkt hier also in zwei Richtungen:[20] Einmal nach ‚außen' (in einem zunehmend technologisch-militarisierten Kleinkrieg gegen unkontrollierbare Mobilität) wie zugleich nach ‚innen' oder eher: Sie macht die Unterscheidung zwischen innen und außen, Normalität und Ausnahme hinfällig. Nicht zufällig beklagen die *Lampedusani* die Militarisierung des öffentlichen und privaten Raumes oder sehen die Insel *„als Lager unter offenem Himmel."* Mobilisierung und Protest richteten sich also auch gegen Politiken, mit denen das öffentliche (und private) Leben in diesem Raum eingerichtet und generalisierter Überwachung unterworfen werden soll.[21]

20 Zizek (1999:39-41) beharrt auf dem „inneren Antagonismus" als für das Politische wesentliche Element und sieht den Verlust eines Raumes des Protests, in dem auch und gerade Einwanderer Ungerechtigkeit artikulieren können, als Voraussetzung und Ergebnis von Xenophobie und neuer Formen von Rassismus.

21 Das genau ist ja die Feststellung von Giorgio Agamben, dem das Lager „zum *nómos* der Moderne" (1995:185) und der „Ausnahmezustand zum ‚Paradigma des Regierens'" geworden ist (2004:7-41).

8. EUROPA: FÜR LOKALISIERTE KOSMOPOLITIKEN

Bürgerschaft und Protest

Globalisierungsprozesse, postkoloniale Konstellationen, die Formen der Gouvernementalität und Governance (nicht nur) in Fragen der ‚effizienten Steuerung' von Mobilität schaffen, wie Aihwa Ong bemerkt, ein „system of graduated sovereignty, whereby citizens in zones that are differently articulated to global production and financial circuits are subjected to different kinds of surveillance and in practice enjoy different sets of civil, political, and economic rights" (1999:215-6).

Zudem haben wir ja schon die Problematik gesehen, dass die Ankommenden auf spezifische Weise ausgeschlossen werden, können sie als Bürger anderer Staaten im derzeitigen Ordnungssystem der westfälischen Grammatik souveräner Staaten (soziale und politische) Rechte nur ihrem ‚eigenen' Staat gegenüber einfordern, aber durchaus nicht einem anderen Staat gegenüber.

Ein grundlegendes Kennzeichen (moderner) Staatsbürgerschaft liegt darüber hinaus in ihrer Bindung an die Nation, mit der „Bürgerschaft" zum Synonym von „Nationalität" wurde. Die „aspirations to universality of citizenship of the state came up against its national definitions whether understood as racial, ethnic or even religious" (Isin/Turner 2007:11). Gerade diese fatale Kulturalisierung von Staatsbürgerschaft erlaubt dann auch eine Markierung des Fremden, die nicht einfach eine formal bestimmte, andere Staatsangehörigkeit anzeigt, sondern vielmehr Herkunft, Abstammung und kulturelle Differenz markiert.

Bürgerschaft ist an Geburt gebunden und an eine zweifache Trennung, die diejenigen, die hier geboren sind, von denen scheidet, die nicht hier geboren und fremd sind, sie bindet die Kontingenz der Geburt an Filiation und zugleich an einen Ort, ein Territorium. Ein *demos* konstituiert sich nicht nur durch die ursprüngliche Trennung zwischen denen, die hier geboren und Staatsbürger sind, und denen, die nicht hier geboren sind, den Fremden (eben den *extracommunitari*), sie konstituiert sich nicht nur durch Territorium und Filiation. Sie hat eine weitere Trennung in ihrem ‚Inneren', die Trennung zwischen denen, die dazugehören und denen, die nicht dazugehören, die „nicht zählen", nicht „gezählt werden" (Rancière 2000:58-60). Rancière verortet den Raum des Politischen in dieser – paradoxen – doppelten Trennung: Wenn ich die Nichtangehörigkeit des Anderen behaupte, bediene ich mich einer Argumentationsfigur, legitimiere ich zugleich meinen Ausschluss aus dem Raum, von dem ich behaupte, der andere sei ihm nicht zugehörig und von dem ich doch schon ausgeschlossen bin (Tassin 2003:288). Genau in dieser Trennung verortet Rancière den Streit, „le litige qui est [...] la forme même du du rapport politique“ (Tassin 2003:288). Bürgerschaft ist dann der Ort des ‚Streits‘ zwischen der „Ordnung des Politischen und der Ordnung der Abstammung“ (Rancière 2000:59).

Gegen gängige Kulturalisierungen und im Anschluss an Hannah Arendt und Jacques Rancière entwirft auch Étienne Tassin eine aktive Bürgerschaft. Demokratisches Zusammenleben ist dann keinesfalls „Zusammen-*Sein*, sondern Zusammen-*Handeln*“, das politische Handeln bestimmt dann Mitgliedschaft, nicht die ursprüngliche Angehörigkeit zu einem Staat, einer Nation, einer Familie, Verwandtschaft, einem Volk (Tassin 2003:286-7). Politisches Handeln ist dann auch nicht homogen, entspringt dem autonomen allgemeinen Willen eines Volkes, sondern ist immer schon heterogen und heteronom und das ist ja das, was einige liberale Fassungen, seien sie nun prozedural oder kommunitaristisch orientiert, kaum annehmen können, betonen sie doch Autonomie als irreduzibles Kennzeichen eines modernen demokratischen Gemeinwesens.

In diesem Kontext gewinnt die Forderung von Engin Isin nach einem „neuen Vokabular der Staatsbürgerschaft“ eine besondere Bedeutung, können hier doch weitere Elemente für Verständnis von Gastfreundschaft als einem Ort des Politischen gewonnen werden, die herkömmliche Konzepte von Staatsbürgerschaft, Einschluss und Ausschluss durchkreuzen, ohne jedoch die Ambivalenzen der Gastfreundschaft nivellieren zu müssen:

„We have witnessed the emergence of new sites of struggle and new rights as well as the blurring of boundaries between human rights and other rights, the articulation of rights by and to cities, regions and across states, and the emergence of struggles through streets, cities, courts, international non-governmental organizations and regional alliances. In order to make sense of the implications of such developments for citizenship we require new concepts rather than a recycling of old categories. What seems now obvious is that throughout the twentieth century (and accelerating towards its end) rights, sites, scales and acts of citizenship have proliferated to the extent that these have begun to change our dominant figure of citizenship“ (Isin 2009:368).

In Abgrenzung zur „aktiven Staatsbürgerschaft", die sich mit der französischen Revolution entwickelt, nennt Isin diese „activist citizenship" und die Akteure „activist citizens" (Isin 2009:368). Staatsbürgerschaft, gleich ob diese in herkömmlichen Fassungen nun durch „Status" oder „Praktiken" zukommt (2009:369), kann nicht länger als Mitgliedschaft in einem (territorialen) Nationalstaat verstanden werden, sondern umfasst

„actors, sites, scales and acts: The actors of citizenship are not necessarily those who hold the status of citizenship. If we understand citizenship as an instituted subject-position, it can be performed or enacted by various categories of subjects including aliens, migrants, refugees, states, courts and so on [...]. *The political* is not limited to an already constituted territory or its legal ‚subjects': *it always exceeds* them. Citizenship as subjectivity enacts that conception of the political. Thus, the actors of citizenship cannot be defined in advance of the analysis of a given site and scale, which are its other central categories" (2009:370, Hvhbg. HF).

In dieser Perspektive müssen die Akteure also durchaus keine durch Geburt oder Einbürgerung formal anerkannten Staatsbürger sein, was dann die jeweilige Subjektposition bestimmen könnte. Auch ist hier, und das ist der nun zentrale Punkt, auf den gleich noch zurückzukommen sein wird, das ‚Politische' weder durch den (territorialen) Nationalstaat und seine Grenzen bestimmt noch durch seine Staatsbürger bzw. formale Staatsbürgerschaft.

Analog sind die „acts of citizenship" ja durchaus nicht, und das ist in diesem Kontext zentral, in Recht, Verantwortung oder Ethik verankert, sondern vielmehr im (gemeinsamen) Handeln:

„Do those actors that act as citizens, strangers, outsiders or aliens necessarily (or always) act in the name of the law and responsibility? As the example of sans-papiers shows, acts of citizenship are not necessarily founded on law or responsibility. In fact, for acts of citizenship to be acts at all they must call the law into question and they may, sometimes, break it. Similarly, they must call established forms of becoming responsible into question and they may, sometimes, be irresponsible. Those activist citizens that act are not a priori actors recognized in law, but by *enacting themselves through acts they affect the law that misrecognizes them*. The third principle of theorizing acts is to recognize that acts of citizenship do not need to be founded on law or enacted in the name of the law" (2009:382, Hvhbg. HF).

Auch die *harragas* brechen ja auf zweifache Weise mit dem Gesetz, einmal indem sie gegen die Gesetze verstoßen, wenn sie unerlaubt Grenzen überschreiten, und dann, wenn sie Rechte einfordern, die ihnen formal nicht zustehen. Mobile Subjektivitäten verdanken sich genau diesem Bruch, dieser Unterbrechung im agonistischen Handeln.

Vor diesem Hintergrund sind die „sites of citizenship“ dann sicherlich auch keine Container eindeutiger Identitäten und der ‚Manifestationen‘ von Subjektivität und ein für alle Mal feststehender Grenzen, vielmehr

„fields of contestation around which certain issues, interests, stakes as well as themes, concepts and objects assemble. The ‚scales‘ are scopes of applicability that are appropriate to these fields of contestation. When we use already existing categories such as states, nations, cities, sexualities and ethnicities, we inevitably deploy them as ‚containers‘ with fixed and given boundaries. By contrast, when we begin with ‚sites‘ and ‚scales‘ we refer to fluid and dynamic entities that are formed through contests and struggles, and their boundaries become a question of empirical determination“ (2009:370).

Damit wird Bürgerschaft also beständig ausgehandelt, entfaltet sich in der Auseinandersetzung, dem Streit, an Orten des Konflikts, erwächst in „acts of citizenship“:

„First, actors need not be conceived of in advance as to their status. They can be individuals, states, NGOs and other legal or quasi-legal entities or persons that come into being through enactment. To recognize certain acts as acts of citizenship requires the demonstration that these acts produce subjects as citizens. Time and again we see that subjects that are not citizens act as citizens: they constitute themselves as those with ‚the right to *claim* rights‘“ (Isin 2009:371, Hvhbg. HF).

Bürgerschaft ist daher auch keine feststehende, einmal festgestellte Mitgliedschaft, sondern vielmehr eine Beziehung, die die sie konstituierenden Subjektpositionen ordnet und regiert:

„It is a relation that governs the conduct of (subject) positions that constitute it. The essential difference between citizenship and membership is that while the latter governs conduct within social groups, citizenship is about conduct across social groups all of which constitute a body politic“ (2009:371).

In diesem Sinne schafft „activist citizenship [...] a break, a rupture, a difference" (2009:380) und setzt die im herkömmlichen Sinne verstandene Staatsbürgerschaft oder Mitgliedschaft in einer fest umgrenzten kulturellen, sozialen und politischen Gemeinschaft aus, sie erlaubt Subjektpositionen jenseits dieser Ordnung und gemeinsame Gegnerschaft, den gemeinsamen Streit um die Grenzen der Gastfreundschaft.

Grazie Lampedusa

Gastfreundschaft und ihre Gesten, ihre Symbolik sollen, wir haben das im Kontext ihrer historischen Semantiken und der klassischen Perspektiven der Kulturwissenschaft gesehen, die Ambivalenzen der Stellung des Fremden, des Gastes, ordnen und siedeln ihn zwischen dem Heiligen und dem Profanen, zwischen Freund und Feind (*hostis*) an, die seine Aufnahme zu einem Risiko machen: „a hospitable welcome is a probe into risk and uncertainty", so Bonnie Honig (2008:111). Sie verweisen auf Einschluss und Ausschluss, die Konstitution von ‚Wir' und ‚Ihnen', explizieren Gemeinschaft und Identitäten ebenso wie sie diese schaffen.

Zugleich hat Gastfreundschaft aber immer auch schon eindeutige Ordnungen verwischt, verschoben und deplatziert, ist doch immer schon unklar, wer in diesem Verhältnis gibt und wer nimmt, wer auf wen angewiesen ist. Gilt Gastfreundschaft dem, der gebraucht wird? Braucht nicht der Fremde den Gastgeber, sondern ist vielmehr der Gast*geber* auf den Empfang des Fremden angewiesen? Wer gibt und wer empfängt? Zudem, verweist Gastfreundschaft wie die Gabe oder die Freundschaft nicht immer auch auf ihre Unmöglichkeit, wie Derrida feststellt? Außerdem erlaubt das ‚konstitutive Außen' gerade keine Kulturalisierungen des Eigenen und des Fremden oder gar deren Naturalisierungen, sondern verweist vielmehr auch auf das Politische.

Im Anschluss an Isins Diskussion dessen, was die *acts of citizenship* ausmachen, können wir im Hinblick auf die Praktiken der Gastfreundschaft dann auch fragen:

„Are acts of citizenship inherently (or always) exclusive or inclusive, homogenizing or diversifying, positive or negative? Or do these meanings that we attribute to acts only arise after the fact? Following our discussion of acts, we cannot define acts of citizenship as already inherently exclusive or inclusive, homogenizing or diversifying, or positive or negative. These qualities arise after, or, more appropriately, through the act“ (Isin 2009:380).

Dementsprechend wären die Gesten von Gastfreundschaft dann a priori weder ein- noch ausschließend, homogenisierend oder diversifizierend. Ihre ‚Qualitäten‘ entstehen erst im Handeln, das sich in Gegnerschaft dann als politisch erweist, ohne dabei jedoch das Merkmal ihrer Ununterscheidbarkeit zu verlieren oder einem Telos eingeschrieben werden zu können, das von einer regulative Idee geleitet wird. „Konzepte von politischer Entscheidung und ethischer Verantwortung“ können nicht gedacht werden, so Mouffe im Anschluss an Derrida, „ohne einen rigorosen Begriff der Unentscheidbarkeit hinzuzuziehen“. Unentscheidbarkeit „ist kein Moment, der durchquert oder überwunden werden kann. [...] Politisierung endet nie, denn Unentscheidbarkeit lebt in der Entscheidung fort“ (Mouffe 2013:130).

Nun hat Bonnie Honig durchaus treffend festgestellt, dass in den dominanten diskursiven Konstruktionen, Fremde zu einem ‚Problem’ gemacht werden. Wir haben das nicht nur in den derzeitigen Politiken neoliberaler Governance, sondern auch im Kontext der Visualisierungen gesehen, in denen die *harragas* zur Bedrohung werden, die den permanenten Notstand garantiert und den hochgradig technologisierten Kleinkrieg erfordert. Statt zu fragen: „How should we solve the problem of foreignness? And ‚What should ‚we‘ do about ‚them‘?“, schlägt sie vor, die Frage zu verkehren: „What problems does foreignness solve for us?“ (2001:1, 2, 4). Nun kann man mit einer schnellen Geste allerdings kaum die Tatsache vom Tisch wischen, dass gerade Gastfreundschaft die Ambivalenzen zeigt, die auch das Politische ermöglichen. Gerade dass Fremdheit und der Fremde zum ‚Problem‘ werden oder überhaupt werden können, markiert zum einen irreduzible Differenz, zum anderen erlauben sie auch und gerade Agonismus und damit das Politische. *Próblēma* zeigt ja „das Vorgelegte, eine Aufgabe, eine Streitfrage“ an, es wirft etwas auf, fordert, „jemandes Aufgabe“ zu sein, „sich mit etwas auseinanderzusetzen,“ wie das etymologisches Lexikon weiß. Es gilt also nicht zu fragen, welche Aufgaben sie für uns lösen, wie diese nicht nur ethisch bestimmt sind, sondern auch und gerade, wie diese immer schon vom Politischen affiziert sind.

Der Fremde ist in diesem Sinne dann aber sicherlich auch kein Befreier. Für manche Aktivisten werden oder wohl besser: sollen „die Afrikaner Italien retten.“ So kann bspw. Antonello Mangano (2010) über die Revolte senegalesischer Tagelöhner im süditalienischen Rosarno im Jahre 2010 bemerken: „Ein Teil der senegalesischen Community hatte die Villa eines Capomafia umzingelt [...] Keiner hat sich das jemals getraut. Deshalb werden uns die Afrikaner retten“ (2010:135).

Eine Perspektive, in der Ambivalenzen nicht eingeebnet und geleugnet werden, muss dann auch sehen, dass Fremdheit und die Beziehungen zu einem ‚Fremden‘, der ja immer auch schon ‚eigene‘ Identität verschoben hat – tatsächlich muss man mit erneuter Dringlichkeit fragen, ob der Begriff ‚Identität‘ dann überhaupt noch angemessen ist –,[22] dann nicht auch konfliktuell sein können und die Möglichkeit des Agonismus einschließen.

Die ostentative Leugnung schon der Möglichkeit der Auseinandersetzung und des Konflikts führt dann ja auf der einen Seite auch und gerade zum Symptom des a-politischen Populismus und seiner identitär-kulturalistischen, rassistischen und xenophoben Delirien, die u.a. das alte Bild des Fremden als ‚Parasit und Schmarotzer‘ aufnehmen, oder auf der anderen Seite zum Versuch des rationalistisch-pädagogischen Projekts, das einzuhegen, was sie aus dem Feld des Politischen erfolgreich vertrieben hat. Der Fremde ist weder Befreier noch Opfer. Differenz und Fremdheit sind weder emphatische Affirmation und Proklamation einer paradoxerweise ‚anderen Identität‘, noch ihre Negation, sondern auch: Ort agonistischer Aushandlung und damit des Politischen.

Gouvernementalität und ihre Technologien sind, Foucault (2001) hat das gesehen, an die modernen (und dann auch wissenschaftlich begründeten) Formen des Rassismus gebunden, der aus dem politischen Gegner eine gegnerische Rasse macht, eine Art biologischer Gefahr, die „politische Extrapolation des politischen Feindes“ (2001:305). „Die post-demokratische Objektivierung des ‚Problems‘ der Einwanderer“ geht demgegenüber, folgen wir Rancière

„mit der präpolitischen Fixierung einer grundsätzlichen Andersartigkeit, eines Gegenstands absoluten Hasses einher. Es stammt aus derselben Bewegung, dass die Gestalt des Anderen zur reinen rassistisch Ablehnung gerät und in der Problematisierung der Einwanderung verschwindet. Die neue Sichtbarkeit des Anderen in der Nacktheit seines untolerierbaren Unterschieds ist genau der Rest der konsensuellen Operation“ (Rancière 2014:128-9).

22 Vgl. hier nur die Beiträge in Assmann/Friese 1998.

„Indem es die guten Ausländer von den unerwünschten trennt, soll es den Rassismus entwaffnen, der sich aus der Vermischung beider nährt" doch nur, um dem Anderen eine „Gestalt zu geben" (2014:130).

Auf einen anderen, mittlerweile hegemonial gewordenen Versuch verweist die neoliberale Governance, die staatliche Souveränität und öffentliche Zuständigkeiten auf eine Vielzahl von IGOs, parastaatliche Instanzen und private Dienstleister verteilt und ökonomischen Belangen unterworfen hat. Weit davon entfernt, das zu ‚lösen', was ihre verfehlten Politiken und die ihre Akteure (wie die schon erwähnten IOM, ICMC, ICMPD) hervorbringen, nämlich ‚illegale' Mobilität, Politiken, die „sterben lassen", versteht Governance, im Einvernehmen mit den Logiken des Marktes und den Unternehmenslogiken der ‚corporate social responsibi-lity' „unter Politik die Lösung technischer Probleme, nicht das aktive Engagement von Bürgern, die ihre demokratischen Rechte in einer ‚agonistischen' Konfrontation über widerstreitende hegemoniale Projekte wahrnehmen" (Mouffe 2007:136).

Die post-demokratischen liberalen Demokratien und ihre Governance verbünden sich nicht zufällig mit dem humanitären Diskurs, der in mobilen Menschen nur noch bemitleidenswerte Opfer sehen kann, denen Hilfsdienstleistungen zukommen müssen (wie sie umgekehrt aus den Fängen krimineller Menschenhändler zu retten sind) oder die einem pädagogisch geförderten Beratungszeremoniell zu unterwerfen sind, damit sie ein rational-ökonomisches Migrationsprojekt entwerfen, sich geschmeidiger an- und einpassen und in die Gesellschaft ‚integrieren' lassen.[23]

„Das politische Handeln befindet sich heute tatsächlich in der Umklammerung zwischen den staatlichen Polizeien (als ‚Technik und Regierung', Anm. HF.) der Verwaltung und der weltweiten Polizeien des Humanitären. Aus der einen Seite löschen die Logiken der konsensuellen Systeme die Spuren der politischen Erscheinung, der politischen Verrechnung und des politischen Streits aus. Auf der anderen Seite rufen sie die von diesen Orten verjagte Politik auf, sich niederzulassen auf dem Gebiet einer Globalität des Menschlichen, die die Globalität des Opfers ist, die Bestimmung eines Sinns der Welt und der Gemeinschaft der Menschlichkeit/Menschheit ausgehend von der Gestalt des Opfers. Einerseits verweisen sie die Vergemeinschaftung

23 Tatsächlich führt die IOM einige solcher Projekte durch. Baumeister (2013) hat diese im Hinblick auf ihre biopolitischen Elemente untersucht.

der Zählung des Ungezählten auf die Aufzählung der Gruppen, die ihre Identität darstellen sollen; sie verorten die Formen der politischen Subjektivität an den Orten der Nähe – des Wohnens, der Beschäftigung, des Interesses – und der Identitätsverbindungen – des Geschlechts, der Religion, der Rasse oder der Kultur. Auf der einen Seite globalisieren die konsensuellen Systeme die politische Subjektivität, sie verbannen sie in die Wüsten der nackten Zugehörigkeit der Menschheit zu sich selbst" (Rancière 2014:145-6).

Gegen neoliberale Governance und ihre Marktlogiken, aber auch gegen Viktimisierung, die a-politische „Globalität des Opfers", eine gleichsam humanitär gewendete Figur des Fremden als Opfer, ist Gastfreundschaft der Ort des Politischen, der Gegnerschaft, einer „activist citizenship". Dieser Ort bringt Mobilität und Mobilisierung, transnationale soziale *imaginaires* zusammen, er überschreitet die Grenzen der Staatsbürgerschaft und einer eingegrenzten politischen Gemeinschaft und der Grenzen der Gastfreundschaft, ja hat sie immer schon überschritten.

„The concept of hospitality is bound to generate conflicts and passionate arguments" und es ist „inevitably linked to the daily practices of ordinary citizens", bemerkt Mireille Rosello (2001:6). Die Praktiken der Gastfreundschaft sind in spezifischen historischen Kontexten verortet, die lokale, nationale und supranationale Akteure aneinanderbinden und in postkolonialen Konfigurationen auch die Spannungen zwischen den ‚globalen' und ‚lokalen' Sphären artikulieren. Der lokale Raum und seine unterschiedlichen Akteure, Interessen und Konflikte tragen diese auf besondere Weise weiter und iterieren die Ambiguitäten der Gastfreundschaft, die mobile Akteure zwischen Freund und Feind ansiedeln. Neoliberale Governance und technokratische Utopien von effizientem Marktmanagement, fehlende Anerkennung, politischer Ausschluss und negierte Partizipation schaffen der Gastfreundschaft weitere Grenzen.

Zugleich hat der lokale Protest aber auch und gerade einen transnationalen und pluralen politischen Raum eröffnet, in dem Akteure ihre Forderungen manifestierten und Rechte einforderten. Gastfreundschaft wurde zu einem Ort von Gegnerschaft, von Dissens und Protest und einem politischen Raum, der herkömmliche Konzepte von Staatsbürgerschaft, die Demarkationslinien zum Fremden und den binären Gegensatz von Exklusion und Inklusion durchkreuzte. Ohne Verortung, ohne Lokalitäten, ohne Sicht auf die Akteure werden jedoch auch erneuerte Konzepte von Gastfreundschaft eine normative und akademische Übung bleiben.

Grazie Lampedusa: Der Dank, Geste der Gastfreundschaft, wechselseitiger Anerkennung und eines Paktes, war durchaus nicht ökonomisch begründet, im Gegenteil, er eröffnete den Raum des Politischen, einer zeitweiligen Gemeinschaft ohne Genealogie. *Grazie Lampedusa*, dieser Dank, ein uneingelöster Dank, war auch ein Versprechen auf kommende Gastfreundschaft. Wenn absolute Gastfreundschaft die Bedingungen der Möglichkeit von Gastfreundschaft anzeigt, dann ist es nicht nur an der Zeit, wie Jacques Derrida fordert, „to call out for another international law, another border politics, another humanitarian politics, indeed a humanitarian commitment that *effectively* operates beyond the interests of nation-states" (Derrida 1999b:101). Über ethisch begründete Forderungen nach Verantwortung und humanitäres Engagement hinaus, ist es dann auch Zeit für ein notwendiges, für ein zukünftiges, für ein kommendes politisches Europa.[24] Das Kriterium wird Gastfreundschaft sein.

In diesem Sinne kann agonistische Gastfreundschaft zu dem Ort eines politischen Europas werden, der alltäglich die Streitfrage stellt: Wie zusammen leben, wie zusammen handeln?

24 Die Notwendigkeit eines politischen Europa habe ich u.a. in Friese/Negri/Wagner (Friese 2002) dargestellt.

Literatur

Abou-Said, A. H. (1965) ‚Honour and Shame among the Bedouins of Egypt.‘ In: J. G. Peristiany (ed.), *Honour and Shame: the Values of Mediterranean Society*. London: Routledge.

Abu-Lughod, Janet (1980) *Rabat: Urban Apartheid in Marocco*. Princeton: Princeton University Press.

Agamben, Giorgio (1995) *Homo sacer: Il potere sovrano e la nuda vita*. Torino: Einaudi.

Agamben, Giorgio (1996) *Mezzi senza fine. Note sulla politica*. Torino: Boringhieri.

Agamben, Giorgio (2000) *Means without End. Notes on Politics* (transl. V. Binetti/C. Casarino). Minneapolis: University of Minnesota Press.

Agamben, Giorgio (2004) *Ausnahmezustand*. Frankfurt am Main: Suhrkamp.

Alaoui, Oum-Hani (2009) *Migratory Trajectories. Moroccan Borderlands and Translocal Imaginaries*. Diss. University of Princeton, Dpt. of Anthropology (http://www.docstoc.com/docs/47039979/Migratory-trajectories-Moroccan-border-lands-and-translocal-imaginaries, 15.10.2011).

Algra, Keimpe (1995) *Concepts of Space in Greek Thought*. Leiden: Brill.

Alvarez, Robert R. (1995) ‚The Mexican-US Border: the Making of an Anthropology of Borderlands.‘ *Annual Review of Anthropology*, 24:447-70.

Amnesty International (2005) *Lampedusa: ingresso vietato. Le deportazioni degli stranieri dall'Italia alla Libia* (prefaz. G. M. Bellu), Amnesty International, sezione Italiana, Roma: EGA editore.

Anderson, Benedict (1992) ‚The New World Disorder.‘ *New Left Review*, 32, 193:3-13.

Antonsen-Resch, Andrea (2004) *Von Gnathon zu Saturio*. Berlin: Walter de Gruyter.

Appadurai, Arjun (1996) ‚Disjuncture and Difference in the Global Cultural Economy.' In: *Modernity at Large: Cultural Dimensions of Globalization*. Minneapolis und London: University of Minnesota Press, 27-47.

Appiah, Kwame Anthony (2006) *Cosmopolitanism. Ethics in a World of Strangers*. New York/London: W. W. Norton.

Arendt, Hannah (2000[4]) *Über die Revolution*. München: Piper.

Assmann, Aleida/Friese, Heidrun (Hg.) (1998) *Identitäten*. Frankfurt am Main: Suhrkamp.

Augé, Marc (1992) *Non-Lieux. Introduction à une anthropologie de la surmodernité*. Paris: Seuil.

Bahr, Hans-Dieter (1994) *Die Sprache des Gastes: Eine Metaethik*. Leipzig: Reclam.

Balibar, Étienne (2004a) ‚Europe as Borderland.' The Alexander von Humboldt Lecture in Human Geography. University of Nijmegen, November 18, 2004 (http://socgeo.ruhosting.nl/colloquium/Europe%20as%20-Borderland.pdf, 21.8.13).

Balibar, Étienne (2004b) *We, the People of Europe?* Oxford: Princeton University Press.

Balibar, Étienne (2006) ‚Strangers as Enemies. Further Reflections on the Aporias of Transnational Citizenship.' Lecture delivered at McMaster University on 16 March 2006 (http://www.europeanstudiesalliance.org/calendar/sp07events/BalibarPaper.pdf, 21.8.2013).

Balibar, Étienne (2010) ‚At the Borders of Citizenship. A Democracy in Translation?' Special issue (H. Friese/S. Mezzadra, eds), *European Journal of Social Theory*, 13, 3:315-22.

Ball, Susan/Gilligan, Chris (2010) ‚Visualizing Migration and Social Division. Insights from Social Sciences and the Visual Arts.' *Forum Qualitative Social Research*, 11, 2 (art. 26).

Baraket, Hedia (2013) ‚La brûlure, la solution.' *La Presse de Tunisie* (http://www.lapresse.tn/14032013/64079/la-brulure-la-solution.html, 14.3.2013).

Barnett, Clive/Clark, Nigel/Dikeç, Mustafa (eds) (2009), Special Issue ‚Giving Space, Taking Time.' *Paragraph*, 32, 1.

Barry, Andrew/Osborne, Thomas/Rose, Nikolas (eds) (1996) *Foucault and Political Reason. Liberalism, Neo-Liberalism, and Rationalities of Government*. Chicago: Chicago University Press.

Barry, Brian (1974) ‚Review Article: Exit, Voice and Loyalty.‘ *British Journal of Political Science*, 4, 1:79-107.

Barry, Brian (1992) ‚The Quest for Constistancy: a Sceptical View.‘ In: B. Barry/R. E. Goodin (eds), *Free Movement. Ethical Issues in the Transnational Migration of People and of Money*. University Park: The Pennylvania State University Press, 297-87.

Barry, Brian M. (2001) *Culture and Equality: An Egalitarian Critique of Multiculturalism*. Cambridge, Mass.: Harvard University Press.

Barry, Brian/Goodin, Robert E. (eds) (1992) *Free Movement. Ethical Issues in the Transnational Migration of People and of Money*. University Park: The Pennylvania State University Press.

Barthes, Roland (2007) *Wie zusammen leben. Simulation einiger alltäglicher Räume im Roman. Vorlesungen am Collège de France 1976-1977* (hrsg. É. Marty, übers. H. Brühmann). Frankfurt am Main: Suhrkamp.

Bauböck, Rainer (1994) *Transnational Citizenship: Membership and Rights in International Migration*. Aldershot: Edward Elga.

Bauböck, Rainer (1998) ‚The Crossing and Blurring of Boundaries in International Migration: Challenges for Social and Political Theory.‘ In: R. Bauböck/J. Rundell (eds), *Blurred Boundaries: Migration, Ethnicity, Citizenship*. Vienna: Ashgate, 17-52.

Bauböck, Rainer (2009) ‚Global Justice, Freedom of Movement and Democratic Citizenship.‘ *Archives Européennes de Sociologie*, L, 1-31.

Bauman, Zygmunt (1988) *Globalization: The Human Consequences*. Cambridge: Polity Press.

Bauman, Zygmunt (1995) ‚Making and Unmaking of Strangers.‘ *Thesis Eleven*, 43, 1:1-16.

Bauman, Zygmunt (1998) ‚On Glocalization: or Globalization for Some, Localization for Others.‘ *Thesis Eleven*, 54:37-49.

Bauman, Zygmunt (2006) ‚The Fate of Humanity in a Post-trinitarian World.‘ In: O.-P. Moisio/J. Suoranta (eds) *Education and the Spirit of Time. Historical, Global and Critical Reflections*. Rotterdam: Sense Publishers, 9-22.

Bauman, Zygmunt (2007) *Liquid Times. Living in an Age of Uncertainty*. Cambridge: Polity.

Baumeister, Theresa (2013) *Biopolitische Gouvernmentalität und Migration – Regierung der Migration am Beispiel der International Organization for Migration (IOM)*. Unveröff. Masterarbeit, Fakultät für Sozialwissenschaften der *Ruhr-Universität Bochum*.

Beck, Ulrich (1998[5]) *Was ist Globalisierung?* Frankfurt am Main: Suhrkamp.

Beitz, Charles (2000) ‚Rawls's Law of Peoples.' *Ethics*, 4:669-96.

Bel Hadj Zekri, Abderazak (2008) ‚La dimension politique de la migration irrégulière en Tunisie.' *CARIM notes d'analyse et de synthèse 53*. Fiesole: Institut universitaire européen – Robert Schuman Centre for Advanced Studies.

Belguendouz, Abdelkrim (2005) ‚Expansion and Subcontracting of EU's Logics of Confinement: The Morocco Case.' *Cultures et Conflits*, 57:155-219.

Ben Abda, Saloua/El-Abed, Wissem (2011) *Harragas les brûleurs de frontières*. Paris: Éditions d'Orient.

Ben Achour, Souhayma/Ben Jemia, Monia (2011) ‚Révolution tunisienne et Migration clandestine vers Europe: Réactions européennes et tunisiennes.' *CARIM Notes d'analyse et de synthèse 65*. Fiesole: Institut universitaire européen – Robert Schuman Centre for Advanced Studies.

Ben Cheïkh, Farah/Chekir, Hafidha (2008) ‚La migration irrégulière dans le contexte juridique tunisien.' Notes d'analyse et de synthèse – Série sur la migration irrégulière module juridique CARIM-AS 2008/64. Fiesole: Institut Universitaire Européen – Robert Schuman Centre for Advanced Studies.

Ben Hamadi, Salah (2013) ‚Des sources officielles de la Douane l'affirment.' *Le Temps* (http://www.letemps.com.tn/article-76074.html, 13.5.2013).

Ben Mhenni, Lina (2011) *Tunisian Girl. Blogeuse pour un printemps arabe*. Montpellier: Indigènes éditions.

Bendaoud, Slemnia (2009) *Harragas: ces éternels incompris!* Paris: Edilivre Éditions.

Benhabib, Seyla (2004) *The Rights of Others: Aliens, Residents and Citizens.* Cambridge: Cambridge University Press.

Benhabib, Seyla (2008) *Another Cosmopolitanism: Hospitality, Sovereignty and Democratic Iterations. Expanded Tanner Lectures with Commenta-*

ries by Jeremy Waldron, Bonnie Honig and Will Kymlicka. Oxford: Oxford University Press.

Benveniste, Emil (1973) *Indo-European Languages and Society.* Coral Gables : University of Miami Press.

Berezin, Mabel/Schain, Martin (eds) (2003) *Europe Without Borders. Remapping Territory, Citizenship, and Identity in a Transnational Age.* Baltimore and London: The John Hopkins University Press.

Berking, Helmuth (1999) *Sociology of Giving.* London: Sage.

Bernard, Carmen (1997) ‚Ulysse au feminine. L'hospitalité.' *Communications,* 65:69-77.

Betts, Alexander (ed.) (2011) *Global Migration Governance.* Oxford: Oxford University Press.

Bhabha, Homi K. (ed.) (1990) *Nation and Narration.* London: Routledge.

Bigo, Didier (2007) ‚Detention of Foreigners, States of Exception, and the Social Practices of Control of the Banopticon.' In: R. Prem Kumar/C. Grunfy-Warr (eds) *Borderscapes: Hidden Geographies and Politics at Territory's Edge.* Minneapolis: University of Minnesota Press, 3-34.

Bigo, Didier (2010) ‚Globalized (In)Security: The Field and the Ban-Opticon.' In: D. Bigo/A. Tsoukala (eds) *Illiberal Practices of Liberal Regimes after 9/11.* London: Routledge, 10-48 (http://www.people.fas.harvard.edu/~ces/conferences/muslims/Bigo.pdf, 21.8.13).

Blumenberg, Hans (1988) *Schiffbruch mit Zuschauer. Paradigma einer Daseinsmetapher.* Frankfurt am Main: Suhrkamp.

Bogusz, Barbara (2004) *Irregular Migration and Human Rights: Theoretical, European and International Perspectives.* The Hague: Nijhoff.

Böhme, Hartmut, (2006[2]) *Fetischismus und Kultur. Eine andere Theorie der Moderne.* Reinbek bei Hamburg: Rowohlt.

Boltanski, Luc (1990) *L'amour et la justice come compétences.* Paris: Métailié.

Boltanski, Luc (1993) *La souffrance à distance. Morale humanitaire, médias et politique.* Paris: Métailié.

Boltanski, Luc (2011) *Die Vorhölle. Eine Kantate für mehrere Stimmen* (hrsg. R. Schieder; übers. J. Greisch). Berlin: Berlin University Press.

Boltanski, Luc/Thévenot, Laurent (1991) *De la justification. Les économies de la grandeur.* Paris: Gallimard.

Boltanski, Luc/Thévenot, Laurent (2006) *On Justification. Economies of Worth* (trans. C. Porter). Princeton: Princeton University Press.

Bottin, Jacques/Calabi, Donatella (1999) *Les étrangers dans la ville*. Paris: Éd. de la Maison de l'Homme.

Braudel, Fernand (1986) *Civiltà e imperi del mediterraneo nell'età di Filippo II, Vol. 1-2*. Torino: Einaudi.

Brettell, Caroline B./Hollifield, James F. (eds) (2007²) *Migration Theory. Talking Across Disciplines*. London/New York: Routledge.

Brod, Max (1995) ‚Nachwort'. Das Schloß. Roman. In: F. Kafka *Gesammelte Werke* (hrsg. M. Brod). Frankfurt am Main: Fischer.

Cacciari, Massimo (1994) *Gewalt und Harmonie*. München: Hanser.

Caillault, Clotilde (2012) ‚The Implementation of Coherent Migration Management Through IOM Programs in Morocco.' In: M. Geiger/A. Pécoud (eds) *The New Politics of International Mobility Migration Management and its Discontents*. Institut für Migrationsforschung und Interkulturelle Studien (IMIS) Universität Osnabrück, Osnabrück, 133-56 (http://www.imis.uni-osnabrueck.de/pdffiles/imis40.pdf, 7.6.2012).

Calhoun, Craig (2007) *Nations Matter: Culture, History, and the Cosmopolitan Dream*. Milton Park: Routledge.

Candea, Matei/da Col, Giovanni (Hg.) (2012) ‚The Return to Hospitality.' *Journal of the Royal Anthropological Institute,* 18, 1:1-19.

Carens, Joseph H. (1987) ‚Aliens and Citizens: The Case for Open Borders.' *The Review of Politics*, 49, 2:251-73.

Carens, Joseph H. (1992) ‚Migration and Morality: A Liberal Egalitarian Perspective.' In: B. Barry/R. E. Goodin (eds), *Free Movement. Ethical Issues in the Transnational Migration of People and of Money*. University Park: The Pennsylvania State University Press, 25-7.

Carens, Joseph H. (1995) ‚Aliens and Citizens: the Case for Open Borders.' In: R. Beiner (ed.), *Theorizing Citizenship*. Albany: Suny Press, 229-55.

Carr , Matthew (2012) *Fortress Europe: Dispatches from a Gated Continent*. New York: The New Press.

Casey, Edward S. (1997) *The Fate of Place: A Philosophical History*. Berkeley: University of California Press.

Cassarino, Jean-Pierre (ed.) (2010) *Unbalanced Reciprocities: Cooperation on Readmission in the Euro-Mediterranean Area*. Washington, D.C.: Middle-East Institute.

Castles, Stephen/Miller, Mark J. (2003) *The Age of Migration. International Population Movements in the Modern World.* Houndsmills: Macmillan.

Cavallaro, Felice (2009) ,Non sono un razzista e dico bugie per mantenere l'ordine.' *Corriere della Sera*, 26.1.2009 (http://archiviostorico.corriere.it/2009/gennaio/26/Non_sono_razzista_dico_bugie_co_9_09-0126049.shtml, 13.3.2014).

Chakrabarty, Dipesh (2000) *Provincializing Europe. Postcolonial Thought and Historical Difference*. Princeton: Princeton University Press.

Chambers, Iain (2012) *Mediterraneo blues. Musiche, malincolia postcoloniale, pensieri marittimi*. Torino: Bollati Boringhieri.

Chavez, Leo R. (1991) ,Outside the Imagined Community: Undocumented Settlers and Experiences of Incorporation.' *American Ethnologist*, 18: 257-78.

Chavez, Leo R. (1994) ,The Power of the Imagined Community: the Settlement of Undocumented Mexicans and Central Americans in the United States.' *American Anthropologist*, 96, 1:52-73.

Chebel, Malek (2007) *L'esclavage en terre d'Islam. Un tabou bien gardé*. Paris: Fayard.

Chena, Salim (2009) ,Exil et nation. Saïd, Merlau-Ponty et les harragas.' *Naqd, Revue d'études et de critique sociale* (Algérie) 26-27:219-33.

Clancy-Smith, Julia A. (2011) *Mediterraneans: North Africa and Europe in an Age of Migration 1800-1900*. Berkeley: University of California Press.

Clifford, James (1997) *Routes. Travel and Translation in the Late Twentieth Century*. Cambridge/Mass.: Harvard University Press.

Committee on Migration, Refugees and Population (2011) Report on the Visit to Lampedusa (Italy, 23-24 May 2011). Ad Hoc Sub-Committee on the large-scale arrival of irregular migrants, asylum-seekers and refugees on Europe's southern shores (http://www.assembly.-coe.int/-CommitteeDocs/2011/amahlarg03_REV2_2011.pdf, 5.10.2011).

Consorzio Connecting People Soc.Coop.Soc.Onlus (2010) *Relazione di gestione del consiglio d'amministrazione al bilancio consuntivo 2010*. Archivio ufficiale delle C.C.I.A.A.

Cresswell, Tim (2006) *On the Move. Mobility in the Modern Western World*. London: Routledge.

Custodero, Alberto (2010) ,Spari sugli italiani – Tripoli sospende il comandante della nave.' *La Repubblica*, 17. 9. 2010, 23.

Cuttita, Paolo (2007) ‚Le monde-frontière: Le contrôle de l'immigration dans l'espace globalise.' *Cultures & Conflits*, 68, 4:61-84 (conflits. revues.org./index5593.html, 21.8.13).

Cuttita, Paolo (2009) ‚The Mediterranean *Grenzsaum.* Migration Controls and Borders in the Strait of Sicily.' Paper presented at the conference Borderscapes II, Trapani, Italy, 13-16.9. 2009 (http://www.altrodiritto.-unifi.it/frontier/storia/grenzsaum.htm, 18.9.2013).

De Genova, Nicholas P. (2002) ‚Migrant „Illegality" and Deportability in Everyday Life.' *Annual Review of Anthropology*, 31:419-47.

de Haas, Hein (2007) *The Myth of Invasion: Irregular Migration From West Africa to the Maghreb and the European Union.* IMI Research Report. Oxford: University of Oxford.

Delanty, Gerard (ed.) (2012) *Routledge Handbook of Cosmopolitanism Studies*. Milton Park: Routledge.

Deleuze, Gilles (1993) ‚Postskriptum über die Kontrollgesellschaften.' In: *Unterhandlungen 1972–1990*. Frankfurt am Main: Suhrkamp, 254-62.

Deleuze, Gilles (2004) ‚Nomadic Thought.' In: *Desert Islands and Other Texts 1953-1974*. New York: Semiotext(e), 252-62.

Deleuze, Gilles/Guattari, Felix (1986) *Nomadology. The War Machine*. New York: Semiotext(e).

Depaule, Jean-Charles (1997) ‚Seigneur, prisonnier et poète.' *Communications*, 65:21-34.

Derrida, Jacques (1993) *Falschgeld: Zeit geben I*. München: Fink.

Derrida, Jacques (1997a) *Cosmopolites de tous les pays, encore un effort!* Paris: Galilée.

Derrida, Jacques (1997b) *Adieu à Emmanuel Lévinas*. Paris: Galilée.

Derrida, Jacques (1999a) *Manifeste pour l'hospitalité* (avec la participation de M. Wieviorka sous la direction de M. Seffahi). Paris: Paroles d'aube.

Derrida, Jacques (1999b) *Adieu to Emmanuel Levinas* (trans. P. Brault/ M.Naas). Stanford: Stanford University Press Books).

Derrida, Jacques (2000) ‚Hostipitality.' *Angelaki*, 5, 3:3-18.

Derrida, Jacques (2001a) *On Cosmopolitanism and Forgiveness* (transl. M. Dooley/M. Hughes, pref. S. Critchley/R. Kearney). London/New York: Routledge.

Derrida, Jacques (2001b) *Von der Gastfreundschaft* (übers. M. Sedlaczek). Wien: Passagen.

Derrida, Jacques (2002) *Politik der Freundschaft* (übers. S. Lorenzer). Frankfurt am Main: Suhrkamp.

Derrida, Jacques (2005) ‚The Principle of Hospitality.‘ *Parallax* 11, 1: 6-9.

Derrida, Jacques (2006) ‚Autoimmunisierungen, wirkliche und symbolische Selbstmorde. Ein Gespräch mit Jacques Derrida.‘ In: J. Habermas/J. Derrida, *Philosophie in Zeiten des Terrors. Zwei Gespräche, geführt und kommentiert von Giovanna Borradori*. Hamburg: Europäische Verlagsanstalt, 117-78.

Derrida, Jacques/Dufourmantelle, Anne (1997) *De l'hospitalité*. Paris: Calmann-Lévy.

Dikeç, Mustafa (2002) ‚Pera Peras Poros. Longings for Spaces of Hospitality.‘ *Theory, Culture & Society*, 19, 1-2: 227-47.

Diken, Bülent/Laustsen, Carsten B. (2005) *The Culture of Exception: Sociology Facing the Camp*. London/New York: Routledge.

Direzione Investigativa Antimafia (2008) ‚Relazione del Ministro dell'Interno al Parlamento sull'attività svolta e sui risultati conseguiti dalla Direzione Investigativa Antimafia.‘ (interno.it/dip_ps/dia/semes trali/sem/2008/1sem2008.pdf, 24.3.20114).

Direzione Investigativa Antimafia (2009) ‚Relazione del Ministro dell'Interno al Parlamento sull'attività svolta e sui risultati conseguiti dalla Direzione Investigativa Antimafia.‘ (interno.it/dip_ps/dia/semestr ali/sem/2009/1sem2009.pdf, 24.3.2014).

Djilali, Benyoub (2008) ‚Elle a entendu parler des dispositions pénales et des peines de prison. La majorité ignore superbement la loi.‘ *Liberté*, 3.12.2008 (http://www.liberte-algerie.com/dossiers/la-majorite-ignore-superbement-la-loi-elle-a-entendu-parler-des-dispositions-penales-et-de s-peines-de-prison, 5.10.2011).

Düvell, Franck (2008) ‚Transit, Migration and Politics: Trends and Constructions on the Fringes of Europe.‘ *A Summary paper written for the EU Network on International Migration, Integration and Social Cohesion (IMISCOE) and COMPAS* (http://www.compas.ox.ac.uk-/filead min/files/Publications/Reports/Duvell%20transit%20IMISCOE%20rep ort.pdf, 7.6.2012).

Dyson , M. (1978) ‚The Structure of the Laws' Speech in Plato's Crito.‘ *The Classical Quarterly*, New Series, 28, 2:427-36.

Esposito, Roberto (1998) *Communitas: origine e destino della comunità*. Torino: Einaudi.

Fargues, Philippe (2008) ‚Emerging Demographic Patterns across the Mediterranean and their Implications for Migration through 2030.' Migration Policy Institute, Washington, DC. (http://www.migrationpolicy.org/pubs/Fargues-Paper.pdf, 21.8.2011).

Fargues, Philippe (2009) ‚Irregularity as Normality among Immigrants South and East of the Mediterranean.' Analytic and Synthetic Notes – Irregular Migration. Series Background paper CARIM-AS 2009/02. Fiesole: Institut Universitaire Européen – Robert Schuman Centre for Advanced Studies.

Fargues, Philippe (2011) ‚Voice after Exit: Revolution and Migration in the Arab World.' Migration Policy Institute, Washington, DC (http://www.migrationinformation.org/Feature/print.cfm?ID=839, 18.5.2011).

Fassin, Didier/Morice, Alain/Quiminal, Catherine (Hg.) (1997) *Les lois de l'inhospitalité. Les politiques à l'epreuve des sans-papiers*. Paris: La Découverte.

Fillieule, Olivier (2010) ‚Some Elements of an Interactionist Approach to Political Disengagement.' *Social Movement Studies*, 9, 1:1-15.

Flusser, Vilém (2007) *Von der Freiheit des Migranten. Einsprüche gegen den Nationalismus*. Hamburg: EVA.

Fortes, Meyer (1992) ‚Fremde.' In: A. Loycke (Hg.), *Der Gast, der bleibt. Dimensionen von Georg Simmels Analyse des Fremdseins*. Frankfurt am Main/New York: Campus, 43-79.

Forum Tunisien pour les Droits Économiques et Sociaux (2012) *Les migrants disparus en mer 2011*. Tunis.

Foucault, Michel (1977) *Überwachen und Strafen. Die Geburt des Gefängnisses* (übers. W. Seitter). Frankfurt am Main: Suhrkamp.

Foucault, Michel (1986) ‚Of Other Spaces.' *Diacritics*, 16, 1:22-7.

Foucault, Michel (1992) ‚Andere Räume.' In: K. Barck/P. Gente et al. (Hg.), *Aisthesis. Wahrnehmung heute oder Perspektiven einer anderen Ästhetik*. Leipzig: Reclam, 34-46.

Foucault, Michel (1994a) ‚Des espaces autres.' In: *Dits et écrits 1970–1975*, Vol. IV (hrsg. D. Defert/F. Ewald). Paris: Gallimard, 752-62.

Foucault, Michel (1994b) ‚Table ronde.' In: *Dits et écrits 1970–1975*, VOL. II (hrsg. D. Defert/F. Ewald). Paris: Gallimard, 316-39.

Foucault, Michel (1994c) ‚La folie et la société.' In: *Dits et écrits 1970–1975*, Vol. II (hrsg. D. Defert/F. Ewald). Paris: Gallimard, 128-35.

Foucault, Michel (2001) *In Verteidigung der Gesellschaft. Vorlesungen am Collège de France (1975-76)*. Frankfurt am Main: Suhrkamp.

Foucault, Michel (2006a) ‚Von anderen Räumen.‘ In: J. Dünne/S. Günzel (Hg.), *Raumtheorie. Grundlagentexte aus Philosophie und Kulturwissenschaften*. Frankfurt am Main: Suhrkamp, 317-29.

Foucault, Michel (2006b) *Die Geburt der Biopolitik. Geschichte der Gouvernementalität II. Vorlesungen am Collège de France 1978-1979* (hrsg. M. Sennelart/übers. J. Schröder). Frankfurt am Main: Suhrkamp.

Foucault, Michel (2006c) *Sicherheit, Territorium, Bevölkerung, Geschichte der Gouvernementalität I. Vorlesungen am Collège de France 1977-1978* (übers. C. Brede-Konersmann/J. Schröder). Frankfurt am Main: Suhrkamp.

Fourati, Habib (2008) ‚De la migration irrégulière des Tunisiens à la migration irrégulière des étrangers à travers la Tunisie: Une tentative d'estimation.‘ CARIM notes d'analyse et de synthèse 2008/74. Fiesole: Institut Universitaire Européen – Robert Schuman Centre for Advanced Studies.

Fraser, Nancy (1997) *Justice Interruptus: Critical Reflections on the ‚Postsocialist‘ Condition*. London/New York: Routledge.

Fraser, Nancy (2005) ‚Reframing Justice in a Globalizing World.‘ *New Left Review*, 36:1-18.

Fraser, Nancy (2010) ‚Injustice at Intersecting Scales: On „Social Exclusion“ and the „Global Poor“.‘ *European Journal of Social Theory* (H. Friese/S. Mezzadra, eds), 13, 3: 363-71.

Friend, Melanie (2010) ‚Representing Immigration Detainees: The Juxtaposition of Image and Sound in „Border Country“.‘ *Forum Qualitative Social Research*, 11, 22, art. 33.

Friese, Heidrun (1996) *Lampedusa. Historische Anthropologie einer Insel*. Frankfurt am Main: Campus.

Friese, Heidrun (2002) ‚L'Europa a venire.‘ In: H. Friese/T. Negri/P. Wagner (Hg.), *Europa politica. Ragioni di una necessità*. Roma: manifestolibri, 59-77.

Friese, Heidrun (2003) ‚Der Gast. Zum Verhältnis von Ethnologie und Philosophie.‘ *Deutsche Zeitschrift für Philosophie*, 2:311-23.

Friese, Heidrun (2010) ‚The Limits of Hospitality. Political Philosophy, Undocumented Migration and the Local Arena.‘ Special issue (H.

Friese/S. Mezzadra, eds), *European Journal of Social Theory* 10, 3:299-33.

Friese, Heidrun (2011) ‚The Limits of Hospitality. Undocumented Migration and the Local Arena. The Case of Lampedusa.' In: M. Baumann/A. Lorenz/K. Rosenow (eds) *Crossing and Controlling Borders: Immigration Policies and their Impact on Migrant's Journeys*. Opladen: Budrich UniPress, 249-72.

Friese, Heidrun (2012a) ‚„*Y'al babour, y'a mon amour.*" *Raï-Rap* und undokumentierte Mobilität.' In: M. Dietrich/M. Seeliger (Hg.) *Deutscher Gangsta-Rap. Sozial- und kulturwissenschaftliche Beiträge zu einem Pop-Phänomen.* Bielefeld: transcript, 231-84.

Friese, Heidrun (2012b) ‚Border Economies. Lampedusa and the Nascent Migration Industry.' *Shima: The International Journal of Research Into Island Cultures* (A. Mountz/L. Briskman, eds), special issue on Detention Islands, 6, 2:66-84.

Friese, Heidrun (2014) ‚Transnational Mobilities, Digital Media and Cultural Resources.' In: A. Lichtenberger/C. von Rüden (eds) *Multiple Mediterranean Realities*. München: Fink Verlag (im Erscheinen).

Friese, Heidrun/Mezzadra, Sandro (2010) ‚Introduction.' Special issue *European Journal of Social Theory* 10, 3:299-313.

Gallagher, Anne (2001) ‚Human Rights and the New UN Protocols on Trafficking and Migrant Smuggling: A Preliminary Analysis.' *Human Rights Quarterly*, 23:975-1004.

Galli, Carlo (2001) *Spazi politici. L'età moderna e l'età globale*. Bologna: Il Mulino.

Gammeltoft-Hansen, Thomas/Nyberg-Sørensen, Ninna (eds) (2013) *The Migration Industry and the Commercialization of International Migration*. Anington: Routledge.

Gatti, Fabrizio (2011) *Bilal: Als Illegaler auf dem Weg nach Europa*. Reinbek b. Hamburg: Rowohlt.

Gebhardt, Winfried/Hitzler, Ronald (Hg.) (2006) *Nomaden, Flaneure, Vagabunden. Wissensformen und Denkstile der Gegenwart*. Wiesbaden: VS Verlag für Sozialwissenschaften.

Gennep, Arnold, van (1977) *The Rites of Passage*. London/Henley: Routledge & Kegan Paul.

German Molz, Jennie/Gibson, Sarah (eds) (2007) *Mobilizing Hospitality. The Ethics of Social Relation in a Mobile World*. London: Ashgate.

Ghediri, Hassen (2011) ‚Immigration clandestine/Les chercheurs du CERES décortiquent le phénomène.‘ *Le Quotidien* (lequotidien-tn.com. 27.9.2011).

Gibson, Sarah (2007) ‚„Abusing our Hospitality“: Inhospitableness and the Politics of Deterrence.‘ In: J. German Molz/S. Gibson (eds), *Mobilizing Hospitality. The Ethics of Social Relation in a Mobile World*. London: Ashgate, 159-76.

Gilligan, Chris/Marley, Carol (2010) ‚Migration and Divisions: Thoughts on (Anti-)Narrativity in Visual Representation of Mobile People.‘ *Forum Qualitative Social Research*, 11, 2, art. 32.

Gilroy, Paul (1993) *The Black Atlantic: Modernity and Double Consciousness*. London/New York: Verso.

Girard, René (1990) *La violence et le sacré*. Paris: Hachette.

Glick Schiller, Nina/Basch, Linda/Blanc-Szanton, Cristina (1994) *Nations Unbound. Transnational Projects, Postcolonial Predicaments, and Deterritorialized Nation-States*. Lanhorne: Gordon and Breach.

Glick Schiller, Nina/Basch, Linda/Blanc-Szanton, Cristina (eds) (1992) *Towards a Transnational Perspective on Migration: Race, Class, Ethnicity, and Nationalism Reconsidered*. Annals of the New York Academy of Sciences. New York: The New York Academy of Sciences.

Global Commission on International Migration (GCIM) (2005) ‚Migration in an Interconnected World: New Directions for Action. Report of the Global Commission on International Migration.‘ (http://www.refworld.org/docid/435f81814.html, 18.9.2013).

Godbout, Jacques (1997) ‚Recevoir, c'est donner.‘ *Communications*, 65:35-48.

Godbout, Jacques (2000) *Le don, la dette et l'identité: Homo donator vs homo oeconomicus*. Paris: La Découverte.

Godbout, Jacques/Cailée, Alain (1992) *L'esprit du don*. Paris: La Découverte.

Goodin, Robert E. (1992) ‚If people were money…‘ In: B. Barry/R. E. Goodin (eds), *Free Movement. Ethical Issues in the Transnational Migration of People and of Money*. University Park: The Pennylvania State University Press, 6-22.

Gosepath, Stefan/Lohmann, Georg (Hg.) (1998) *Philosophie der Menschenrechte*. Frankfurt am Main: Suhrkamp.

Gotman, Anne (2001) *Le sens de l'hospitalité: Essai sur les fondements sociaux de l'acceuil de l'autre*. Paris: PUF.

Gotman, Anne (Hg.) (1997) L'hospitalité. *Communications*, 65.

Gotman, Anne (Hg.) (2004) *Villes et hospitalité: Les municipalités et leurs étrangers*. Paris: Éd. de la Maison des Sciences de l'Homme.

Grimm, Jacob/Grimm, Wilhelm (1854-1961) *Deutsches Wörterbuch* (http://dwb.uni-trier.de/de/, 11.3.2014).

Guild, Elspeth (2001) *Moving the Borders of Europe*. Publicaties Faculteit der Rechtsgeleerdheid, KU Nijmegen nr. 14 (http://cmr.jur.-ru.nl/-cmr/docs/oratie.eg.pdf, 18.9.2013).

Gupta, Akhil (1992) ‚The song of the nonaligned worlds: Transnational identities and the reinscription of space in late capitalism.' *Current Anthropology*, 7, 1:6-23.

Gupta, Akhil/Ferguson, James (1997) ‚Discipline and Practice: „The Field" as Site, Method, and Location in Anthropology.' In: *Anthropological Locations. Boundaries and Grounds of a Field Science*. Berkeley: University of California Press.

Gupta, Akhil/Ferguson, James (2001) *Culture, Power, Place. Explorations in Critical Anthropology*. Durham: Duke University Press.

Gupta, Akhil/Ferguson, James (eds) (1997) *Anthropological Locations: Boundaries and Grounds of a Field Science*. Berkeley: University of Californa Press.

Habermas, Jürgen (1998) ‚The European Nation-State: On the Past and Future of Sovereignty and Citizenship.' In: C. Cronin/ B. Greiff (eds), *The Inclusion of the Other: Studies in Political Theory*. Cambridge, Ma.: MIT Press, 105-29.

Hammar, Tomas (1990) *Democracy and the Nation State: Aliens, Denizens, and Citizens in a World of International Migration*. Aldershot: Avebury.

Hamood, Sara (2006) ‚African Transit Migration Through Libya to Europe: The Human Cost.' *Forced Migration and Refugee Studies*, The University of Cairo (http://www.migreurop.org/IMG/pdf/hamood-libya.pdf, 18.9.2013).

Hiltbrunner, Otto (2005) *Gastfreundschaft in der Antike und im frühen Christentum*. Darmstadt: Wissenschaftliche Buchgesellschaft.

Hirschman, Albert O. (1970) *Exit, Voice, and Loyalty. Responses to Decline in Firms, Organizations, and States*. Cambridge, Mass.: Harvard University Press.

Hirschman, Albert O. (1978) ‚Exit, Voice, and the State.' *World Politics* 31, 1:90-107.

Honig, Bonnie (2001) *Democracy and the Foreigner*. Princeton: Princeton University Press.

Honig, Bonnie (2008) ‚Another Cosmolitanism? Law and Politics in the New Europe.' In: S. Benhabib, *Another Cosmopolitanism: Hospitality, Sovereignty and Democratic Iterations. Expanded Tanner Lectures with Commentaries by Jeremy Waldron, Bonnie Honig and Will Kymlicka.* Oxford: Oxford University Press, 102-27.

Horden, Peregrine/Purcell, Nicholas (2000) *The Corrupting Sea. A Study of Mediterranean History*. Oxford: Blackwell.

Hyndman, Jennifer (1997) ‚Border crossings.' *Antipode,* 29, 2:149-76.

Isin, Engin F. (2009) ‚Citizenship in Flux: The Figure of the Activist Citizen.' *Subjectivity*, 29:367-88.

Isin, Engin F./Turner, Brian (2007) ‚Investigating Citizenship: An Agenda for Citizenship Studies.' *Citizenship Studies*, 11, 1:5-17.

Jabès, Edmond (1991) *Il libro dell'ospitalità* (pref. A. Prete). Milano: Raffaello Cortina Editore.

Joly, Henri (1992) *La question des étrangers*. Paris: Vrin.

Jordan, Bill/Düvell, Franck (2002) *Irregular Migration. The Dilemmas of Transnational Mobility*. Aldershot: Edwar Elgar.

Kafka, Franz (1995 [1926[1]]) Das Schloß. Roman. In: *Gesammelte Werke* (hrsg. M. Brod). Frankfurt am Main: Fischer.

Kant, Immanuel (1996a [1795]) ‚Zum ewigen Frieden.' In: *Werkausgabe* Vol. XI (hrsg. W. Weischedel), Frankfurt am Main: Suhrkamp, 195-251.

Kant, Immanuel (1996b [1784]) ‚Idee zu einer allgemeinen Geschichte in weltbürgerlicher Absicht.' In: *Werkausgabe* Vol. XI (hrsg. W. Weischedel). Frankfurt am Main: Suhrkamp, 33-50.

Kant, Immanuel (1997 [1797A]) Die Metaphysik der Sitten. In: *Werkausgabe*, Vol. VIII (hrsg. W. Weischedel). Frankfurt am Main: Suhrkamp.

Karakayali, Serhat/Tsianos, Vassilis (2010) ‚Transnational Migration and the Emergence of the European Border Regime: An Ethnographic

Analysis.' *European Journal of Social Theory* (H. Friese/S.Mazzadra eds), 13, 3:373-87.

Kasparek, Bernd/Wagner, Fabian (2012) ,Local Border Regimes or a Homogeneous External Border? The Case of the European Union's Border Agency Frontex.' In: M. Geiger/A. Pécoud (eds) *The New Politics of International Mobility Migration Management and its Discontents.* Institut für Migrationsforschung und Interkulturelle Studien (IMIS), Osnabrück: Universität Osnabrück, 173-92.

Kenny, Michael (2004) *The Politics of Identity. Liberal Political Theory and the Dilemmas of Difference.* Cambridge: Polity.

Kermani, Navid (2013) *Ausnahmezustand. Reisen in eine beunruhigte Welt.* München: C. H. Beck.

Kilian, Patrick (2013) ,Border Patrol. Bataille, Foucault und das Konzept der Grenze.' (http://www.fsw.uzh.ch/foucaultblog/blog/24/border-patrol-bataille-foucault-und-das-konzept-der-grenze, 16.8.2013).

Klepp, Silja (2011) *Europa zwischen Grenzkontrolle und Flüchtlingsschutz. Eine Ethnographie der Seegrenze auf dem Mittelmeer.* Bielefeld: transcript.

Klossowski, Pierre (1966) *Die Gesetze der Gastfreundschaft.* Reinbek bei Hamburg: Rowohlt.

Koromyslova, Nadejda (2012) ,Repenser la communauté politique: Rancière, Nancy et Agamben.' *Cahiers des imaginaires*, 7, 9:3-29.

Kymlicka, Will (1995) *Multicultural Citizenship: A Liberal Theory of Minority Rights.* Oxford: Clarendon.

Kymlicka, Will (2001a) ,Territorial Boundaries. A Liberal Egalitarian Perspective.' In: D. Miller/S. H. Hashimi (eds), *Boundaries and Justice: Diverse Ethical Questions.* Princeton: Princeton University Press, 249-75.

Kymlicka, Will (2001b) *Politics in the Vernacular: Nationalism, Multiculturalism and Citizenship.* Oxford: Oxford University Press.

Labdelaoui, Hocine (2009) ,„HARGA" ou la forme actuelle de l'émigration irrégulière des Algériens.' CARIM Notes d'analyse et de synthèse, 18. Fiesole: Institut Universitaire Européen – Robert Schuman Centre for Advanced Studies.

Labdelaoui, Hocine (2011) ,La question de la migration en Algérie: Evolution vers une diplomatie de l'émigration et une politique de contrôle de l'immigration.' CARIM Notes d'analyse et de synthèse, 67. Fiesole:

Institut Universitaire Européen – Robert Schuman Centre for Advanced Studies.

Laclau, Ernesto (2005) *On Populist Reason*. London: Verso.

Leone, Luca (Hg.) (2005) *Centri di permanenza temporanea e assistenza. Anatomia di un fallimento*. Rapporto di Medici senza Frontiere. Roma: Sinnos editore.

Lévi-Strauss, Claude (1978) *Traurige Tropen* (übers. E. Moldenhauer). Frankfurt am Main: Suhrkamp.

Lozano, Antonio (2008) *Harraga*. Paris: l'atinoir.

Lydie, Virginie (2011) *Traversée interdite! Les harragas face à l'Europe fortresse*. Le Pré Saint-Gervais: Édition le passage clandestine.

Mabrouk, Mehdi (2009) ‚Emigration clandestine en Tunisie: Organisations et filières.' *Naqd, Revue d'études et de critique sociale* (Algérie) 26-27.

Mabrouk, Mehdi (2010) *Voiles et sel. Culture, foyers et organisation de la migration clandestine en Tunisie*. Tunis: Les Editions Sahar.

Manconi, Luigi/Anastasia, Stefano (Hg.) (2012) *Lampedusa non è un isola. Profughi e migranti alle porte dell'Italia*. (http://download.repubblica.-it/pdf/2012/Lampedusa.pdf, 4.10.2012).

Mangano, Antonello (2010) *Gli africani salveranno l'Italia*. Milano: BUR.

Marcus, George (1995) ‚Ethnography in/of the World System. The Emergence of Multi-Sited Ethnography.' *Annual Review of Anthropology*, 24, 95-117.

Margalit, Avishai (1996) *The Decent Society*. Cambridge, Ma.: Harvard University Press.

Marx, Karl/Engels, Friedrich (1960) ‚Die Klassenkämpfe in Frankreich 1848-1850.' In: *Werke*, Band 7. Berlin: Dietz Verlag.

Mauss, Marcel (1975) ‚Die Gabe. Form und Funktion des Austauschs in archaischen Gesellschaften.' In: *Soziologie und Anthropologie*, Vol. II (Hg. W. Lepenies/H. Ritter), Frankfurt am Main/Berlin/Wien: Ullstein, 11-144.

Mazzei, Rita (2013) *Per terra e per acqua. Viaggi e viaggiatori nell'Europa moderna*. Roma: Carocci.

Medici Senza Frontiere (2012) *Le crisi umanitarie dimenticate dai media 2011*. Venezia: Marsilio.

Mezzadra, Sandro (1998) ‚Nel Leviathano. Immagini del nemico all'origine della filosopfia politica moderna.' In: A. Dal Lago (Hg.) *Lo straniero e il nemico. Materiali per l'etnografia contemporanea*. Milano-Genova: costa & nolan, 27-44.

Mezzadra, Sandro (2006) *Diritto di fuga. Migrazioni, cittadinanza, globalizzazione* (nuova edizione). Verona: ombre corte.

Mezzadra, Sandro/Rigo, Enrica (2003) ‚L'Europa dei migranti.' In: G. Bronzini/H. Friese/T. Negri/P. Wagner (Hg.) *Europa, costituzione e movimenti sociali*. Roma: manifestilibri, 213-30.

Mignolo, Walter (2000) *Local Histories/Global Designs*. Princeton: Princeton University Press.

Miller, David/Hashimi, Sohail H. (eds) (2001) *Boundaries and Justice: Diverse Ethical Questions*. Princeton: Princeton University Press.

Misztal, Barbara A. (2011) *The Challenges of Vulnerability. In Search of Strategies for a Less Vulnerable Social Life*. Houndmills: Palgrave Macmillan.

Monzini, Paola (2008) ‚Il traffico di migranti per mare verso l'Italia. Sviluppi recenti (2004-2008).' *Centro Studi di Politica Internazionale (Cespi)*, working papers 43, (http://www.cestim.it-/argomenti/30traffico /30traffico%20CESPI-TRAFFICOPER%20MA-RE%20VERSO%20I TALIA.pdf, 24.9.2013).

Monzini, Paola/Pastore, Ferruccio/Sciortino, Giuseppe (2004) ‚L'Italia promessa geopolitica e dinamiche organizzative del traffico di migranti verso l'Italia.' *Centro Studi di Politica Internazionale (Cespi)*, working papers 9, 4. (http://www.cespi.it/PASTORE/Wp9-cnr.pdf, 24.9.2013).

Mouffe, Chantal (2007) *Über das Politische. Wider die kosmopolitische Illusion* (übers. N. Neumeier). Frankfurt am Main: Suhrkamp.

Mouffe, Chantal (2013) *Das demokratische Paradox* (übers. O. Marchart). Wien/Berlin: Turia & Kant.

Moussa Larbi Fadhel, Mohamed (2004) ‚Brûler pour l'Italie.' In: *Mélanges offerts au doyen Sadok Belaid*. Tunis: C.P.U.

Nair, Parvati (2007) ‚Voicing Risk: Migration, Transgression and Relocation in Spanish/Maroccan Rai.' In: I. Biddle/V. Knights (eds) *Music, National Identity and the Politics of Location: Between the Global and the Local*. Aldershot: Ashgate, 65-79.

Nussbaum, Martha (2000) *Women and Human Development: The Capabilities Approach*. Cambridge: Cambridge University Press.

O'Neill, Onora (1998) ,Transnationale Gerechtigkeit.' In: St. Gosepath/G. Lohmann (Hg.), *Philosophie der Menschenrechte*. Frankfurt am Main: Suhrkamp, 188-232.

Odysseos, Louiza/Petito, Fabio (eds) (2007) *The International Political Thought of Carl Schmitt. Terror, Liberal War and the Crisis of Global Order*. London/New York: Routledge.

Ong, Aihwa (1998) *Flexible Citizenship: The Cultural Logics of Transnationality*. Durham: Duke University Press.

Paley, Julia (2002) ,Toward an Anthropology of Democracy.' *Annual Review of Anthropology*, 31:469-96.

Papadopoulos, Dimitris/Stephenson, Namh/Vassilis, Tsianos (2008) *Escape Routes. Control and Subversion in the Twenty-First Century*. London: Pluto Press.

Park, Robert E. (1970 [1925]) ,The Mind of the Hobo. Reflections Upon the Relation Between Mentality and Locomotion.' In: *The City* (R. E. Park/E. W. Burgess/R. D. McKenzie eds). Chicago/London: University of Chicago Press.

Pasqualetto, Andrea (2012) ,Tangenti sul centro stranieri, viceprefetto indagato.' *Corriere della Sera*, 11.8.2012. (http://archiviostorico.-corriere.it/2012/agosto/11/Tangenti_sul_centro_stranieri_viceprefetto_co_8_120811037.shtml, 8.9.2012).

Paul, Jean (1959-1963 [$1804^1/1812^2$]) Vorschule der Ästhetik, Über Tagblätter und Taschenbücher. In: *Werke*, 1. Abteilung, Vol. 5 (hrsg. N. Miller/G. Lohmann). München: Carl Hanser.

Payot, Daniel (1992) *Des villes-refuges. Témoignage et espacement*. Paris: Ed. de l'Aube.

Pitt-Rivers, Julian (1992) ,Das Gastrecht.' In: A. Loycke (Hg.), *Der Gast, der bleibt. Dimensionen von Georg Simmels Analyse des Fremdseins*. Frankfurt am Main: Campus, 17-42.

Planes-Boissac, Véronique/Guillet, Mathieu/Sammakia, Nejla (2010) *Study on Migration and Asylum in Maghreb Countries*. Euro-Mediterranean Human Rights Network (EMHRN), Kopenhagen (www.euromedrights.org/files.php?force&file=Maghrebreport, 24.09.2011).

Platon (1993 [1923]) Gesetze. In: *Sämtliche Dialoge*, Vol. I-VII (hrsg. von O. Apelt). Hamburg: Meiner.

Pogge, Thomas (ed.) (2001) *Global Justice*. Oxford/Cambridge: Blackwell.

Pries, Ludger (2001) *Internationale Migration*. Bielefeld: transcript.

Rajaram, Prem Kumar/Grundy-Warr, Carl (2004) ‚The Irregular Migrant as *Homo Sacer*: Migration and Detention in Australia, Malaysia, and Thailand.‘ *International Migration* 42, 1:33-64,

Ralph, Michael (2008) ‚Killing Time.‘ *Social Text,* 26, 4:1-29.

Rancière, Jacques (2000) ‚Citoyenneté, culture et politique.‘ In: M. Albaz/D. Helly (eds) *Mondialisation, citoyenneté et multiculturalisme*. Québec: Les presses de l'université Laval, 55-68.

Rancière, Jacques (2014[5]) *Das Unvernehmen. Politik und Philosophie*. Frankfurt am Main: Suhrkamp.

Rawls, John (1999) *The Law of Peoples*. Cambridge, Ma.: Harvard University Press.

Reckinger, Gilles (2013) *Lampedusa: Begegnungen am Rande Europas*. Wuppertal: Peter Hammer Verlag.

Reece, Steve (1993) *The Stranger's Welcome: Oral Theory and the Aesthetica of the Homeric Hospitality Scene*. Ann Arbor: University of Michigan Press.

Richmond, Anthony H. (1995) *Global Apartheid: Refugees, Racism and the New World Order*. Toronto and New York: Oxford University Press.

Rosello, Mireille (2001) *Postcolonial Hospitality: The Immigrant as Guest*. Stanford: Stanford University Press.

Rousseau, Jean-Jacques (1998[13] [1762]) *Emile oder Über die Erziehung*. Paderborn/München: Schöningh.

Rovelli, Marco (2006) *Lager italiani*. Milano: BUR Futuropassato.

Rummery, Ariane/Fleming, Melissa (2011) ‚Angelina Jolie and UNHCR Chief Guterres Visit Boat People on Italian island.‘ UNHCR (http://www.unhcr.org/4dfe05879.html, 14.8.2013).

Safta, Djazia (2008) ‚98% des personnes interrogées le confirment. La harga, un sujet ancré dans la société algérienne.‘ (http://www.liberte-algerie.com/dossiers/la-harga-un-sujet-ancre-dans-la-societe-algerien-ne-98-des-personnes-interrogees-le-confirment, 6.10.2011).

Said, Edward W. (1983) ‚Traveling Theory.‘ In: *The World, the Text, and the Critic*. Cambridge: Harvard University Press, 226-48.

Said, Edward W. (1991) *Musical Elaborations*. New York: Columbia University Press.

Salih, Ruba (2003) *Gender in Transnationalism. Home, Longing and Belonging Among Moroccan Migrant Women*. London/New York: Routledge.

Sansal, Boualem (2007) *Harraga*. Paris: Gallimard.

Save the Children (2011) ‚Bilancio al 31 Dicembre 2011.' (http://images.savethechildren.it/f/download/bilancio/20/2011_bilancio.pdf, 4.10. 2012).

Sayad, Abdelmalak (2004) ‚The Original Sin and Collective Lie.' In: *The Suffering of the Immigrant* (foreword P. Bourdieu). Cambridge: Polity, 7-28.

Schaffer, Johanna (2008) *Ambivalenzen der Sichtbarkeit. Über die visuellen Strukturen der Anerkennung*. Bielefeld: transcript.

Schérer, René (1993) *Zeus hospitalier. Eloge de l'hospitalité*. Paris: Armand Colin.

Schierup, Carl-Ulrick/Hansen, Peo/Castles, Stephen (2006) *Migration, Citizenship, and the European Welfare State. A European Dilemma.* Oxford: Oxford University Press.

Schiffauer, Werner (2006) ‚Enemies Within the Gates – the Debate About the Citizenship of Muslims in Germany.' In: T. Modood/A. Triandafyllidou/R. Zapata Barrero (eds) *Multiculturalism, Muslims and Citizenship. A European Approach*. London: Routledge.

Schmitt, Carl (1950) *Der Nomos der Erde im Völkerrecht des Jus Publicum Europaeum*. Berlin: Duncker & Humblot.

Schmitt, Carl (1985 [1922]) *Politische Theologie. Vier Kapitel zur Lehre von der Souveränität*. Berlin: Duncker & Humblot.

Schmitt, Carl (1994 [1932]) *Der Begriff des Politischen*. Text von 1932 mit einem Vorwort und drei Corollarien. Berlin: Duncker & Humblot.

Schmitt, Carl (2001 [1942]) *Land und Meer*. Stuttgart: Klett-Cotta.

Schott, Robin May (2003) ‚Die Unterscheidung Freund/Feind und der Begriff des Konflikts.' In: E. M Vogt/H. J. Silverman/S. Trottein (Hg.) *Derrida und die Politiken der Freundschaft*. Wien: Turia & Kant, 107-31.

Schraeder, Peter J./Redissi, Hamadi (2011) ‚The Upheavals in Egypt and Tunisia: Ben Alis's Fall.' *Journal of Demoracy*, 22, 3:5-19.

Schuetz, Alfred (1944) ‚The Stranger. An Essay in Social Psychology.' *The American Journal of Sociology*, 49:499-507.

Sciortino, Giuseppe (2004) ‚Between Phantoms and Necessary Evils. Some Critical Points in the Study of Irregular Migration to Western Europe.' *IMIS Beiträge. Migration and the Regulation of Social Integration*, 24:17-43.

Shyrock, Andrew (2009) ‚Hospitality Lessons: Learning the Shared Language of Derrida and the Balga Bedouin.' Special Issue (C. Barnett/N. Clark/M. Dikeç, eds), Giving Space, Taking Time. *Paragraph*, 32, 1:32-50.

Shyrock, Andrew (2012) ‚Breaking Hospitality Apart: Bad Hosts, Bad Guests, and the Problem of Sovereignty.' *Journal of the Royal Anthropological Institute*, 18, 1:20-33.

Simmel, Georg (1992a [1908]) ‚Exkurs über den Fremden.' *Soziologie. Untersuchung über die Formen der Vergesellschaftung*, (hrsg. O. Rammstedt). Frankfurt am Main: Suhrkamp, 764-71.

Simmel, Georg (1992b [1908]) ‚Der Raum und die räumlichen Ordnungen der Gesellschaft und Exkurs über den Fremden.' In: *Soziologie. Untersuchung über die Formen der Vergesellschaftung* (hrsg. O. Rammstedt). Frankfurt am Main: Suhrkamp, 742-71.

Simmel, Georg (1992c [1908]) ‚Der Arme.' In: *Soziologie. Untersuchung über die Formen der Vergesellschaftung* (hrsg. O. Rammstedt). Frankfurt am Main: Suhrkamp, 512-32.

Soja, Edward W. (1989) *Postmodern Geographies: The Reassertion of Space in Critical Social Theory*. London: Verso.

Sondage exclusif de liberté sur l'émigration clandestine. La moitié des Algériens est tentée par la harga, 3.12.2008 (http://www.liberte-algerie.com/dossiers/la-moitie-des-algeriens-est-tentee-par-la-harga-sondage-exclusif-de-liberte-sur-l-emigration-clandestine, 5.10.2011).

Squire, Vicky (ed.) (2011) *The Contested Politics of Mobility: Borderzones and Irregularity*. London: Routledge.

Still, Judith (2011) *Derrida and Hospitality. Theory and Practice*. Edinburgh: Edinburgh University Press.

Tabboni, Simonetta (1995) ‚The Stranger and Modernity: From Equality of Rights to Recognition of Difference.' *Thesis Eleven*, 43, 1:17-27.

Tassin, Étienne (2003) *Un monde comun: Pour une cosmo-politique des conflits*. Paris: Seuil.

Transit Migration Forschungsgruppe (Hg.) (2007) *Turbulente Ränder. Neue Perspektiven auf Migration an den Grenzen Europas*. Bielefeld: transcript.

Travaglio, Marco (2011) ‚Gheddafi mon amour.' (http://espresso.repubblica.it/dettaglio/gheddafi-mon-amour/2147654, 28.3.2011).

Trucco, Lorenzo (2005) ‚Lampedusa – a Test Case for the Subcontracting of EU Border Controls.‘ *Essays for Civil Liberties and Democracy in Europe No. 13*, European Civil Liberties Network (http://www.ecln.org/-essays/essay-13.pdf, 7.7.2012).

Tsianos, Vassilis (n.d.) ‚Die Karte Europas und die Ströme der Migration.‘ *Grundrisse. Zeitschrift für linke Theorie und Debatte.* (http://www.grundrisse.net/grundrisse27/stroemeDerMigration.htm, 4.10.2012).

Tsianos, Vassilis/Karakayali, Serhat (2010) ‚Transnational Migration and the Emergence of the European Border Regime: An Ethnographic Analysis.‘ Special issue (H. Friese/S. Mezzadra, eds) *European Journal of Social Theory*, 13, 3:373-87.

Union Générale Tunisienne du Travail (2008) Les nouvelles orientations de l'émigration dans la région Méditerranéenne. Conférence annuelle de l'UGTT, Hammamet, 5-7. Novembre 2007, Tunis.

United Nation Office on Drugs and Crime (UNODC) (2004) ‚United Nations Convention Against Transnational Organized Crime and the Protocols Thereto.‘ New York. (http://www.unodc.org/documents/treaties/UNTOC/Publications/TOC%20Convention/TOCebook-e.pdf, 2 4.8.2013).

United Nation Office on Drugs and Crime (UNODC) (2010) ‚Smuggling of Migrants Into, Through and From North Africa. A Thematic Review and Annotated Bibliography of Recent Publications.‘ (http://www.unodc.-org/documents/human-trafficking/Migrant_smuggling-_in_North_Africa_June_2010_-ebook_E_09-87293.pdf, 24.9.2013).

Urry, John (2007) *Mobilities*. Cambridge: Polity.

Vassallo, Fulvio (2009a) ‚Agrigento - Processo ai pescatori tunisini. Una sentenza contradditoria.‘ (http://www.meltingpot.org/articolo15002html, 25.5.2010).

Vassallo, Fulvio (2009b) ‚Il soccorso in mare? Resistenza a pubblico ufficiale.‘ *Terrelibere*, 19.10.2009 (http://www.terrelibere.it/terrediconfine/ilsoccorso-in-mare-resistenza-a-pubblico-ufficiale, 25.5.2010).

Viviano, Francesco (2014) ‚Sicilia, soccorsi 13 barconi in salvo oltre 1200 siriani.‘ *La Repubblica*, 19.4.2014, 16.

Wagner-Hase, Beate (2000) *Der Stoff der Gaben: Kultur und Politik des Schenkens und Tauschens im archaischen Griechenland.* Frankfurt am Main: Campus.

Wahnich, Sophie (1997) ‚L'hospitalité et la Révolution française.' In: D. Fassin/A. Morice/C. Quiminal (Hg.), *Les lois de l'inhospitalité. Les politiques de l'immigration à l'épreuve des sans-papiers*. Paris: La Découverte, 11-26.

Waldenfels, Bernhard (1990) *Der Stachel des Fremden*. Frankfurt am Main: Suhrkamp.

Waldenfels, Bernhard (1997) *Topographie des Fremden. Studien zur Phänomenologie des Fremden 1*. Frankfurt am Main: Suhrkamp.

Walters, Walter (2006) ‚Border/Control.' *European Journal of Social Theory*, 9, 2:187-203.

Walzer, Michael (1983) *Spheres of Justice: A Defense of Pluralism and Equality*. New York: Basic Books.

Weber, Sarah (2013) *Malta und die Boatpeople. Eine Ethnologie der interkulturellen Begegnung*. Frankfurt am Main: Peter Lang.

Werbner, Pnina (2008) *Anthropology and the New Cosmopolitanism: Rooted, Feminist and Vernacular Perspective*. ASA Monograph No. 45. Oxford: Berg Publishers.

Westerman, Bill (2007) ‚Inequality, Hospitality, and the Politics of Welcome: Hazara Afghans amidst the Dismantling of the Geneva Refugee Protections.' Paper presented at the 8th Mediterranean Social and Political Research Meeting, Hospitality and Transnational Migration in Europe and the MENA (H. Friese/S. Mezzadra, dir). European University Institute, Robert- Schuhman Centre for Advanced Studies.

Whelan, Frederick G. (1981) ‚Citizenship and the right to leave.' *American Political Science Review*, 75, 3:636-53.

Wimmer, Andreas/Glick Schiller, Nina (2003) ‚Methodological Nationalism, the Social Sciences, and the Study of Migration: an Essay in Historical Epistemology.' *International Migration Review*, 37, 3:576-610.

Wright, John (2007) *The Trans-Saharian Slave Trade*. London: Routledge.

Zizek, Slavoj (1999) ‚Carl Schmitt in the Age of Post-Politics.' In: Ch. Mouffe (ed.) *The Challenge of Carl Schmitt*. London and New York: Verso, 18-37.

Kultur und soziale Praxis

Marion Schulze
Hardcore & Gender
Soziologische Einblicke in eine globale Subkultur

Dezember 2014, ca. 400 Seiten, kart., ca. 34,99 €,
ISBN 978-3-8376-2732-9

Tatjana Thelen
Care/Sorge
Konstruktion, Reproduktion und Auflösung bedeutsamer Bindungen

August 2014, ca. 330 Seiten, kart., ca. 32,99 €,
ISBN 978-3-8376-2562-2

Nadja Thoma, Magdalena Knappik (Hg.)
Sprache und Bildung in Migrationsgesellschaften
Machtkritische Perspektiven auf ein prekarisiertes Verhältnis

Februar 2015, ca. 300 Seiten, kart., 29,99 €,
ISBN 978-3-8376-2707-7

Leseproben, weitere Informationen und Bestellmöglichkeiten finden Sie unter www.transcript-verlag.de

Kultur und soziale Praxis

Jens Adam, Asta Vonderau (Hg.)
Formationen des Politischen
Anthropologie politischer Felder
Mai 2014, 392 Seiten, kart., 34,99 €,
ISBN 978-3-8376-2263-8

Jonas Bens, Susanne Kleinfeld, Karoline Noack (Hg.)
Fußball. Macht. Politik.
Interdisziplinäre Perspektiven auf Fußball und Gesellschaft
Februar 2014, 192 Seiten, kart., 27,99 €,
ISBN 978-3-8376-2558-5

Anamaria Depner
Dinge in Bewegung – zum Rollenwandel materieller Objekte
Eine ethnographische Studie über den Umzug ins Altenheim
November 2014, ca. 250 Seiten, kart., ca. 32,99 €,
ISBN 978-3-8376-2765-7

Kerstin Duemmler
Symbolische Grenzen
Zur Reproduktion sozialer Ungleichheit durch ethnische und religiöse Zuschreibungen
Dezember 2014, ca. 400 Seiten, kart., ca. 36,99 €,
ISBN 978-3-8376-2657-5

Forschungsgruppe »Staatsprojekt Europa« (Hg.)
Kämpfe um Migrationspolitik
Theorie, Methode und Analysen kritischer Europaforschung
Januar 2014, 304 Seiten, kart., 24,99 €,
ISBN 978-3-8376-2402-1

Jacqueline Grigo
Religiöse Kleidung
Vestimentäre Praxis zwischen Identität und Differenz
Januar 2015, ca. 330 Seiten, kart., zahlr. Abb., ca. 34,99 €,
ISBN 978-3-8376-2839-5

Christa Markom
Rassismus aus der Mitte
Die soziale Konstruktion der »Anderen« in Österreich
Januar 2014, 228 Seiten, kart., 29,99 €,
ISBN 978-3-8376-2634-6

Kristin Pfeifer
»Wir sind keine Araber!«
Amazighische Identitätskonstruktion in Marokko
November 2014, ca. 320 Seiten, kart., zahlr. Abb., ca. 36,99 €,
ISBN 978-3-8376-2781-7

Wiebke Scharathow
Risiken des Widerstandes
Jugendliche und ihre Rassismuserfahrungen
Juli 2014, 480 Seiten, kart., 39,99 €,
ISBN 978-3-8376-2795-4

Wolfgang Stark, David Vossebrecher, Christopher Dell, Holger Schmidhuber (Hg.)
Improvisation und Organisation
Muster zur Innovation sozialer Systeme
Dezember 2014, ca. 370 Seiten, kart., zahlr. Abb., ca. 35,99 €,
ISBN 978-3-8376-2611-7

Henrike Terhart
Körper und Migration
Eine Studie zu Körperinszenierungen junger Frauen in Text und Bild
Januar 2014, 460 Seiten, kart., zahlr. Abb., 34,99 €,
ISBN 978-3-8376-2618-6